河合隼雄著作集

昔話の世界

5

岩波書店

序説　心理学から昔話の世界へ

昔話と私

幼い頃から、私は昔話が大好きであった。というよりは「おはなし」が好きであったというべきかも知れない。私の両親、兄弟、誰も「おはなし」好きであった。父親はめったに子どもたちに昔話を「語り聞かせる」ということはしなかったが、「岩見重太郎の化物退治」のような講談調の話をときどきしてくれて、それは非常に印象深く心に残っている。また、兄たちはそれぞれが得意の「つくり話」をしてくれたものだ。

そんなわけで、小学生になると喜んで昔話を読んだ。ただ、当時のことだからそんなに本があるわけではない。田舎には珍しく、アルス社の『日本児童文庫』が全巻そろっており、そのなかの「童話集」を好んで読んだ。『グリム童話集』や『世界童話集』(上・中・下)などの表紙の絵を今もよく覚えている。そして、その中にあった挿絵も鮮明に記憶しているのもある。

王子や王女や魔法使いの活躍するヨーロッパの昔話は、私の心を惹きつけてやまず、こんなところに一生のうちに一度は行ってみたいという願いを強くもつようになった。それらの話は私のファンタジーを刺激し、時には、自分の毎日の生活が非常に色あせて感じられるほどであった。私はそれらの話をよく覚えていて、級友たちに話をするのが得意で、そのために私は相当に人気があった。子どものときから私は「はなし家」であった。

小学生の頃は、西洋の昔話が面白く、日本のはつまらないと思った。西洋の話は起承転結があり、ハッピー・エンドになって満足するのだが、日本のは話に起伏がなかったり、悲劇に終ったりで、何とも「はなしにならない」気がする。それで『日本童話集』の方は読むには読んだが、繰り返し読むほどの気になれなかった。ところが、兄達の影響もあって、中学生くらいになって読み返してみると、西洋のとは、まったく違う味があることがわかった。話の筋ではなく、そこにこめられた情感がやはり日本人としての私に訴えかけてくる。そんなわけで、中学生のときの作文に、西洋と日本の童話の比較を書いて、えらくほめられたことを覚えている。考えてみると、大人になってからも同じようなことをしているわけであるが。

戦争中だったこともあって、理科系に進み、戦後も京都大学の数学科に入学したので、私と昔話との縁も、ほとんど切れたも同然になった。もっとも「はなし好き」傾向は、むしろ強められたとも言うべきで、兄弟で雑談するのが面白く、そのなかには幼少時に読んだ昔話のテーマや名科白などが、ギャグの種としてよく使われていた。

人生にはまったく思いがけないことがあるもので、三〇歳半ばで私は昔話と再会することになる。一九六二(昭和三七)年にスイスのユング研究所に留学したが、そこで、昔話が極めて重要視されていることを知ったのである。ユング研究所の講師で一番人気のあったのが、マリー・ルイス・フォン・フランツ女史であったが、彼女が昔話研究の第一人者として講義をする。それは実に華麗な講義で、ひとつの昔話を取りあげ、それについて説き来り説き去りして、聴衆を限りなく魅了する。それに、私が子ども心に感激して細部まで忘れずに居るほどの、グリムの「黄金の鳥」「忠臣ヨハネス」「つぐみの髯の王さま」などがそのなかで大活躍をするのだからたまらない。私もすぐに心を奪われてしまって、彼女のファンになった。

ユング研究所では資格をとるまでに、いろいろと試験を受けねばならない。昔話の場合の試験官フォン・フランツ女史は厳しいので有名で、落されることが多いとのことであった。試験の前にはレポートを提出することになっていて、私は「怠け」について書き、フランツ女史に大いにほめていただいた(これは本巻所収の「昔話の深層」の第四章になっている)。

どこかに既に書いたと思うが試験のときには面白いことがあった。私は試験には相当自信があったが、皆が難しいとおどかすので多少の不安はあった。ところで試験の少し前に夢を見て、からすが宝石箱を背負って現われるというのがあった。意味をあれこれ考えてもわからぬし、分析家のマイヤー先生もどうもわからないと言う。しかし、意味ありそうに思うから、一度からすの象徴性について調べてみては、ということになり、いろいろと文献を読み、からすについて調べた。そのこと自体は面白く、からすについての短いレポートを書いてマイヤー先生に見せたほどだったが、夢の意味の方はわからないままであった。

ところが、試験のとき、フランツ女史が私に解釈するように示した昔話は、からすが中心的な役割を占めるものだった。おかげで私は昔話の試験を最高の出来栄えでパスすることになった。これは忘れ難い共時的現象で、話はこの後も続くのだが、それは省略しておこう。長い間の昔話に対する私の思い入れが、こんな形でこり固まって出て来たような感じもした。

昔話とユング心理学

ユングは早くから昔話に関心を持っていたと思われる。詳しく調べたわけではないが、私の知る限りでは、一九一一年彼が「子どもの精神分析」について学会で発表した論文のなかで、昔話の意味に関して述べているところがある。今から考えると日本の「不登校」生徒に相当するような一一歳の少女の治療例の報告のなかで、この少女が見た夢について連想を述べるとき、夢の内容が「昔話のように奇妙である」と言い、昔話は無意味なものが多いとして、その例に「眠り姫」をあげた事実を取りあげている。

そこで治療者(ユングの弟子のモルツァー)が「眠り姫」の話は意味があり、乙女がほんとうに心から欲するものを得るために「待つ」ことが必要なことを述べ、それを少女も了解した。考えてみると、この「眠り姫」の話は思春期の少女の心の成長の過程について述べていて、一一歳の少女の心の状況にぴったりである。それにこの少女は「無意味な」昔話の例として「白雪姫」をあげたが、白雪姫の物語におけるガラスの棺の主題は、眠り姫の百年の眠りと同様のものである、とユングは指摘している。

この少女が無意味な昔話の例として、偶然に「眠り姫」と「白雪姫」をあげたと思われるかも知れないが、心理学的に見ると、偶然などという事象はなく、少女の年齢とこれらの昔話の意味とを考え合わせると、必然的に出て来たと言うべきである。夢の連想として生じることは、夢の内容そのものと関係なくとも治療的に意味のあることが多い、とユングが論じているのは、なかなか興味深い。

少し話が横道にそれたが、一九一一年頃より昔話にこのような関心を寄せていたので、ユングはその後も随所に昔話に言及している。しかし、昔話に関しての論文は、一九四八年に発表された「昔話における精神の現象学」のみである。これは最初一九四五年の『エラノス年鑑』に「精神の心理学」として収められたものの改訂版である。

ユングの昔話に対する関心を継承し、詳細にわたって世界の昔話を調べ、その理論を構築していったのが前記のマリー・ルイス・フォン・フランツである。彼女の多くの書物は現在では邦訳されている。そのなかの『おとぎ話の心理学』(氏原寛訳、創元社、一九七九年)には、私がユング研究所で心を躍らせて聴いた講義の内容が多く収められている。

ユング研究所で資格をとるには、先に述べたような中間試験があり、また最後に資格をとるときに最終試験がある。そのときは、私は「浦島太郎」を取りあげてレポートを書いた。『風土記』に記録されている話が時代と共に変遷し、現在一般に知られているような形になる過程に、日本人の心の在り方がよく反映されていると思い、それについて書いた。日本人の「アニマ像」としての乙姫の姿に焦点を当てようとしたのである。

この頃になると、ユング心理学を日本人としてどのように自分のものにするかが、私にとっての問題となってきていた。フォン・フランツ女史の講義は明快であり、それには心を惹きつけられていたが、あまりにも「ユング先生に忠実」という感じがしてきて、日本人としては何か一言、言ってみたいという気がしてくる。そんな点で、浦島などをレポートの素材として取りあげるようにもなったのだが、なかなか自分の考えを正面から打ち出せるところにまでは至らなかった。

昔話を、人間の個性化の過程のある時、ある側面を「おはなし」として語っているものと理解する方法そのものは、私としても大賛成であった。ただ、ユングの「理論」を固定したものとして「当てはめる」というやり方には不賛成であった。フォン・フランツも後者が誤りであることを常に強調し、昔話のひとつひとつについて新しく考え直すべきで、「すべての昔話の解釈に通用するルールはない」とまで講義のときに言い切ったのが印象的であった。しかし、私から見れば、それはやはり、ユングの考えに少し固まりすぎていると感じられたのである。

いかにして伝えるか

一九六五年に日本に帰国したとき、私がユング研究所で獲得してきたことを、いかにして伝えるか、という問題があった。当時の日本は無反省な科学主義が強く、特に遅れて生まれてきた心理学の世界においては、その傾向が非常に強かった。そもそも臨床心理学などは学問ではないなどという考えさえあるなかで、夢や昔話を扱うなどというと、それだけで「非科学」という烙印を押されてしまう危険は十分にあった。

臨床心理学の分野では、ともかく他の人にわかってもらえる範囲で発言することと、自分が心理療法において体験した事実を少しずつ示してゆく、という方法をとることにした。しかし、昔話や神話などについては沈黙を守ることにした。無理して喋らなくとも、自分で楽しんでいるといいし、私と同じようなことを発表する人は、しばらくは日本では出てくるはずもないので、落ちついて黙っておられた。しかし、その間に、スイスではあまり読めなかった浦島太郎に関する文献などを読んでゆくことにした。

帰国後、京都大学教育学部で非常勤講師として精神分析の講義をしたが、そのときに、前述した「怠け」に関する昔話のことなどをしてみると、学生が強い関心を示すことがわかってきた。そこで、一九七二(昭和四七)年にお茶の水女子大学の児童学科から非常勤講師として招かれたときに、思い切って昔話について講義すると学生たちから相当な手応えが返ってきて、大分自信をもつことができた。それに力を得て、その翌年に浦島に関する論文を『思想』に発表した。それほど注目されたわけでもないが、ともかく強い批判や攻撃は返って来なかった。私としては、このような論を『思想』に掲載してもらったことで満足であった。

こんな経過のなかで、一九七五(昭和五〇)年に、福音館から『子どもの館』に「昔話の深層」の連載を依頼されたときは、迷わずに喜んでお受けすることになった。連載は一年間続いたが、最後に、詩人の谷川俊太郎さんと対談をした。私は尊敬する詩人が、私の仕事を正面から受けとめて評価されていることを知り、大いに勇気づけられた。心理学の世界では、ほとんど注目されることはないにしても、このような人に評価されるのなら、この仕事も続けてゆこうと思った。

「昔話の深層」の連載は終ったが、それを書物として出版するのには大分抵抗があった。まず、これに書いたことの根本的なアイディアはすべて、フォン・フランツ女史より学んだことなので、私の書いたものよりも、フランツ女史の翻訳書を出版すべきではないか、と思ったこと。つぎに、連載中に感じたことではあるが、昔話の「解釈」めいたことを書いていると「しなくていいことをしている」という強い自己嫌悪にとらわれる。要は昔話そのものの魅力が大切で、「解釈」など余計なおせっかいと思われる。音楽や絵画などでも「解説」なんてものがつくのだから、と自ら慰めてみるが、なかなか心が収まらない。福音館の編集者から「面白い」とか「先生のオリジナリティが出ています」などとおだてていただいて、とうとう出版したが、連載が終ってから二年ほど経っていた。スイスより帰国してから一二年後のことだが、ちょうどよいタイミングだったのではなかろうか。

出版について、編集部の人は強気であったが、販売の人たちは、こんな本が売れるかどうかわからないので慎重にと言われ、ともかく、三〇〇〇部出してみましょうということになった。結果的には思っていたよりも広く読まれることになって非常に嬉しかった。昔話に関する本というだけではなく、人間の心の成長の過程をある程度、段階的に示すような構成をとっているので、そのような点からも関心をもつ人が多かったと思われる。

この間に、わが国の昔話研究者の方々が、いろいろと好意的な手をさしのべて下さったのも、大変嬉しいことであった。本書に収録されている多くの評論は、そのような関連で執筆を依頼されたものである。わけても嬉しく思ったのは、『日本昔話集成』が改訂され『日本昔話大成』として出版される際に、「昔話の心理学的研究」の執筆を依頼されたことである。前者は日本昔話の文字どおりの集成として、事あるごとに参照していたので、それの改訂の際に寄稿を求められたことは、意義深いことと思った。私が発表してきたことは、これまでのわが国の昔話研究の分野にはなかったことであるが、それが研究のためのひとつの方法として公に認められたように感じたのである。

日本人として

『昔話の深層』は、一応ユング派の一般的な考え方を示すつもりで、フォン・フランツ女史の説を踏まえ、素材もグリムの昔話にとって論をすすめた。しかし、既に述べたとおり、日本人としてはこれでいいのか、という思いは強くあった。そこで『昔話の深層』のなかにも、日本の昔話をグリムとの対比で示したりしながら、日本のことを考える上でのヒントになるようなことを示しておいた。それでも、日本のことを明確な形で論じるのは難しく、ずっとその課題をかかえたままで数年間が経った。

その間に、わが国の昔話研究者、小澤俊夫さんに直接お会いして意見を交換する機会を得たり、同氏の著書『世界の民話――ひとと動物との婚姻譚』や、同氏の編集による『日本人と民話』などによって啓発されるところが非常に大きかった。

そもそも、子ども心にも日本の昔話に比して、西洋の昔話の方がどうして結婚によるハッピー・エンドが多いのだろう、と疑問に思ったことが、今あらたにその心理学的意味を問うという形で、私の心のなかに再現されてきたのを感じたのである。それに関して、小澤さんが、キリスト教文化圏、および、パプア・ニューギニアなどの自然に密着した文化圏との中間に日本を位置づけて論じていることが、私にとって大いに参考になった。

一九八一年に発表した「日本昔話の心理学的解明」においては、前記の点を踏まえて、日本の昔話に対する私なりの意見を相当大胆に述べている。このような試論を経て、結局、私の考えを『昔話と日本人の心』(本著作集第八巻所収)として、一九八二年に発表することができたのである。『昔話の深層』の出版後、五年が経過している。このときは、単に昔話の研究と言うことだけではなく、スイスで学んできたことの受け売りと異なり、人間の心理に対する自分自信の考えを――日本人であるということを踏まえて――はっきりと打ち出すことができた、と思った。

日本のことを考える上で、柳田國男はどうしても無視することはできず、その著作をスイスからの帰国以来読んできた。読みながら私は、柳田國男を日本人のアイデンティティの課題に取り組んだ先覚者として尊敬しつつ、どこかに何か違和感のようなものを感じていた。昔話を論じる上で、柳田の説をときどき引用したりしたが、どこかでぴったりと来ない感じを引きずっていた。『国文学』の柳田國男特集に寄稿を依頼され、一九八二年に書いた小論が「柳田國男とユング」であり、そのなかで、不十分ではあるが、私の柳田國男に対して感じた違和感を何とか説明しようとした。それにしても、ユングと柳田國男が同年の生まれと知って驚いた。両者の仕事の親和性と相違点を語ることによって、私自身の気持も整理しようとしたのである。

この評論の終りに少し触れているが、柳田國男よりは南方熊楠の方がユングに近いと思われるし、両者の比較を試みることは非常に重要と思うが、未だ出来ないでいる。いつか挑戦してみたい課題ではある。

一九八二年に『昔話と日本人の心』を書いて、昔話に対する私の仕事もここでひとまずケリをつけたように感じた。それから後は、あまり新しい課題もないように思ったが、実のところは、日本の昔話の「片子」のことが未解決のままであることがわかったりして、また少しずつ日本の昔話について異なる角度から接近を試みた。それらのものは、本著作集第八巻に所収されるはずである。

ただ、本巻に収められてある「『風土記』と昔話」については、少し触れておきたい。これは日本の昔話に関する私の論文としては、もっとも新しいものである。日本の古典を専門を異にするものが共に読んで討議する、という試みをしてみたいと前から考えていたが、『風土記』というのは、そんな点で非常に適切なものと思われた。つまり切りこみ口がいくらでもある書物なのである。そこで、科学史の山田慶兒、国文学の中西進のお二人と語って、『風土記』を読む会をもった(これは、『むかし琵琶湖で鯨が捕れた』潮出版社、一九九一年として出版された)。そのなかで、『風土記』を丹念に読み返しているうちに、このなかで昔話と関連するものについてまとめておくのは意味がある、と感じたのである。

日本の昔話は、現在においては昔話研究者の大変な労苦により、口伝の形のままのものが採集され印刷されている。たとえば前述した『日本昔話大成』などは、それの素晴らしい成果である。ところで、それらの話の基となったと思われるものが、日本の古典のなかに多く記載されていることは周知のことである。それらを調べてみると、昔話となって伝わってもよさそうに見えながら後になって消え去っているものがある。これらを詳しく追求すると、日本人の心の時代による変遷がわかってくるのではないかと思われた。そのはじめとして『風土記』について、昔話との比較を試みたのである。これに続いて、『日本霊異記』や『今昔物語』などについてもやってみてはどうか、と目下考えているところである。

こんなことを考えていると、昔話に関する研究もまだまだ新しい課題が出て来そうである。楽しみがたくさんあって有難いことだと思っている。

河合隼雄著作集第5巻　昔話の世界　目次

I

昔話の深層

第一章　昔話と心の構造

1　はじめに

人間は新生児としてこの世に出現してから、成長にともなって自分の人格をつくりあげてゆく。個人のもつ生得的な可能性と環境との相互作用のなかで、その人なりの人格ができてゆくのである。筆者は心理療法という仕事に従事するものとして、さまざまの人の悩みや問題を聴くのであるが、そのように問題を背負わざるを得なくなった人びとが、どのような人格形成の過程を経て来たのかに、強い関心を持たざるを得ない。ある少女は食物を食べるのを拒否するというので両親に連れられてくる。骨と皮ばかりといいたいほどにやせきって、放っておくと死ぬより仕方がないという。ある中年の男性は仕事がまったく面白くなくなり、気分が沈んで何をする気もない、念頭にあるのは自殺のことばかりという。しかも、その人は何も面白くない、気分が沈むと言いつつ、自分の苦しみを一時間にわたって訴え続け、むしろ強いエネルギーの存在をさえ感じさせるのである。またある学生は、読書をしようとすると自分の鼻先が見えて気になって仕方がないと訴える。自分の鼻が気になるので読書ができないと真顔で嘆く人に対して、われわれはどう考えればいいのであろうか。さまざまの人に会いつつ、人間の個性の差の存在と、それに働く要因について考えざるを得ないのである。

この点を明らかにする一助として、大学生に「自分の人格形成に強い影響を与えた書物について」というレポート課題を出したことがある。このときに、幼少児期の体験として、昔話をあげる人が案外に多く驚いたことがある。グリム童話集などのように一冊の本をあげた人もあったが、ある特定の昔話が強く心に残るものとしてあげてある例も多かった。これを見て、昔話のもつ力の偉大さを、あらためて感じさせられたのである。

これとは逆に、昔話の無意味さ、あるいはすすんで有害さをさえ強調する人もあるのは当然である。これらの人にとって、昔話の非現実性、非合理性は我慢のならないものである。あるいは、昔話の単純さもまったく馬鹿げてみえるであろう。主人公の行為や感情はあまりに単純にすぎ、形式化されすぎて、現実ばなれをしている。このような強なかには、このような非現実的なことを子どもに教えるのはよくないとさえ、極論する人もある。このような強力な反対にもかかわらず、昔話は生き続け、現在ではその復興の勢いをさえ感じさせる。それに古きをたずねると、「既にキリスト前三〇〇〇年紀にバビロニヤとエジプトにはメルヘンが存在し、二〇〇〇年紀にはインドと中国で最古のメルヘンが成立し、ついでイスラエルとギリシャにメルヘンがあったという証拠がある」と、ライエンは述べている。[1] あるいは、フォン・フランツの指摘するところによると、十七、八世紀までは、昔話は子どもに対してのみならず、大人に対しても語られたものであるという。[2] このような昔話のもつ意義について、これから述べてゆくのであるが、そのために、ひとりの現代青年の心に生じた「現代の昔話」を例としてあげてみたい。このような例をあげるのは、現代人の心理治療に従事するものとして、昔話が単に昔のことではなく、いかに現代人の心と結びついているかを明らかにしたいからである。

次に示すのは、ある赤面恐怖症の青年が筆者の心理療法を受けている間に作ってきた話である。赤面恐怖症とは、人前ですぐ赤面することが辛く対人関係が悪化し、重いときはまったく人前に出ることもできなくなる神経症である。

「ある山に、一匹のみみずが住んでいました。その山の土は緑色で、ネトネトとやわらかく、そのくせ穴をほって安眠することのできない、そして、ヒリヒリと体にしみる土でした。空は澄んでいず、太陽がカンカンてりつける時は、身体がかわききってしまいました。

春、心地よい風のふく夕方、みみずは悲しくて泣きました。涙が流れ、その涙はみみずの体を、山の下にすべらせました。

あくる日、目をさましたみみずは、緑の山のふもとで水色の雨にうたれていました。上からは雨といっしょにたくさんの土が流れてきました。みみずはその流れにのって、広い広い川に流れていきました。そこにはヒリヒリする緑の水ではない水がすごくたくさんありました。みみずはそのにおいにこがれ、つらいつらい目をして、大きな川の底を溯っていきました。川には一匹の魚がいました。みみずは怖かったけれど、でも、魚は親切でした。みみずは最初、このお魚も水に流されていると思っていたけれど、違いました。魚はみみずの気持を知ってかわいそうに思い、川をのぼるのを助けてくれました。お魚はみみずのたった一人のはじめてのお友達でした。みみずと魚は、快い香りのする黄色と桃色の山にたどりつきました。山にはまっかなもみじがさいていました。みみずはいつのまにか、元気なお魚とも、黒いおばけとも見える姿になっている事を、お魚は言ってくれました。」

この青年は別に創作に興味をもっていたわけではない。筆者に治療を受けているうちに、このような話を思いつき、書いてもってきた(それにはクレヨンで挿絵も描いてあった)のである。この話を読んですぐ感じられることは、初めに述べられるみみずの苦しみは、人間関係がうまくゆかず、赤面恐怖に苦しんでいるこの人の心情そのものではないかということである。それに主人公がみみずであるのもずいぶん珍しい。筆者はみみずが主人公となるような昔話を聞いたことがない。しかし、いつも土の中に隠れている虫を主人公としたことは、この人が赤面恐怖のため外出もできない状態をよく反映しているものと考えられる。苦しさに耐えかねて泣くみみずの姿は、この人の姿をそのままに伝えてくる。

みみずは雨に流されて川に出て、一匹の魚に会う。魚に助けられてみみずは快い香りのする山にたどりつく。そして、いつのまにか元気なお魚ともおばけとも見える姿に変身してしまった。(3) これはいったいどういうことか。この人が前よりも強い人となり、神経症を克服することだろうか。実際、この人は長い治療期間の間に努力を重ねて、治ってゆくのであるが、その点も関連づけると、この話は作者の未来をも先取りしていたことになる。

2　意識と無意識

心理療法を受けている人が、このように童話を書いてきたり、絵を描いてきたりすることがよくある。今まで全然そのようなことをしたことのない人が、急に創作意欲を感じるのは不思議なことであるが、なかには、当人自身もどうしてなのか不思議で仕方がないが、こんな絵を描く気になったなどと言うことさえある。そして、そこに表現されたものが、その人の心の状態をあまりにも如実に反映していて驚かされるのである。先にあげた例においても、赤面恐怖症の苦しみと将来の展望とが示されているのである。このようなとき、創作をした本人はその作品の意味について気づいていないことが多い。彼らはともかく内的要請に従って創作する、というよりは、「創らされた」と言いたいほどの状態になり、わけが解らずに表現をする。しかし、その後で治療者と共に話し合い、客観化することによって、その意味を悟るのである。

　このような現象を理解するために、われわれは無意識という概念を導入する。人間は自分の行動を意識することができるし、多くの行動や考えなどは意識的統制に従っているが、自分では意識し得ない心の動きの存在を仮定するのである。たとえば、例にあげた人の赤面恐怖という症状をとりあげてみよう。この人の意識は恥ずかしがる必要がないとか、恥ずかしくはないと思っているのに、赤面してしまって、自分ではどうしようもないのである。つまり、この人の無意識の心の動きとして、この人を赤面させる傾向があるとしか言いようがない。ところで、この人がその自分の体験を人に伝えようとすればどうすればよいのか。この人の症状の説明に対して、われわれは「赤面恐怖症」という名前をつける。しかし、そのような名前によって、この人は自分の体験が他人に「わかってもらった」と思うだろうか。「わかる」ということは二つの側面をもつ。赤面恐怖症と名づけることは、この人がひとつの神経症であることを客観的にわかることである。しかし、それはこの人の体験する苦しみがわかったことではない。共感を基としてわかるためには、名前を知るだけでは駄目である。ここで、この人の作った「お話」をみてみよう。主人公のみみずは、安眠もできず、ヒリヒリと体にしみる土の上で太陽の照りつけるなかで、体は乾ききってしまう。みみずに必要な湿りを与えるのは自分自身の涙しかない。これを読むとき、赤面恐怖症という神経症などというものではなく、一人の人間としてのこの人の感情が直接にわれわれの心に迫ってくるのを感じる。

　人間の心に意識というものができて以来、それを磨きあげることによって、人類の文明は進歩してきた。しかし構築された意識が無意識の土壌からあまりにも切り離されたものとなるとき、それは生命力を失ったものとなる。われわれは太陽について、雨について、あまりにも多くの知識を得たために、太陽そのもの、雨そのものを体験することができなくなった。このことを印象派の画家モネはうまく表現している。「もし私が盲目のまま生まれ、突然目がみえるようになったら！　そうすれば目に映るものが何であるかを知ることなく絵が描き出せるだろうに。」モネの嘆きが端的に示すように、われわれ近代人はあまりにも多く知りすぎたために、何事かをそのまま体験することが困難になったのである。白日の太陽にさらされたみみずのように、それは乾き切った世界なのである。みみずを幸福な道へ運んだのは、涙と雨であった。古来、水は無意識の象徴としてよく用いられる。涙と雨で川へ流されていったみみずの姿は、無意識の世界への退行を示している。われわれにとって必要なことは、意識の世界から無意識の世界へと還り、その間に望ましい関係をつくりあげることではないだろうか。さもなければ、白日の太陽にさらされたみみずのように乾き死んでしまうことになるだろう。ここに、無意識の世界へと降りてゆく手段として、われわれは昔話に頼ろうとしているのである。どうして、昔話をそのような手段として用いるのかについて、次に考察してみよう。

3　昔話の発生

昔話がどうして発生してきたかは、いろいろな観点から考察することができるであろう。しかし、筆者が問題にしたいのはその心理的な基盤である。それを説明するために、また現代の卑近な例をとりあげてみよう。昔話の説明をするために、現代の例ばかりを取りあげるが、それは筆者の心のなかでは昔話の内容と現代人の心性とが強く結びついており、また、そのためにこそ、心理療法という仕事を専門としながら、昔話に関心をもたざるを得ないのである。これからおいおいに示してゆくことになるが、現代の心理相談室に、白雪姫やヘンゼルとグレーテルや、それに人を喰うという魔法使いのお婆さんまでも、現われるといっても過言ではないのである。もちろん、彼らの外見は異なっている。しかし、一皮むけば、昔話の主人公たちとほとんど変りはないのである。

筆者が昔話の起源について例としてあげたいことは、次のようなことである。私はある時、町の本屋で立読みをしていると、主婦たちが噂話をしているのが聞こえてきた。それによると、ある子どもが父親の留学にともなわれてスイスにゆき、そこで日本語を忘れてしまってドイツ語でばかり話をしていた。ところで最近帰国してきたが、たちまちに日本語を思い出し、クラスで一番になってしまったというのである。主婦たちはその「素晴らしい子」の話に夢中であったが、私はそれが事実とはずいぶん異なることを知っていた。というのは、それは私の子どものことに違いないからであった。確かに子どもがスイスに行き、最近帰国したことは事実である。しかし、日本語を忘れてしまったとか、たちまち一番になったなどは真実ではない。

ところで、少し常識のあるものであれば、すぐにうそと考えられる話を、この主婦たちはなぜこれほどにも熱心に話し合うのであろうか。外的な事実と異なることが、これほどまことしやかに語られるのは、それが何らかの人間の内的真実に合致すると考えられないだろうか。このように考えると、われわれ人間は何と多くの「素晴らしい子」のお話を持っているかということにすぐ気づくのである。鬼退治をした桃太郎、それに背まで低かったという一寸法師。グリム童話のなかにも「素晴らしい子」はたくさんいる。あるいは、ギリシャ神話のなかには、生まれてすぐにアポローンが飼っていた牛を盗みだしたヘルメースの話や、幼児のときに二匹の蛇を殺したというヘラクレスの話などを見出すことができる。もっとも、牛を盗むことが素晴らしいかどうかは疑問であるが、成人をしのぐ活躍をする子どものイメージが、昔話や神話などには世界共通の現象として存在することが認められる。つまり、人類はこのような超人的な子どもの話を好むのである。

スイスの分析心理学者ユングは、世界中の昔話や神話に共通して、このような典型的なイメージが存在することを重視した。そして、それは、彼が心理療法に専念している間に患者から得られる夢や妄想などの内容にも共通してみられることに気づいたのである。そこで彼は人間の無意識を個人的無意識と普遍的無意識にわけて考えることを提唱した。つまり、人間の無意識の深層は人類に共通の普遍性をもつと仮定したのである。全人類に共通に、このような超能力をそなえた子どもという表象を産出する可能性が無意識内に存在すると考え、そこにひとつの元型(archetype)の存在を仮定したのである。

先の例にもどって考えると、外的事実として、一人の子どもが父親の留学にともなわれてスイスに行き、しばらくして帰国したことは確かである。これに対して、主婦たちの無意識内に存在する超能力をもつ子どもの元型が作用するとき、その話は元型的表象に変形され、しかもそれが内的な普遍性をもつために、多くの人に語りつがれるのである。こうなると、この「お話」は昔話になる一歩手前まできている。すなわち、「昔々、ひとりの子どもがおりました。……」となる可能性を秘めている。このように考えてくると、昔話の発生の心理的側面は次のように説明できる。つまり、ある個人が何らかの元型的な体験をしたとき、その経験をできるかぎり直接的に伝えようとしてできた話が昔話のはじまりであると思われる。そして、それが元型的であるということは、人間の心の普遍性につながるものとして、多くの人に受けいれられ、時代を越えて存在し続けることを意味している。

ユングのこのような説は、時代や文化の差を越えて、類似のテーマや内容をもつ昔話が存在していることを説明するものであるが、このことは、もちろん昔話の伝播という点からは批判されるであろう。たとえば、ベンファイのように、すべてのメルヘンをインドの仏教説話の伝播として説明しようとするような人もあるくらいだから、話の伝播ということは無視できないことであるが、すべてをこれによって説明するのは無理があろう。ユングにしても、もちろん伝播の可能性をすべて否定するようなことはない。しかし、異なった場所に類似の物語が独立に発生することも事実なのである。ただ、むしろここで注目すべきことは、同じ元型的な表象にしても、その時代や文化の影響を受けて、それぞれの特徴を有していることである。たとえば、先に述べた子どもの元型の場合も、ギリシャにおけるヘルメースやヘラクレスのイメージと、日本の一寸法師や桃太郎とはずいぶん異なっている。超能力をそなえた子どもというならば、それは同一であるが、細部にわたると時代や文化の影響を受けて変化してくる。

これから後に示すように、ユングはいろいろな元型を見出しているが、ある時代やある文化において、ある特定の元型の力が強く作用することも考えられる。たとえば、現代の日本では先に述べた、子どもの元型の力は非常に強い。ほとんどの母親は自分の子どもが「素晴らしい子」であることを期待している。子どもの現実の能力や個性を無視して、子どもを英雄にしたてたがる。といっても現代の英雄は国立一期校に入学すればいいので、あまり大したこともないが、すべての母親がそれを期待するのだからたまらない。このような文化的背景がなかったら、スイスから帰ってきた子どもが一番になった話も、それほどにも主婦たちの心をとらえはしなかったであろう。そのような観点から、ひとつの話が時代とともにどのように変遷してゆくかをみるのも興味深いことであるが(4)、今回はそのようなことは行わないつもりである。

ところで、これまでは心理的な面だけを述べたが、これは昔話に対するその他の接近法を排除するものではない。筆者は、昔話というものは多面的な研究の対象となるものであり、それらは相補的な意味をもつにしても、互いに他を排除するものではないと思っている。そのような点にも注意しつつ、これからどのような方法によって昔話を見ようとするのかについて述べてみたい。

4　昔話の研究

昔話は実に多面的な研究対象であると述べた。現在では、それは民族学、民俗学、文芸学、心理学の立場から研究されている。これについて、マックス・リューティは「民俗学は昔話を文化史的・精神史的ドキュメントとして研究し、社会におけるその役割を観察する。心理学はその物語を心的過程の表出と考え、聞き手あるいは読者への影響をたずねる、文芸学は昔話をして昔話たらしめるものを確認しようとつとめる」と述べている。[5] このようなさまざまの観点に従って、今まで多くの研究がなされてきたが、筆者はこのなかで心理学的な研究に関心をもち、特にユング派の分析家として、今まで述べてきたようなユングの普遍的無意識や元型の考えによって、昔話を見てゆこうとするものである。そこで、筆者の立場から、どのような方法によって昔話を解明するのかを次に述べておきたい。

はじめに、神話、伝説と昔話の関係を述べておこう。われわれがある物語を無意識の心的過程の表出としてみるとき、それが何であれ変りがないのであるが、いちおう次のような区別は心にとめておかねばならない。つまり、伝説は昔話と比較すると、元型的な体験が特定の人物や場所と結びつけて語られるものである。リューティはこれを「伝説の出来事は現場から離れない。まるでうずくまったように、特定の地域に結びついている」[6] とうまく表現している。これに対して、昔話は特定の場所と時間からの思い切った分離があり、それは内的現実への接近を容易にする。「昔々、あるところに……」という始まりは、聴き手の心を外的現実から一挙にさそい出し、元型的にととのえられた世界へと連れこんでゆく。リューティの「昔話は現実を抽象するが、伝説は現実的な想像を強いる」「昔話に出てくる彼岸の存在は概して均斉のとれた姿をしているのに、伝説に出てくる彼岸の存在はゆがんだ顔つきをしている」[7]などという言葉は、このようなことを表わしているものと思われる。

ユング派の分析家フォン・フランツは伝説と昔話の関係について興味深い事実を述べている。[8]つまり、スイスのある田舎で伝説的な事実について、その地方の人々の話をきくと、元型的なモチーフによって見事に昔話に変形されているのと、まったく平凡な断片的な話になっているのと両方が存在したというのである。このようなことは、昔話の起源を探す研究に示唆を与える。いわゆるフィンランド学派はこの問題に熱意をもち、アンティ・アールネは、昔話は原形として存在したものが伝播するに従って退化変形してゆくと考えた。しかし、フォン・フランツも強調するごとく、これは両方の可能性があり、伝播・再話を経て、洗練されてゆく場合と、退化してゆく場合とあるのが事実であろう。

神話の場合は、その素材が元型的なものであることには変りはないが、それは一民族、一国家のアイデンティティの確立に関係するものとして、より意識的、文化的な彫琢が加えられている。このため、われわれとしては、元型的素材を探る意味で、神話、伝説も昔話も同様に扱うこともあるが、神話、伝説の方がより意識的な統制を受けているものとして考える必要があろう。実際、神話や伝説は、時とともにその特定の場所や国、文化などとの結びつきの意味を失い、結局は昔話へと変化してゆくこともあると考えられる。昔話はこのように異なった時代や文化の波に洗われて、その中核部分のみを残しているとも言えるので、ユングがかつて、昔話によって、「心の比較解剖学」がもっともよく研究されると述べた[9]ということもうなずけるのである。

昔話を無意識の心的過程の表現としてみるとき、そこに元型の存在を明らかにしてゆくことになるが、その際の大きい問題は、元型を理解するためには、知的な理解だけでは不十分であることである。ここでひとつの例をあげてみよう。ユングが東アフリカのエルゴン山中の住民のところに滞在していたとき、住民が日の出の際の太陽を崇拝するのを知り、「太陽は神様なのか」とたずねてみる。住民たちは、まったく馬鹿げた質問としてそれを打ち消した。ユングはそのとき空高く昇っていた太陽を指さして、「太陽がここにいるときは、君らは神様じゃないというが、東の方にいるときは神様だという」と、さらに追及する。皆はまったく困ってしまうが、老酋長が「あの上にいる太陽が神様でないことは本当だ。しかし、太陽が昇るとき、それが神様だ」と説明する。これに対してユングは深い理解を示して、彼の自伝のなかで次のように述べている。(10)「私は、人間の魂には始原のときから光への憧憬があり、原初の暗闇から脱出しようという抑え難い衝動があったのだということを、理解した。……朝の太陽の生誕は、圧倒的な意味深い体験として、黒人たちの心を打つ。光の来る瞬間が神である。その瞬間が救いを、解放をもたらす。それは瞬間の原体験であって、太陽は神だといってしまうと、その原体験は失われ、忘れられてしまう。」このような体験を把握することは、合理的思考法のみで固められたひとにとっては、まことに困難なことであろう。太陽は神であるか、神でないか、どちらかであるとか、太陽が神であるならば、常に神であらねばならぬとか考えるような人は、元型的な体験を把握できなくなる。

ここに、太陽の例を示したが、実際に多くの神話や昔話は、自然現象との類似性が高いので、その点を強調する研究者があったことも当然である。たとえば、マックス・ミュラーのように、英雄神話を太陽の運行現象を物語るものとして理解する。つまり、英雄が怪物の腹の中に呑みこまれ、そこで怪物を殺して現われるのは、太陽が夜には消え去り、朝になると出現してくることを説明するものと考えるのである。確かに、そのような理解や研究も意味をもつが、問題はそれだけではなく、そこに今までのべたような心の問題もかかわっていることを忘れてはならない。この点について、神話学者のケレーニイが、真の神話は事物を説明するのではなく、事物を基礎づけることのためにある、[11]と述べていることは、昔話にもあてはまることとして示唆深い。昔話は自然現象を説明するための、低次元の物理学なのではなく、自然現象を体験したとき人間の心の中に生じる働きをも不可分のものとして、それらを心の奥深く基礎づけるために、そのような話が生まれてきたと考えるのである。

ここで、元型について述べるときに、いつも感じられるジレンマを明らかにしておかねばならない。元型の理解には、それにともなう主体的体験を必要とし、当然それは強い感情に裏づけられたものでなければならない。この点を無視して、昔話のなかの元型的モチーフを指摘するだけの知的仕事に終始すると、ユングのいう「心の比較解剖学」も、美人の骨格の研究をするような味気のないものとなってしまうであろう。それが「学」であるならば、そのようなことも意味があろうが、やはり美人の美人たるゆえんを壊してしまうのも残念なことである。そこで、美人の美しさの方に余りにも心を動かされると、つまり、昔話の感情的側面に深入りすると、それは学問ではないという批判を受けかねない。ここに、われわれのような方法で昔話に接近しようとするもののジレンマが存在する。しかし、そもそも人間の心というものが、多くの二律背反性によって成立していることを考えると、われわれはジレンマはジレンマとして、そのままこの問題に対処してゆくより仕方がないと思われる。

ところで、ユングはエルゴン山の住民の体験を理解しようとして、「……瞬間が神である」という表現をしているが、このような決定的な瞬間を数多く、われわれは昔話のなかに見出すことができる。たとえば、グリムの「蛙の王様」のなかで、王女がどこまでもしつこくつきまとう蛙を壁にたたきつける瞬間、あるいは、「いばら姫」のなかで、王子が百年の眠りについていた姫に接吻をする瞬間など、いくらでもあげることができる。この重要な瞬間について、ユングはその原体験が大切であって、ここで、「太陽は神だといってしまうと、その原体験は失われ、忘れられてしまう」と述べている。この点、昔話の方は、蛙をたたきつけたとたん、それは王子に変身することによって、あるいは、接吻の瞬間にすべてのものの眠りが覚めることによって、その瞬間の意味を見事に描き出しているのである。そこで、それについてなお「解釈」を与えることは――実はそのような野暮な試みを以後続けるのであるが――重要な原体験を失わすだけのことかも知れない。この点を強調すれば、フォン・フランツがいみじくも述べているように、いかなる昔話の解釈もその昔話以上にでることはできないのである。[12] このことは、読者とともに常に心に留めておきたいことである。

昔話のなかのこのような決定的な瞬間を取りあげてゆくのであるが、そこでユングのいう自己実現（あるいは個性化）の過程ということを柱として見てゆきたいと思っている。[13] 人間の成長にともなう心の内的な成熟過程に注目し、ユングは自己実現という名を与えたのであるが、それについては今後述べることによって明らかになってゆくであろう。つまり、昔話を、人間の内的な成熟過程のある段階を描きだしたものとして見てゆこうとするのである。ここではグリム童話を中心にとりあげるつもりであるが、時にそれはただひとつの段階にスポットライトをあてた短いものであったり、多くの段階を通じて語る長いものであったりするであろう。それを読者とともに、各人の内的体験と照らし合わせながら見てゆこうとするのが、本書の狙いなのである。

注

（1）ライエン、山室静訳『昔話とメルヘン』岩崎美術社、一九七一年。
（2）M.L. von Franz, "An Introduction to the Psychology of Fairy Tales", Spring Publications, 1970.
（3）ここで、魚ともおばけとも見える姿、とのべたことは、一考を要することであるが、ここでは触れずにおく。
（4）筆者はかつて、浦島伝説のなかの乙姫像がいかに時代と共に変遷してゆくかを、論じたことがある。拙稿「浦島と乙姫――分析心理学的考察」『母性社会日本の病理』中央公論社、一九七六年。これは改訂を加えて『昔話と日本人の心』第五章に収録され

た。〔本著作集第八巻所収〕

(5) リューティ、小澤俊夫訳『ヨーロッパの昔話――その形式と本質――』岩崎美術社、一九六九年。

(6) リューティ、野村泫訳『昔話の本質――むかしむかしあるところに――』福音館書店、一九七四年。

(7) リューティ、前掲書。

(8) von Franz, ibid.

(9) von Franz, ibid. に引用されている。

(10) ヤッフェ編、河合・藤縄・出井訳『ユング自伝――思い出・夢・思想――2』みすず書房、一九七三年。

(11) このような神話に対する考えについては、ケレーニイ/ユング、杉浦忠夫訳『神話学入門』晶文社、一九七五年のケレーニイによる序論を参照されたい。

(12) von Franz, ibid.

(13) ユングの考えについては、拙著『ユング心理学入門』培風館、一九六七年、を参考にして頂くと幸いである。

第二章　グレートマザー（太母）――トルーデさん

1　戦慄の体験

「トルーデさん」(1)のお話は凄まじい話である。われわれは、何かのお話を読みすすんでゆくとき、その主人公に対して多少の同一化を感じるものである。もっとも、最初から「わがままでなまいきで、親御さんが何かいったって、すなおにうんといったためしがない」(2)という、この話の主人公に対して、全面的に同一化してしまう人は少ないであろう。それにしても、この娘さんがトルーデさんという得体の知れない人に会いに行ってどうなるのか、ということは気がかりなことである。

両親のとめるのも聞かず、トルーデさんのところへ出かけていった女の子は、蒼い顔をして、がたがたふるえ出さずに居られないほどの奇妙なものを見てしまう。それは「黒い男のひと」であり「みどりいろのひと」である。どうしてそれが恐ろしいのかなと、読者が疑問に感じ始めるころ、「血みたいにまっかないろしたひと」という娘の言葉は何か不気味なものの予感を与える。続いて、「魔女のありのままのすがた」を見たのだというトルーデさんの言葉に、われわれが恐怖の正体を感じとった途端に、お話は凄まじい結末を迎える。トルーデさんは魔女の正体をあらわし、娘を棒切れに変えて、火のなかに投げこんでしまう。彼女はそこで、あたたまりながら言う。「やあれ、あかるいことあかるいこと!」

多少とも主人公に同一化しつつ、物語を読みすすんできた人は、この結末に戦慄を感じざるを得ないであろう。いかに「わがままでなまいき」な女の子にしろ、冷血な魔女が束の間の暖をとるために、一瞬にして消え去らねばならないとは。

昔話は子どもたちに教訓を与えるためにあると思っている人、それも単純な勧善懲悪式の教訓を考えている人は、この話の凄まじい結末にたじろぐことであろう。あるいは、この物語にたじろぐこともなく、「だから、皆さんは親のいいつけにそむいてはなりません」などと平然と教訓を垂れることのできる人は、既成の道徳の鎧によって、生きた人間としての心の動きを被《おお》っている人だと思われる。このような人は、その鎧を強化するために、もう一歩進んで、話の書きかえをすら試みる。この話の結末を「子どもに聞かせるのには、あまりにひどすぎる」ということで、柔らかくしたり、ときには、ハッピー・エンドにしてしまったりする。こんな人たちが、自分の道徳観に従って、論語や聖書の書きかえを試みないのが不思議に思われるほどである。

昔話について述べるこのシリーズの最初に、トルーデさんを選んだのは、他にも理由があるが、まず昔話の凄まじさを知って欲しいと思ったからである。前章にも触れたことであるが、現代人はあまりにも合理性や、道徳性などで防衛されているので、おそれおののくことがほとんど無くなってしまった。すべてのことは「わかって」いるし、わからないことや恐ろしいことは、うまく言いかえることによって防衛する。このような態度がもっとも端的に表わされているのは、現代人の死に対する在り方である。生きている間、われわれはできるかぎり、それを忘れようとする。医学という素晴らしいものによって、病は駆逐され、可能なかぎり長生きできると信じている。そして、死者に対しては、葬式という演出によって、できるかぎりそれに近づかない工夫をしているとさえ言うことができる。麗々しい飾り、不可解な長い読経(テープに録音されたものさえある!)、そして、束の間の焼香のとき、われわれはにこやかに笑っている故人の写真をちらりと見るだけである。それは、死を忘れ去るための演出と言われても仕方がない。にもかかわらず、死は存在する。死を忘れようとする人たちに、トルーデさんの物語は、人生における戦慄をあらためて体験せしめる。

現代人がつとめて忘れ去ろうとしている、死の戦慄は、非近代人にとって真に重要なものであった。彼らは、子どもが成人になるためのイニシエーション(通過儀礼)において、それを大切な要素として組みいれているのである。宗教学者のエリアーデは次のような例を述べている。[3] ウイラジュリ族では、イニシエーションを受ける子どもたちは、突如として現われる一群の男性によって母親のもとから連れ去られるのであるが、そのとき、母も子も、さらわれた子どもたちは神秘的な神によって殺され食べられてしまうと知らされているので、凄まじい恐怖を体験する。(神がその後に子どもを成人として生き返らすことは保証されている。)このとき、子どもたちが体験する感情を、エリアーデは「彼らは初めて宗教的な畏敬と恐怖を感じる」のだと説明している。彼らは超越者の存在を実感し、それによって与えられた死を体験した後に、成人へと再生してゆくのである。ここに畏敬と恐怖の感情をもって体験した死と再生のプロセスは、彼らの「実存条件の根本的変革」[4]をもたらすのである。

このような観点から昔話をみるとき、それは人生における、実存条件の根本的変革の瞬間を見事にとらえているものということもできる。従って、その背後に存在する死の元型の力によって、凄まじいものとならざるを得ない。美しい姫が蛙を壁にたたきつけたり(グリム童話一、蛙の王様)、助けてもらったお礼に、恩人である狐を打ち殺して四つ足をちょん切る(グリム童話六三、黄金の鳥)ようなことが生じてくるのもこのためである。このようなことを考えず、話の言いかえによって、死の恐怖を隠そうとすることは、昔話の本質をまったく見あやまらせることになるだろう。人生とは、いかに言いかえようとも、そもそも凄まじいものなのである。ところで、われわれの主人公を一瞬に死においやったトルーデさんとは、いったい何者であろうか。われわれは人生のどのような段階で彼女と出会うのであろうか。

2 母なるもの

トルーデさんは女である。女といえば母を連想し、母の優しさを想い起こす人は、この冷血なトルーデさんが女であることを不思議に思うかも知れない。しかし、この反面、最近新聞をよくにぎわすような、コインロッカーに自分の子どもを棄てる母親を連想する人もあるだろう。このように考えると、神話や昔話などに登場する女性像には、慈悲深くやさしい母親像と、このトルーデさんのように恐ろしい魔女の姿をとるものと、二つの傾向があることに気づくのである。この極端な両面性を、われわれはどう受け取るべきであろうか。

古代の人間にとって、「母」とは不思議なものであった。母によってこそ子どもが産みだされ、種族が維持される。母こそは生命の源泉であった。これに対して、父の生殖にあずかる意味は明確ではなかった。また、生命を産み出す現象は、植物が土から生まれ育ってくることにも認められた。しかも、冬になって植物が枯れ、土に還ることを考え合わせるならば、土こそは「死と再生」の現象が行われる母胎であると感じられたに違いない。このようなはたらきを、原始人が超越的なものに感じ、そこに宗教的な感情を抱いたとしても不思議ではない。事実のところ、先史時代に崇拝の対象となったと思われる地母神の像が、世界のあちこちから発掘されている。これらの地母神の像は、女性の生殖器などが強調され、時には頭部をほとんどもたないほどのものがあり、母性の

「産み出す」機能が著しく重視されている。しかし、これはまた、死と再生の場となる土の神秘を反映して、死者を受けいれる死の女神でもあった。つまり、地母神は同時に生の神であり、死の神なのである。これを示す一例として、日本神話におけるイザナミは、日本の国をすべて生み出した偉大なる母の神であるが、黄泉《よみ》の国を統治する死の神でもある事実をあげておこう。

かくて、母性はその根源において、死と生の両面性をもっている。つまり、産み育てる肯定的な面と、すべてを呑みこんで死に到らしめる否定的な面をもつのである。人間の母親も内的にはこのような傾向をもつものである。肯定的な面はすぐ了解できるが、否定的な面は、子どもを抱きしめる力が強すぎるあまり、子どもの自立をさまたげ、結局は子どもを精神的な死に追いやっている状態として認められる。両者に共通な機能として、「包含する」ということが考えられるが、これが生につながるときと、死につながるときと両面をもつのである。

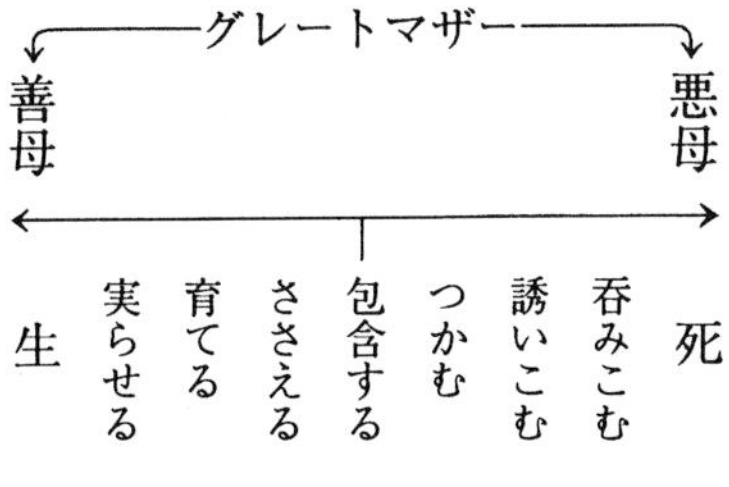

母性の両面性

人間の母親一般のこととして、このような傾向があることは了解されるにしても、トルーデの凄まじさは文字どおり「人間ばなれ」をしている。しかし、世界中の神話や昔話をみると、このように人間ばなれをした恐ろしい母親像を随所に見出すのである。わが国の場合は、山姥がその典型であろう。「牛方と山姥[5]」に出てくる山姥は、牛方の運んでいる塩鮭と鱈を全部食べてしまい、牛までも「頭からみちみちと食べ始め、のこらずたべてしまいました」というのである。その上、牛方まで食べそうな勢いなのだから、凄まじい呑みこむ力である。「飯くわぬ女[6]」に登場する女は、はじめは「ものを食わん女」ということで嫁にくるが、何のことはない。頭のまん中に大きな口があり、にぎり飯三三個、鯖三匹をたちどころに食ってしまう有様である。あるいは、ギリシャ神話におけるヘカテやゴルゴンなどを、同様に恐ろしい母性像の顕現とみることができる。ヘカテは死の女神であるが、わが国のイザナミも死の国を治める女神であることは既に述べた。そして、イザナミが母性の肯定、否定の両面をもつように、一人の女性像が両面を兼ねそなえていることがある。始めは幼児をとって食べていた鬼子母が、仏の教えによって幼児の守り神である訶梨帝母《かりていも》となる話は、この両面性をよく表わしている。グリム童話のなかで、トルーデと同類と思われる「ホレおばさん」(一七)などは、やはり、その両面を如実に示している物語である。

ところで、人類に普遍的にこのような表象が存在することから、ユングは人間の心の深層にこのような表象を産出する可能性が存在すると仮定し、それを母なるものの元型と名づけた。あるいは、人間の個々の母親と区別し、人類に普遍的なイメージの源泉として、太母《グレートマザー》とも呼んでいる。このグレートマザーは人間の意識をはるかに超えた深層に存在している。トルーデさんの物語で、娘の両親が存在し、その両親のもとを離れていってトルーデさんに会うという事実は、トルーデのイメージが個人的な母親を超えたものであることを示している。そして、このようなイメージが普遍性をもてばもつほど、人びとの間に語りつがれて、損なわれることなく生きつづけるのである。

グレートマザーの肯定的な面を示す像としては、たとえば、われわれ日本人であれば観音像をあげることができようし、キリスト教ではマリアをもっている。もっとも、マリアの場合は、母でありかつ乙女であるという点で、異なる意味合いをもつ。母性の肯定的な面が宗教的崇拝の対象となり、それが、いわば公的なものとして固定化されるとき、人びとは母性の否定的側面について忘れがちになったり、それを公的には語れなくなってくる。たとえば、母親のやさしさ、母親への孝養などが公認の倫理として設定されると、母性の否定的側面という現実は、そのなかに入れこむことが難しくなる。かくて、昔話はそのようにして棄てられた現実を、拾いあげ保存してゆく機能をもつことになる。それは公的な倫理を補償する民衆の知恵として意味をもつのである。

母はやさしいと単純に信じこもうとする人に対して、トルーデさんの物語は、女の、母の恐ろしさを伝えて衝撃を与える。しかし、実のところ、それは各人が自分の心の深層に存在するグレートマザーを発見する事としての戦慄でなければならない。もちろん、女性の方が自分のグレートマザー性に気づきやすいであろう。しかし、男性も少し注意深くあれば、自分の心の深層にうごめいているグレートマザーのはたらきを意識することができるであろう。われわれは自分の能力も省みず、何事であれ自分で「抱きこみ」、「かかえこもう」として、それが不可能と解った途端に、棄て去ろうとし、死に追いやろうとしなかったであろうか。われわれは誰かを世話し、育てるという美名に隠れて、その自立をさまたげていないだろうか。われわれは無意識のうちに、無数の「いのち」をコインロッカーに入れこみ、死に絶えさせている。

3　娘の好奇心

トルーデさんの恐ろしさはよく解った。それでは、この主人公はどうしてトルーデさんのところに会いにゆくことになったのだろうか。彼女は「トルーデさんのとこって、とっても変ってるって、みんながいうのよ。あすこの家、とってもおかしなものがあるっていうことだもの。ぜひとも行ってみなけりゃ気がすまないわ」と言っている。彼女に行動を起こさせたのは、心の平面に頭をもちあげてきた好奇心である。しかも、それは「ぜひとも行ってみなけりゃ気がすまないわ」という強さに裏打ちされている。こうなると両親のいましめなど何の効果もない。この強さには男性的なにおいが感じられるが、女性の心のなかに存在するこのような男性的な傾向については、この後何度も言及することになるだろう。

臨床的な仕事にたずさわっている筆者としては、自らの好奇心の犠牲となった娘さんたちの例がすぐに心に浮かんでくる。「男の人にドライブに誘われて、とっても面白かったとみんながいうのよ。私もぜひとも行ってみなけりゃ気がすまないわ」と彼女たちが思いこむとき、見知らぬ男性がドライブに誘い、それはしばしば転落への道につながる。時にそれは陰惨な死にさえつながるのである。

ここで、加害者は男性であり、トルーデのような女性ではないと思う人があるかも知れない。しかし、注意深くみるとき、これらの血なまぐさい事件の背後に存在しているのは、男女関係などというものを超えた、死の神であり運命の女神トルーデなのである。男と女の関係は、端的にグレートマザーの属性である土や肉へと還元される。そこにあるのは、肉の関係であり、流される血であり、土への回帰である。言ってみれば、そこに加害者として登場する男性も、深層においては、グレートマザーの犠牲なのである。そこには人間の精神というものが介入する余地はほとんどない。ここで、行動の起点となった好奇心、「知りたがる」ということは人間の精神のはたらきである。しかし、そのような精神のはたらきも、グレートマザーの支配する自然の力、肉や土に出会ってたちまちのうちに消滅してしまったのである。武装されていない好奇心は転落への道をたどる。

好奇心それ自体は悪いことではない。知ることに対する欲求が現在の人間の文化を創りあげてきたとさえ言うことができる。とすると、われわれは自分の好奇心をどう扱えばいいのだろうか。昔話の素晴らしさは、どのような問いに対してもふさわしい答えをどこかに用意していることである。これに対する回答のひとつを与えるものとして、ロシアの「美しいヴァシリーサ[7]」を取りあげよう。

美しいヴァシリーサは継母の言いつけで、恐ろしいババ・ヤガーのところへ行かされる。このババ・ヤガーこそ、ロシアのグレートマザーなのである。そこに行く途中、彼女は、顔も服も馬も、まっ白な白い騎士が駈けてゆくのを見る。すると夜があけはじめる。つづいて、まっかな騎士を見るが、そのとき太陽がのぼりはじめる。次に、まっ黒な騎士が現われ、そのときは日が暮れるのである。ババ・ヤガーの家でヴァシリーサは働かされる。ところで、ババ・ヤガーは少女に聞きたいことを聞いてもいいが「なんでも聞けば、それがみんなタメになるとは限らないよ。あんまり物を知りすぎると、早く年をとるものだよ」と言う。少女が自分が見た三人の騎士について聞くと、老婆はそれぞれ、「わたしの夜あけ」「わたしの赤い太陽」「わたしのやみ夜」だと教えてくれる。ヴァシリーサはこれだけ聞くと、あとはババ・ヤガーの忠告を守って何も聞かない。老婆は「おまえが、わたしの家のそとで見たことばかり聞いて、家のなかで見たことを聞かなかったのは、いいことだよ。……あんまり物を聞きたがる人間は、食べてしまうのだよ」と言う。かくて、少女は命を失うことを免れ、後は幸福な結末へと話は発展する。

ヴァシリーサの問いに答えて、ババ・ヤガーが、夜あけ、太陽、やみ夜などと言うとき、わざわざ「わたしの」とつけ加えていることは、彼女の宇宙的なひろがりを示して興味深い。それほどのひろがりをもつ彼女に質問しながら、ヴァシリーサはグレートマザーの「家の内部」のことについて知ろうとしなかったため命を失わずにすむのである。それにしても、好奇心をどこでストップさせるかは難しいことである。それが適切にできたのは、ヴァシリーサの気だてのよさによるのであろう。その判断は考えて解るものではない。これはいわゆる知識に基づいてなされた知的判断ではなく、彼女の全人格的な反応として「ここまで」という判断が生じたと言うべきであろう。元型的なものは個人の全人格をかけた決定を要請し、それのみがその場面に正しい答えを与えることができるのである。

4　just so!

主人公がいかに「わがままでなまいきで」あるからといって、また、トルーデさんがいかに凄まじい魔女であるといっても、この結末はあまりにもあっけないと感じる人があるかも知れない。女の子が一瞬にして炎と化し、魔女の「やあれ、あかるいことあかるいこと!」の独白で終るのはあんまりだと感じられる。もう少し何とかならないものかと思ってしまう。

しかしながら、昔話ではなく現実の事件を考えてみよう。ふとした好奇心から見知らぬ男性の誘いに乗った女性が、殺害され、死体となって棄てられることは現実に生じているのである。このとき、もう少し何とかならなかっただろうかと人びとが嘆いてみても、結果はもとに返らない。このような話があまりにも稀であるとか、それは悪人である男のせいであると思う人は、人間に対する自然の力を思ってみるとよい。自然の力は時に人間の作ったものを一挙に破壊する。営々としてつくりあげた農作物も一夜の嵐で潰滅することがある。嵐は善人も悪人も区別しない。それは誰に対しても平等に吹く。自然は善意でも悪意でもなく、ともかく作用し、それは、そのとおりであって文句のつけようがない。英語で言えば、just so! なのである。

まさに、そのとおりであって、いかんともし難いこと、それは昔話のなかに動かし難い事実としてそのまま描かれている。これを、フォン・フランツは、昔話に示される、just-so-ness と呼んでいる。このトルーデさんの物語はその感じを非常によく出している。

グリム童話に「猫とねずみのおつき合い」(8)(二)というのがある。猫がねずみと一緒に住んでいる。冬の食糧のためにヘットを一壺、教会の神壇の下に隠しておくが、猫はたべたくて仕方がない。そこで、名づけ親をたのまれたとうそを言って外出し、ヘットをなめてくる。ねずみはそんなこととは知らず、赤ちゃんにどんな名前をつけてきたかをたずねる。猫は「皮なめ」と名づけたと言う。こうして次々とヘットをなめにゆくが、そのたびに、「はんぶんぺろり」、「みんなぺろり」という名をつけたという。つまり、猫はみんなぺろりとなめてしまったのである。冬になって、ねずみは猫と壺を見にゆき、事情を了解する。ねずみが「最初は上っ皮をなめて、そのつぎには半分ぺろりとしてやって、その次には……」と言いかけると、猫は「もう一語《ひとこと》いってみろ！ てめえを、くっちまうぞ」とおどす。「みんなぺろり」とねずみが言いかけるや否や「猫は一足跳びにとびかかって、ねずみをひっつかみ、ぐうっと、鵜呑みにしてしまいました。どうです、世の中はこんなものですよ」。まさに、just so！である。

筋書きだけを簡単に書いたが、この話がそのまま語られる場面を考えてみよう。聞き手は、くりかえして聞かされる猫の悪業の次に、いったいどんな結末がくるかを期待することだろう。ところが、何と最後におとずれるのはねずみの死であり、猫の決定的な勝利である。こんなことがあっていいのだろうかと問う人もあるだろう。これに対して、われわれは、昔から猫はねずみを食うことになっているが、ねずみは猫を食うことになってはいないのだと答えるより仕方がない。

こう言ったからといって、私は何もこのような考えを善しとするのでも、賛成するのでもない。実際、このような自然のルールに対して、何とかしようとして近代の西欧の文明が出来てきたと言ってもよいのである。母なる自然の力に抗して、人間の意識は確立されようとし、その過程について今後語ってゆくことになるが、それにしても、このような自然のルールについての確実な認識を前提としなければ、それは腰の弱い甘いものになってしまうであろう。just-so-ness を感じさせる昔話が、西欧の文化のなかに位置を占めていることは興味深い。これもやはり、一般的な傾向の補償として存在しているのであろうか。

5 見てはならない真実

第一章において、われわれは昔話を心の構造の反映としてみると述べた。この物語において、主人公が両親のもとを離れ、トルーデさんに会いに行ったのは、心の中に存在する個人的な父親や母親の像をこえて、なお深く、ユングが普遍的無意識と称する領域へと向かって行ったと解釈することもできる。普遍的無意識の内容は、人間に畏敬と恐怖の感情を呼びおこす。さすがのなまいき娘も蒼くなって、がたがたふるえだすほどのものであったが、それを彼女は、黒い男のひと、みどりいろの人、血みたいにまっかないろしたひと、と言っている。美しいヴァシリーサの場合、彼女の見た三人の騎士は、ババ・ヤガーの説明どおり、われわれにも納得がゆく。しかし、この場合の、トルーデの説明する「炭焼き」、「狩人」、「屠殺屋」は何を意味するのだろう。これらはグレートマザーのもつ男性的側面を表わしているらしい。「狩人」や「屠殺屋」は、血を好むグレートマザーのお供としてふさわしいものである。炭焼きは後述するようなグレートマザーと火の結びつきを示していると思われる。しかし、これらのお供について言っているうちはまだよかった。魔女のありのままのすがたを見たと言った途端、女の子は命を失ってしまう。ヴァシリーサは質問をひかえることによって難を逃れた。われわれがいかに好奇心が強くても、この世には見てはならぬ真実があり、たとえ、見たとしても言ってはならぬ真実が存在することを、これらの話は教えてくれる。

ある時、分裂病の患者さんが具合がよくなったとき、自分の発病時の体験を語ってくれた。その人によると、「そのとき、急に机そのものが見えて来た」というのである。われわれ一般の人間は、机という事物を見ることはあっても、机そのもの、あるいは真実の机など見えるものではない。彼はその凄まじい体験を他人に伝えようとするが、どうしてもうまくゆかなかった。「机そのもの」は、やはり見てはならぬ真実であったのだろうか。

見てはならぬと言っても、見えてしまうときがある。そんなときわれわれはどうすればいいのだろうか。昔話はどのような問いに対しても答えを用意していると述べたが、ここでは、グリム童話で「トルーデさん」のすぐ前にある、「名づけ親さん」(四七)が、ひとつの回答を示してくれる。ある男が名づけ親を訪ねてゆく。この名づけ親はトルーデのように女性ではないが、実は悪魔のたぐいなのである。ここでも、この男は変な光景を見ることになる。最初の階段ではシャベルと箒がけんかをしている。二つめの段には死んだ指が沢山ころがっている。三段目には死んだ首が山のようにころがっていて、四つ目では、お魚が自分を鍋のなかに入れて、あげものにしている始末である。最後の部屋を鍵穴からのぞくと、名づけ親が長い角を二本はやしているのが見えた。男がはいってゆくと、名づけ親は夜具をひっかぶってしまった。ところで、男が見てきた奇妙なものを順番に言うと、名づけ親は何とかごまかしてしまう。最後に「あなたは、長い長い角を二本はやしておいででした」というと、「なにを言うか! とんでもないこった」と名づけ親は怒った、その途端、男は一目散に逃げだした。逃げ出さずに居たら、この男はどんな目に会わされたかわからない、というのが話の結びの言葉である。

見てはならぬ真実を見たと知ったとき、一刻も早く逃げるのが最良の方策である。浅はかな人間の知恵で何とかしようとしたり、物おしみをしてはいけない。持ちものを全部すてても逃げ出すこと、これは昔話によくある呪的逃走のテーマにつながってゆく。

ところで、われわれの主人公はヴァシリーサのような賢さもなく、逃げ出すこともしなかった。ここにはどうしても救済の道は無かったのであろうか。

6 火

言ってはならぬ真実を口にし、逃げ去ることもしなかった主人公に対しては、死の運命以外に与えるべきものはないのであろう。われわれとしては、彼女が一瞬のうちに変身させられた炎の意味について考えてみることが残されているだけである。

火の意味するところは、あまりにも大きくひろい。それは人間の文明にとって不可欠なものとして、建設的な意味をもつ反面、すべてのものを焼きつくす破壊性をもっている。本論のなかで、おそらく何度か火の意味について述べることになろうが、この物語の最後に語られる火は、グレートマザーと結びついた火である。重く、暗く、大地と結びついた炎であり、これは、天上に輝く火と好対照をなしている。ユング夫人は、このような火を、大地の火の精であり、「低い母の息子」と呼んでいる。(9) 既に述べたように、母なるもののイメージのなかで、たとえばマリアを天に存在する「高い母」とするならば、トルーデは典型的な「低い母」であろう。この低い母の中にも潜在する天へ向かう意志を、彼女の息子である火は象徴している。それは上に向かってひらめくが、あくまで土に結ばれている。それは「低い、劣等なロゴスとして特性づけられる」とユング夫人は述べている。既にとりあげた「娘の好奇心」がそれに相応する。女だからといって、どうしてそれを知ってはいけないのか。女の私にも知らせて欲しい。それはロゴスの始まりである。しかし、母なる自然、低い母の力がそれにまさると、炎はあたりを一瞬の間あかるく照らすにしろ、すぐに闇にもどってしまう。

トルーデの火は天にとどかなかった。この凄まじい話に対して、同じく「好奇心」によって難を受けながら、結局は自らと天を結ぶ火を見出すことのできた女性の話を紹介して、この章を終ろうと思う。

グリム童話「マリアの子ども」(三)は素晴らしいお話である。貧乏な木こりの娘は、マリアさまによって天国で育てられる。娘が一四歳になったとき、マリアさまは旅に出かけ、一三の扉の鍵をあずけて、一三番目だけは見てはならないといいつける。少女は一二の扉を開き、そのなかの一二の使徒を見てよろこぶ。少女はおきまりのごとく禁制を破り一三番目の扉を開き、そこに「三位一体の御本尊が火と光彩とにつつまれている」のを見る。少女は光彩に触れたため指が金色になる。旅から帰ったマリアさまはそのためにすぐ少女の罪を知るが、娘はあくまで扉を開かなかったと、三度までもうそをつく。マリアは罰として少女を下界に追いやり、彼女は口がきけなくなる。しかし、彼女は王に見初められ結婚して王妃となる。彼女が男の子を産んだとき、マリアが現われ、以前の罪を白状すれば許すが、さもなければ子どもをとりあげるという。王妃はここでも剛情を張り子どもはとりあげられる。子どもがなくなったので王妃は人喰いだと噂されるが、彼女は口がきけないので抗弁できない。子どもが生まれるたびにマリアさまが現われるが、同じようにして王妃はいなみ続ける。またも三度まで！

とうとう王妃は裁判にかかり、火あぶりの刑を受ける。火がどんどん燃えだしたとき、王妃の剛情のあつい氷もとけ、「せめて死ぬ前に、いかにもあのとびらをあけましたと白状できたら、どんなにうれしかろ」としんみりと思う。その途端に声がでて「いたしました、マリアさま。わたくし、あのことをいたしました」と大声でいう。その声と共に雨がふり火は消える。王妃の頭の上に一すじの光がひらめいて、マリアが三人の子をつれて天下り、王妃は許される。

この物語の火は、地上に燃えるものながら、トルーデの火よりは高次のものとなっている。それは天から下るマリアの一すじの光をよびおこすものとなっている。それにしても「このマリアの子ども」の剛情さは何と強烈なことであろう。キリストを三度いなんだペテロは鶏鳴をきき、キリストの言葉を思い出して激しく泣いたという。この少女は三度いなんだ後も、再び自らの子どもを犠牲にしてまでも三度いなみつづける。「低い母の息子」の炎が一瞬にして消え去ったのと比較するとき、この少女の剛情さこそが「低い劣等なロゴス」を天に結びつけ得たのだとも言うことができる。少女の心の中の剛情さという男性的な要素が肯定的な意味を持ち得ることについては、われわれは「アニムス」(第一〇章)について論じるときに詳しく知ることになるだろう。ここで、火は浄化の火としての意味をもっている。

火は浄化の意味をもつことを知ったが、次章には子どもの方ではなく、グレートマザーの方が火に包まれる物語を取りあげることにしよう。

注

(1) グリム童話は、KHM (Kinder- und Hausmärchen) の番号で表わされるのが常であるが、今後すべて、読者の便宜を考えて、岩波文庫の、金田鬼一訳『グリム童話集』一九五四―五六年の番号を付すことにした。トルーデさんは、同訳書では、「トゥルーデおばさん」(四八)、となっている。

(2) 「トルーデさん」の引用は、矢川澄子氏の新訳(『昔話の深層』の付録として所収)により、その他のグリム童話は岩波版によっている。

(3) エリアーデ、堀一郎訳『生と再生』東京大学出版会、一九七一年。

(4) エリアーデ、前掲書。

(5) 関敬吾編『こぶとり爺さん・かちかち山――日本の昔ばなし(I)――』岩波文庫、一九五六年。

(6) 関敬吾、前掲書。
(7) アファナーシェフ、神西清訳『火の鳥』岩波少年文庫、一九五二年。
(8) 岩波訳では「猫とねずみとお友だち」となっているが、原題は、Katze und Maus in Gesellschaft である。
(9) エンマ・ユング、笠原嘉・吉本千鶴子訳『内なる異性』海鳴社、一九七六年。

第三章　母からの自立――ヘンゼルとグレーテル

1　二人の主人公

ヘンゼルとグレーテルの物語は、グリム童話中の傑作として、全世界にひろく知れわたっている。わが国でもおそらく、知らない人はほとんどいないのではないだろうか。今回、これを取りあげたのは、前回の「トルーデさん」に述べた、母なるものの元型の様相が、あまりにも凄まじく、超人間的で抗し難い感じを与えるものであったのに対して、この物語では、それがもう少し人間的なレベルで語られ、われわれがそれに如何に対処してゆくべきかを、明らかにしていると思われるからである。

この物語の特徴のひとつは、主人公がヘンゼルとグレーテルという二人の人物であることである。一般に、昔話は主人公が一人であり、二人の場合は比較的少ない。グリム童話でも、それがほとんど見当たらないのである。兄妹が主人公となるものとしては、「兄と妹」(一一)ぐらいしかない。ヘンゼルとグレーテルは、グリム兄弟の初稿では、「兄と妹」と題されていたが、初版のとき改題され、それとともに、別の物語である「兄と妹」が加えられたという。(1) ところで、この兄妹の主人公という取り合わせは、わが国における有名な物語「安寿と厨子王」という姉弟を思い起こさせる。片方が兄と妹であるのに対して、片方が姉と弟になっているのも興味深いが、この二つの物語は多くの点で対比される要素をもっている。ここで、あらたにヘンゼルとグレーテルの物語を読みなおされる読者は、「安寿と厨子王」の話を下敷きにして読んでいただきたい。必ず意味深い対比に気づかれることであろう。

昔話を人間の心の内界の表現としてみるとき、その主人公は、人間の自我あるいは新しく自我として確立される可能性を示していると考えられる。ここに、主人公が二人であることは、とくにヘンゼルとグレーテルのように幼い兄妹で表わされるようなときは、男性とも女性ともいまだ分離して確立される以前の自我の状態を示すものと考えられる。まだ幼くて、その自我は男性性、女性性ということを、それほど判然と明確にしているのではない。このような点は、「兄と妹」の物語にも適用できる。「兄と妹」の物語では、継母にいじめられた幼い兄妹が、親もとから逃げだすことから話が始まるので、ヘンゼルとグレーテルと非常に似通った主題、つまり、子どもの母親からの分離、独立の主題を取りあつかっていることが解る。

グリム童話「柏槇《びゃくしん》の話」(五二)では、主人公は、一人の男の子であるが、それには異母妹がいて、ヘンゼルとグレーテルや、前記の「兄と妹」と似た話の展開を示している。柏槇の話も、継母の凄まじさが描かれているが、この母親は男の子が箱の蓋をあけて、りんごを取ろうと身をかがめたときに、蓋をばたあんとしめて、首をちょん切って殺してしまうのである。これらの三つの物語は、すべて前回に述べた母なるものの否定的な側面と、それに対抗する子どもの自我を描いているものと言うことができる。

「安寿と厨子王」の物語では、子どもたちが母親から分離することは、グリム童話と違って、むしろ運命の力によって強制的になされるのが印象的である。安寿と厨子王の母は一貫して良き母であり、否定的な面を示さない。しかし、それでも、運命の力が母と子とを引き裂くのであり、母子の分離は結局は避け難いことなのである。

2 親と子

ヘンゼルとグレーテルの物語に話をもどしてみよう。この話では最初から、木こりとそのおかみさん、それに二人の子どもと、ちゃんと一家族がそろって出てくる。昔話の最初の登場人物の構成は非常に示唆的で、父親と息子だけで、母親がいなかったり、あるいは老夫婦に子どもがないという設定であったりして、そこに何らかの「欠けたもの」の存在を明示するものである。そして、その物語の展開を、その欠けたものがどのようにして満たされ、全体の構成が変化してゆくかに焦点をあててみてみることは意義深いことである。この物語は最初の人物構成としては「欠けたもの」はないが、木こりは貧乏であり、そのうえ、大飢饉がやってきたことが、話の冒頭に告げられる。

貧乏や飢饉という物質的な欠如性は、心の内部のこととして見れば、心的エネルギーの欠如を示すものと考えられる。人間の自我は、その活動にふさわしい心的エネルギーを必要とする。ところが、その心的エネルギーが自我から無意識へと流れ、自我が利用しうるエネルギーが少なくなるときがある。それを心的エネルギーの退行という。このような退行状態では、人は活動できないし、意識的統制の少ない空想にふけったり、幼児的な願望が強く前面にでてきたりする。退行状態におちいると、われわれは他人の少しの親切を無闇に有難く感じたり、少しの冷たい仕打ちを極端に冷酷に感じたりする。それは、現実とずれたものではあるが、観点をかえると、より真実を把握している——拡大した形で——とも言うことができる。

大飢饉という異常な状態のなかで、家族の成員のあり方が拡大されて映しだされてくる。ここで、母親は子どもを捨てることを父親に提案し、母性の否定的側面を露呈してくるのである。この母親の言葉に驚いた読者に対して、物語の第二節目に、子どもたちは「まま母がおやじさんにいっていることを聞いてしまいました」という説明があり、ここで、彼女がまま母であることがさりげなく示される。そして、多くの読者はこの「まま母」という言葉に、すべてを納得した気持となり安心するのである。ところで、この話の原話では、母は実母であり、一八四〇年の決定版のときに、グリム兄弟がこれを「まま母」に変更したことはよく知られている事実である。このことは、あの悪名高い白雪姫の母の場合も同様である。嫉妬心から娘を殺そうとした王妃は、白雪姫の実の母なのであった。このような書きかえに対して、グリム兄弟の著名な研究家である高橋健二氏は「やはりそうあるべきであろう。実の母が娘の美しさをねたんで、殺そうとするのは、あまりに非人間的に残酷である(2)」と述べている。

この問題は深く考え出すと、なかなか複雑なことである。実際にわれわれは、実母でありながら自分の子をコインロッカーに入れこむ例を知っているし、まま母でも子どもを立派に養育している例も知っている。ここで、実母とかまま母とかにこだわらず、母なるものの存在として考えるとき、それは常に肯定、否定の両面を有することは前回に述べた。そして、その両面のうちの肯定的な面のみを母性の本質として、人間が承認しそれに基づく文化や社会を形成してきたのであるが、否定的な側面は常に人間の無意識に存在して、われわれをおびやかすのである。そのような働きを如実に描いた昔話が、すべてそれを「母」のこととして記述したのも当然のことである。つまり、母親としての誰それがとか、私の母がなどという個人的なことではなく、すべての母性はこのような否定的側面をもつのである。それを意識的に受け容れることは困難なことであるので、そのような否定的なことはすべて、まま母のすることであると考えられるようになった。このため、まま母のイメージは実際のそれよりもはるかに悪いものになってしまった。つまり、まま母という名によって、母性の否定的側面をすべて背負いこまされてしまったのである。このように考えると、ヘンゼルとグレーテルや、白雪姫の母が実母であるとする方が、無意識界のレベルにおいてはむしろ当然のことであるが、意識的なレベルでは、まま母としておく方が受け容れやすいということになろうか。

トルーデさんは超人間的存在であったが、この物語に述べられる父母の会話は、相当人間的な味を感じさせる。ここで、父親は子どものことを心配する心の温かい人として描かれているが、結局のところ、彼は何らの具体策をもたず、母親に言いまかされてしまう。父親が弱いときは、母親が強くならざるをえない。母親はむしろ男性原理の施行者――それも過酷なる施行者――となってしまう。四人死ぬよりは、まだ二人生き残るほうがいいとは、男性原理に基づく思考法である。

ここで、二人の子ども、とくにヘンゼルのけなげさが大きい救いとなる。グレーテルは泣いてばかりいるが、ヘンゼルの機知によって、子どもたちは一度目は難を逃れる。それにしても、子どもたちが両親の会話を盗み聴きしていた事実は示唆的である。多くの子どもたちは両親の話をそっと聴き、両親の影の部分を認識することによって、彼らの自立への一歩を踏み出すものである。もっとも、この影の衝撃が強すぎるときは、子どもたちは転落への道をたどることになる。森へゆく途中に、親子の間にかわされる会話も面白い。ヘンゼルがキョロキョロするのを、両親は叱りとばす。朝日が煙突にあたっているのを猫と見まちがうとは、何と馬鹿げた子どもだと両親は思う。しかし、ヘンゼルは別のことをしているのだ。ここで、両親の影を知った子どもは、両親の知らない世界を心の中にもちはじめている。彼は少しずつ自立への道を歩んでいるのである。

一度は逃れられたものの、同じ危険はまた訪れてくる。ここに、昔話に特有の繰り返しが行われるが、このことの意味については、他の章で触れることにしたい。二度目には、せっかくのヘンゼルの努力も水泡に帰してしまった。道しるべにと思ってまいたパンくずを、何千という鳥がついばんでしまったからである。ここで、この小鳥の意味について少し考えてみることにしよう。

3 鳥

この物語では鳥が重要な役割を演じている。道しるべのパンくずを食べたのも小鳥であったし、子どもたちをお菓子の家へとさそったのも、「きれいな、雪のようにまっしろな小鳥」であった。そして、魔女の森からぬけ出すとき、二人を助けてくれたのは、白い鴨であった。

ユングは鳥が、たましい、精神などを表わすことをよく指摘している。鳥が人間と異なり、空を自由にとべるという事実は、このようなイメージを呼びおこす大切な要因であろう。あるいは、鳥の意味は突然にひらめく考えや、思考の流れ、空想なども結びつくものである。(3) 鳥がたましいを表わすことは、全世界にわたる多くの物語に示されているが、ここでは、先にあげた「柏槙の話」で、男の子が殺され、まま母がそれをスープにして、それと知らぬ父親に食べさせ(何とも凄まじいお話である!)、その骨を妹のマリアが柏槙の木の下におくと、その木から一羽の鳥がとび出してきて、それは明らかに死んだ男の子のたましいである、という例をあげておくことにしよう。

鳥は突然にひらめく考えを表わすが、このようなひらめきは、無意識内に存在する心的内容が突如として意識内に出現することによって生じる。このとき、自我はそれを把握し、既存の意識体系とそれをうまく結びつけることをしなくてはならない。ところが、無意識の活動が強すぎて、それが無方向に散乱するときは、自我はむしろそれをどのように把握し、どのように利用してよいか困惑してしまうであろう。このような状況に相応するのが、無数の小鳥が飛びかう様相であり、それはむしろ、非建設的な空想の断片を示している。夜のうちに現われた何千という鳥は、パンをついばんでしまったが、これは著しい退行によって、散漫な空想が生じ、方向づけを失ってしまうことを意味している。

グレートマザーは無意識界に君臨するものとして、しばしば多くの小鳥と結びついている。「ヨリンデとヨリンゲル」(七五)においては、魔法使いのお婆さんは娘を小鳥にかえて、かごにいれて飼っているが、何と七千羽も飼っているのである。

グレートマザーと小鳥の結びつきを示す、現代人の夢を次に示す。これは学校恐怖症ということで高校に登校できなかったが、卒業後も対人恐怖症に苦しんでいたある若い女性のみた夢である。

「自分の家のようだが、何だか居心地が違って気味の悪いところにいる。ここから脱け出そうと思う。他にも女の人たちがいて仕事をさせられているような感じ。逃げだすためにカソリックのシスターの服装に変装して逃れる。しばらくすると、魔法使いのお婆さんのようなのが追いかけてくる。お婆さんが術を使うと茶色の小鳥がいっぱいとんできて、目前にひろがってしまい、歩けなくなる。そこでつかまえられて連れもどされる。」(以下略)

この夢はグレートマザーと小鳥の結びつきと、無数の小鳥が現われることの恐ろしさを如実に示している。わが国に現在急増しつつある学校恐怖症は、日本の社会の母性的な特性に根ざしていることを、筆者は常に強調してきたが(4)、この夢は、登校できずに悩んでいる子どもが、いかにグレートマザーの力によって外に出ることをさしとめられているかを、見事に示している。この女性は変装までして、グレートマザーのもとから逃げだそうとする。しかし、無数の小鳥は目前をおおって、歩くことを不可能にしてしまう。彼女はせっかくの努力も空しく、またもやグレートマザーのもとに連れもどされるのである。

ヘンゼルとグレーテルも、小鳥たちのために道を失ってしまい、ますます森に深入りしてゆく、すなわち、彼らは意識による方向性を失ったのである。家を出てから三日目に、彼らは印象的な小鳥に出会う。ここでも、昔話にお得意の三という数字、三日目ということがでてくるが、これについても今は触れないことにしよう。小鳥に魅せられた二人は、それについてゆき、お菓子の家を発見する。

ここに道しるべとなった小鳥は、先に現われた何千の小鳥とは異なり、ひとつの方向性を与える。しかし、それは恐ろしい方向である。これは、後に、白い鴨が森から家への方向を与えるのと好対照をなしている。

一度、退行が開始され、それがある程度をこえると、われわれは無意識のより深い層に到る。物語の始めに語られるまま母のイメージは、否定的ではあっても、まだ人間的な感じを残しているが、次に現われる女性は、より普遍的な否定的母性像を示す。すなわち、人を食う魔法使いのお婆さんなのである。ところが、このお婆さんは子どもたちが狂喜するような、お菓子の家に住んでいるのだ。「このちっちゃな家はパンでできていて、屋根はお菓子なのでした。窓は窓で、きらきらしたお砂糖でした」というのだから、ヘンゼルとグレーテルが大喜びしたのも当然である。いったい、このお菓子の家は何を意味するのだろうか。

4　お菓子の家

グレートマザーと食物とは切っても切れぬ関係にあるという。(5) これは今までに述べてきたようなグレートマザーの特性から考えても、すぐに了解できることであろう。たとえば、トルーデさんとともにグレートマザーの一人と考えられる「ホレのおばさん」(二七)の物語では、ホレのおばさんのところにゆく途中に、パンがパンがまにいっぱいつまっていて、「あたしをひっぱりだしてえ、やけ死んじまう」と叫んでいるところや、りんごが鈴なりになっていて、「ぼくをゆすぶってえ、みんな熟しきっているんだよう」と呼びかけるところがある。そして、ホレのおばさんを訪ねていった少女は、「毎日毎日、煮たもの焼いたものばかり食べて、たのしく暮らしていました」ということである。

ヘンゼルとグレーテルのお話にあるお菓子の家は、性悪の魔女が、子どもたちをおびきよせるために作っておいたのだという。ここで、最初の家における飢饉の状態と、魔女の家における豊富な食物とが好対照をなしている。魔女の用意した甘くて豊富なお菓子は、母親の過保護を連想せしめる。過保護は子どもたちの自立をさまたげる。ヘンゼルとグレーテルは短期間のうちに、極端な拒否(森に捨てられる)と過保護とを体験させられている。いってみれば、この拒否も過保護も同種のものなのである。

筆者は心理療法を専門にしているので、学校恐怖症の子どもや、その両親によくお会いするが、そんなときに、「ヘンゼルとグレーテル」を遠い昔の物語とは思えない感じがする。もちろん、学校恐怖症と言ってもいろいろな場合があるので、一概に言うことはできないが、筆者が典型的と思うような両親は次のようなタイプである。

お母さんは子どものことに一所懸命である。子どものためとあらば、それこそお菓子の家でも作りかねないぐらい、何でもしてやろうとする。母親の強力な態度が家中を圧するほどであるのに対して――あるいは、その故に――父親は弱い。父親はだいたい母親のいうなりに行動しているが、この父親の弱さをカバーするために、母親は多少とも父親の役割を取らねばならなくなってくる。（ヘンゼルの母親の父親的性格を先に指摘しておいた。）母親は子どものためを思うあまり、もっと勉強せよとか、よい成績をとるようにという点で父親的な役割を荷ないはじめる。こうなると、母親は無意識的なグレートマザーにも比すべき保護と、父親的な強さという役割を背負いこむあまり、人間的な母親の役割がもっとも手薄になってくる。やさしく子どもに接するとか、子どもの気持を察するなどということができない。この点では、むしろ弱い父親がそれに気づき、「可哀そうだ」と思い始めるが、ヘンゼルたちの父親のように、たちまちにして母親の論陣に降服してしまう。子どもは一方で過保護を体験し、一方では人間的な接触に欠けるという点で、強い拒否を体験している。もちろん、このような母親は、ヘンゼルとグレーテルの母親のように、学校恐怖症の子どもを森に捨てようなどとは決して思わない。しかし、実に多くの母親が、「子どもをよくするため」「子どものために」、どこかよい施設にあずけたいと言いだすのである。極端な一体感か、あるいは、まったく突きはなすか。そしてまた、多くの母親が、「この子と一緒に死にたい」と訴えるのである。グレートマザーは死の国に住んでいる。

横道にそれたついでにもう一言いわしていただく。このようなとき、多くの人は母親の行動の一面をとりあげ、「過保護がいけないから、子どもをもっと突きはなすように」などと忠告する。しかし、これはよくない。物質的な過保護の裏には、しばしば人間的な愛情の不足がある。それに気づかずに、単に子どもを離すことを考えても無駄である。これを克服するためには、過保護をやめるなどという簡単なことではなく、かまどの火に身体を焼くほどの苦しみと、死と再生の過程を経なければならないのである。

余計なことをずいぶん書きつらねたが、過保護談義はこれぐらいにして、話を先にすすめよう。子どもたちはお菓子の家に喜んでいたが、魔女はすぐにその正体をあらわしてきた。ところで、「魔女というものは、ふつう赤目で、遠くは見えませんが、けものみたいに鼻がよく利いて、人間が近づいてくればわかるのです」という。この魔女も目が悪いらしい。

5 盲目

人間は「眼の動物」と言われるほど、視覚を大切にしている。人間にとって「見る」ことは「知る」ことの前提になっているとさえ言えるだろう。人間のなかにも聴覚型と言える人があるが、これは視覚型に比してはるかに数が少ないことが解っている。

魔女が目が悪く、嗅覚が発達していることは、その動物性を示している。彼女は見ることによって知ろうとしないが、鋭い勘をそなえているのだ。「盲目の愛」などという表現に表わされるように、知ることの裏づけのなさを示す盲目ということは、一般には否定的にとられることが多い。しかし、知ることはそれほど素晴らしいことであろうか。母と子の関係で、知ることの悲劇を描き、盲目の意味について考えさせられるのは、有名なエディプスの物語である。

知らないうちに父を殺し、母と結ばれたエディプスの悲劇は周知のこととして、ここに繰り返す必要はないだろう。エディプスは自分の悲劇を知らず、あくまでもすべてを追求し知りつくそうとするが、そのときに現われた盲目の予言者テイレシアスは、「ああ！　知っているということは、なんというおそろしいことであろうか」という独白を述べ、エディプスに秘密をあかすことを拒もうとする。盲目の賢者のイメージは、盲目についての二重の意味を明らかにする。すなわち、盲目ゆえに内界に向って開かれた目は、目明きよりもはるかに多くのことを見、知っている。そしてまた、彼の説くところは、見る(知る)よりも見ない(知らない)ことのほうが、幸福であることも示している。しかしながら、盲目の賢者の願いも空しく、エディプスはすべてを知り、自らの目をつぶして盲目となるのである。

エディプスの悲劇は、子どもと両親間の永遠の葛藤を描くものとして、フロイトによって取りあげられ、エディプス・コンプレックスという名前を生み出した。これに対して、ユングは、このような問題を家族間の人間関係に限定することなく、むしろ、ある個人の普遍的無意識に存在する、父なるもの、母なるもの、の元型との関連として受けとめようとした。

子どもは生まれてから母の保護を受けて育ってくるが、その間に母との接触を通じて、母なるものの元型についての体験をもつ。つまり、それは子どものすべてを受け容れ、すべてを与えてくれる母の像である。しかし、子どもは成長に伴って、その母なるものの否定的側面――すなわち自立を阻む力――を認識し、それと分離しなければならない。ここに、成長の一段階としての母親殺しの主題が生じる。これが、ヘンゼルとグレーテルの魔女退治なのであるが、もちろん、これは子どもの心の内界において行われることであって、実際の母親に向けられるものではない。それにしても、この内界の劇は血なまぐさいもので、先に述べた「柏槙の話」では、母は子の首をちょん切ってスープにしてしまうし、子どものたましいである鳥は、石臼を母親に投げて殺してしまうのである。

自我の確立の過程に不可欠な母親殺しの主題は、西洋に特徴的なものである。これが東洋においてはどうかという点は非常に難しいことである。それに対してひとつの示唆を与える夢を次に示す。これは筆者が分析をしていたある独身の東洋人男性の見た夢である。

「私はアメリカ人のガールフレンドを愛撫していた。そこへ母親が急に入ってくる。私は母が盲目になっているのを知り、強い悲しみにおそわれる。そして、母が自分が女性と一緒にいるのを気づくのではないかと心配になる。」

この夢について、彼は自分の故郷の民話を連想し、それは若い男女が結婚したいと思うがなかなかできず、最後に結婚できるが母親は盲目になる話であるという。男性が結婚し、あるいは恋人を得ることは、自立を端的に示すことであり、それは多くの場合、母親殺しの主題と結びつく。しかし、この夢では、母は自然に盲目になっており、「知る」ことの危険から身を引くことによって、共存がはかられるのである。主人公が感じる「強い悲しみの感情」は、母親殺しを避けた代償として当然のことであろう。

この夢に現われた盲目の母のあわれさは、われわれにもう一人の盲目の母、「安寿と厨子王」の母親の姿を想い起こさせる。盲目になって、わが子のことをしのびつつ雀を追っている――ここでも母親は鳥に囲まれている――老母のあわれさは、われわれの心を打つが、これこそ、厨子王が成人し出世してゆく過程に必要なことでなかったのだろうか。盲目の母には母親殺しの主題が生じない。しかしながら、厨子王の成長の陰には安寿の死が存在している。個人の成長は常に死と再生の繰り返しであることを考えると、その過程に何らかの死が生じることは避けられないのかもしれない。それにしても、ここで安寿の死をどう考えるかは大きい問題であるが、今回はこれには触れずに、今後の課題として残しておくことにしよう。

安寿の死の問題にもつながり、今まで述べてきた姉と弟、鳥、盲目、などの主題につながるものとして、ここで、小川未明の「港に着いた黒んぼ」(6)について少し触れておきたい。

これは盲目の笛吹きの男の子と、その姉の物語である。男の子は上手に笛を吹き、姉はそれに合わせて踊り、それによって金を得ている。「この二人は、まったく親も無ければ、他に頼るものもなかった。この広い世界に、二人は両親に残されて、こうしていろいろと辛い目を見なければ、他に頼るものもなかった。」二人は世にも珍しい仲の良い姉弟であった。ところである日、見知らぬ男が大尽《だいじん》の使いとして現われ、姉に一時間だけ来て欲しいという。弟には一時間の間待つように固く言いつけて彼女は立ち去る。姉が約束の時間に帰って来ないので、弟は悲しい想いを託して笛を吹く。ちょうどそこへ、北の海で子どもをなくし悲しんでいる白鳥が通りすがり、笛の音に心をうたれて舞いおりてくる。白鳥は少年にいたく同情し、少年を白鳥に変え、二羽の白鳥は南の国に立ち去る。程なく戻ってきた姉は弟のいなくなったのを知り、探しもとめるが見出すことができない。ある日、外国から船が着いて、上陸してきた人のなかに、「見なれない、小人のように背の低い、黒んぼが一人混って」いた。彼はこの姉に会うと意外なことを言った。姉とまるでそっくりの娘が、盲目の男の子が吹く笛に合わせて、唄をうたったり、踊ったりしていたのを、南の島で見たと言う。姉は悲しみながら、「もう一人、この世の中には、自分というものがあって、その自分は、私よりも、もっと親切な、もっと善良な自分なのであろう。その自分が、弟を連れて行ってしまったのだ」と後悔する。その南の島はどこかという彼女に対して、それは幾千里という遠い所にあり、「容易に行けるところでない」と彼は答えるのであった。

この興味深い話に、野暮な「解釈」を加えるための紙数はもう残っていない。姉弟、鳥、盲目などすでに述べたことをもとにして、読者が一考されるのに期待しよう。ただ、この物語には母が登場しない。これは、母なるものの否定的な側面は、人格化(魔女などという姿をとって)されることなく、過酷な運命としてこの姉弟に迫っているのである。そして、ヘンゼルとグレーテルのように、魔女との戦いなどということが主題にはならず、話の全般にわたって流れる「あわれ」の感情が、主題を形成している。これは、先に示した夢の中に生じた「強い悲しみ」に通じるものであろう。

6 母親像の変遷

横道にそれすぎたので、結論を急がねばならない。魔女が正体を現わした途端に、ヘンゼルはとらえられ、ここからはグレーテルが活躍することになる。今まで泣いてばかりいたグレーテルは、機知と勇気によって、魔女をパン焼きがまのなかに入れこんでしまう。パン焼きがまは、「ホレのおばさん」にも登場するが、母性を象徴するものとしてまさにぴったりのものである。そこからパンが「生まれでてくる」ものとして、グレートマザーの子宮になぞらえうるが、火によって生命の変容を行うという機能がとくに強調される。(7) この物語では、その点がとくに明らかで、魔女は火によってあがなわれる。二人の子どもたちが魔女の家に見出す宝石や、後に出会う白い鴨は、母性が肯定的な面へと変容されたことを示すものであろう。

魔女が自らパンがまの中にはいって行ったことは示唆的である。もちろん、そこにグレーテルの機知と、後からの一突きがあったにしろ、魔女が自己消滅の道を選ぶという事実は重要である。これは、東洋の母たちが、盲目になることによって自ら退いていったことと同じことと言えるかも知れない、もっともその在り方の差は、ずいぶん大きいとも考えられるが。魔女の力が最高に達したと思われるその瞬間に、特徴的な相互反転が行われ、殺すものと殺されるもの、焼きがまに入れるものと入れられるものの役割交換が行われる。グレーテルは焼きがまを操作する女性として、自分の女性性を明らかにする。ものごとが極点に達したときの相互反転の現象は、人生によく見られる現象である。極点に達したものは自己消滅の道をたどる。

帰り道に二人を助けてくれる白い鴨は、この場合、母性の肯定的な面を示している。グリム童話「森のなかの三人一寸ぼうし」(一五)では、王妃がそのまま母によって川の中にほうりこまれるが、その翌日から、夜になると一羽の鴨になって自分の赤ちゃんのところを訪れ、乳をのませる話が語られている。

鴨の背に乗るときに、妹のグレーテルは、ヘンゼルが一緒に乗ろうというのに対して、「かもさんには重すぎるでしょ。かわりばんこに運んでもらわなくちゃ」と答え、ヘンゼルに先をゆずっている。これは話の前半で泣いてばかりいて、すべてを兄に頼っていた姿とはまったく違った態度になっている。注目すべき役割交換が行われた後で、グレーテルは女らしい配慮と強さをもつ人格へと変化しているのである。

彼らが家に帰ったとき、おかみさんがすでに死んでいたという事実は、彼女と森の中の老婆との秘かな同一性を明らかにしている(8)。まま母という姿によって示された、否定的な母性像は、この物語のなかで種々の変遷をとげてきたのであるが、グレーテルの態度がその間に変化してゆくことも考えあわせると、このヘンゼルとグレーテルの物語は、どちらかと言えば、グレーテルを主人公と見なして考えてみると解りやすいのではないかと思われる。

注

(1) 高橋健二『グリム兄弟』新潮社、一九六八年。
(2) 同右。

(3) C. G. Jung, "Psychology and Alchemy", in The Collected Works of C. G. Jung, vol. 12, Pantheon Books, 1953.

(4) 拙著『ユング心理学入門』培風館、一九六七年〔本著作集第一巻所収〕。『母性社会日本の病理』中央公論社、一九七六年。

(5) Hedwig von Beit, "Symbolik des Märchens", Franke Verlag, 1952.

(6) 『日本童話集 中』日本児童文庫、アルス社、一九二七年。

(7) Erich Neumann, "The Great Mother", Loutledge and Kegan Paul, 1955.

(8) Hedwig von Beit, ibid.

第四章　怠けと創造——ものぐさ三人むすこ

1　怠け者

昔話は多くのパラドックスに満ちている。昔話から常に勧善懲悪的な教訓を読みとろうとする人は、昔話のもつパラドックス性に、しばしば戸惑いを感じさせられるものである。今回取りあげる「怠け」ということも、そのひとつであろう。

グリム童話「ものぐさ三人むすこ」（一六九）は興味深い物語である。三人のむすこをもった王様が、臨終の床で世継ぎを決めるときに、三人の中で一番ものぐさ者に王位をゆずりたいと言う。総領の王子は、「水のしずくが目にとびこんできたりしたようなときでさえ、目をとじるのが億劫でかなわぬ」と言い、二番目の王子は、「火にあたっておりますときでも、ちょいと足をひっこめるのさえ億劫で、いっそかかとにやけどした方がましだというほどでして」と述べたてる。ところが、三番目の王子はもっと徹底している。首吊りの縄がかけられたとき、縄を切るためのナイフを手に握らせてもらっても、その手を持ちあげるくらいなら、いっそのこと首吊りにされた方がましだと言うのである。王様もこれには感心して、三番目の王子に王位をゆずることになる、というお話である。

この話で、奇妙な感じがするのは、どうして、ものぐさであることがそれほど高く評価されるのかが疑問に感じられるからである。この点を明らかにするために、昔話に登場する、怠け者たちについて、どのような話が展開するのかを、しばらく調べてみよう。

まず、グリム童話のなかの「怠け者」を探してみると、「糸くり三人おんな」(一六)という話では、怠け者の女主人公が登場する。怠け者で糸つむぎが嫌いで何もしない女の子が居た。あんまり怠け者で腹が立つので、母親が叱ると大声で泣き出した。そこを通りかかった王妃がどうして泣いているのかとたずねると、母親は娘が糸つむぎが好きで、働きすぎるので止めておけと叱ったために泣いているのだと、ごまかしを言う。王妃はこれを真に受けて、そんな働き手はうちに欲しいと娘を城に連れ帰り、糸つむぎを好きなだけするように申しわたす。娘が困って泣いていると、三人の異様な女が現われる。彼女たちは糸つむぎが好きで、一人目は糸つむぎの車の輪を踏むので足がものすごく大きく、二人目は糸をなめるので唇が大きく、三人目は糸をよるために幅広い拇指《おやゆび》をもっていた。三人は娘の代りになって糸をつむいでやるが、そのために娘はほめられて王子と結婚することになるので、そのときは結婚式に三人を招待して欲しいと言う。娘が約束すると、三人はどんどんと仕事を始め、その結果を見て喜んだ王妃は、彼女たちの予言どおり、娘を王子の嫁に欲しいという。結婚式になって娘は約束を果すが、王子は客の姿の異様さに驚いて、どうしてかと質問する。三人の女はそれぞれ、糸をつむぐためにこのようになったと答えるので、驚いてしまって、王子は自分の嫁にはこれから決して糸つむぎはさせないようにすると言う。「これで、女の子は、いやでたまらない麻糸つむぎをしないでいいことになりました」というのが結末である。つまり、この物語でも怠け者が見事に成功しているのである。

糸つむぎは古来から女性の仕事のなかの重要なもののひとつとして、女性性を象徴する[1]ほどの重みをもったものである。それを嫌いだと泣いていた娘が王子様と結婚するのだから、これはまったく常識はずれの物語なのである。グリムのなかには、もうひとつ「なまけものの糸くり女」(一四三)の話がある。この話の主人公も怠け者で、亭主から小言《こごと》を言われる。つむいだ糸を糸わくに巻きとるように言われるのだが、このおかみさんは口達者で、亭主に、わくがないからできないので森へ行ってわくを作ってきてくれ、と言いかえす。そこで亭主が森へ行くと、この怠け者のおかみさんは後からそっと森へついてゆく。亭主が木を切ってわくを作ろうとすると、おかみは隠れ場所から、「わくの木をきるやつあ、くたばるぞ」とおどす。亭主は怖くなって、あきらめて帰るが、おかみさんは近道を通って先に帰り、何くわぬ顔ですましているという次第である。後の話は省略するが、このようにして、怠け者のおかみさんはずるく立ちまわって仕事を免れるのである。もっとも、あまりの話なのでたまりかねたのか、最後に、「だが、いいかね、こんなのは、それこそ、女の屑なんだよ」という語り手のコメントがつけ加えられている。

怠け者が成功するのみならず、そこにずるい知恵まで加わるとなると、われわれ日本人にすぐ思い浮かぶのは、「三年寝太郎」の話であろう。これにはいろいろなバリエーションがあるが、山梨県西八代郡で採集されたものを取りあげてみよう(2)。

昔あるところに二軒の家が並んでいた。東の家は大尽《だいじん》であったが西の家は貧乏であった。西の家では父親が死んで、母親と一人息子がくらしていた。ところが、この息子が怠け者で食っては寝てばかり、「くっちゃね」と呼ばれていた。この怠け者の男が二一歳になると大活躍を始める。神主の格好をして東の大尽の家にしのびこみ、神棚の上に隠れる。そして、夕飯時に跳び降りて、おれはところの氏神だ、きさまのところの娘と西の家の息子とは夫婦にしろ、と告げる。これが、まんまと成功して、彼は大尽の娘と結婚し、家も上等に建てなおしてもらったという。

これは民話の怠け者であるが、わが国には類話が多くあり、『御伽草子』の「物くさ太郎」など、その代表であろう。これについては、国文学の佐竹昭広氏による興味深い文学的解明があり、(3)興味のある方はそれを参照して頂きたい。筆者の論も佐竹氏の論や、文中に紹介されている岡部政裕氏の論と重なり合う点をもっているが、もっぱら怠けの意味という点に焦点をあて、他の昔話を参考にしながら論をすすめてゆきたい。

2 願望充足

怠け者の成功話が昔話によくあることについて、まず誰しも思いつく仮説は、願望充足ということであろう。周知のように、フロイトは『夢判断』(一九〇〇年)を発表し、そのなかで、夢がある個人の無意識内の願望を充足させる意味をもつと主張したのである。既に第一章に述べたように、昔話を民衆の心の深層から生まれてきたものと考えると、それは民衆の願望充足の機能をもっていると見ることができるだろう。このように考えると、一般の民衆がひたすら勤勉を徳として働きつづけねばならなかった時代に、人々の無意識内から、怠けへの強い願望が生じてくるのも当然のことと思われる。中世のヨーロッパにおいて、特に重労働をしている百姓や農奴のあいだには、「怠け者の天国」とも呼ぶべき一種のユートピア的な心像が強く存在していたことは、よく知られている事実である。画家ブリューゲルの絵が、そのイメージをわれわれに生き生きと伝えてくれる。

毎日毎日の糸つむぎの仕事に疲れた女性たちが、既に述べたような話のなかにおのおの願望を託したり、あるいは、昔話のもつユーモアに慰めを感じたりして、喜んで話に聞きいっている光景を、われわれは共感をもって心に描きだすことができる。おそらく、「なまけものの糸くり女」の最後につけ加えられた一行は、後年になって、誰かがこのような傾向があまりにも強くなることをおそれて付加したのではないだろうか。民衆の心はおそらく、このような堅い道徳の重みをはねとばして、怠け者の女性の活躍を笑いをもって受けとめたのに違いない。

このような観点に非常にぴったりとするのは、むしろ、グリム童話の「ものぐさ三人むすこ」の次にある「ものぐさ一二人おとこ」(一七〇)であろう。これは、

「御主人もちの男が一二人、一日じゅうなにひとつしもしなかったくせに、日がくれても、ひと骨おる気もなく、草のなかへごろりところがって、じぶんたちの物ぐさの自慢をしていました」という書き出しで、一二人の男が自分の物ぐさぶりを、面白おかしく自慢してみせるのである。この話のひとつひとつに、人々は笑いころげ、その日の疲れを癒すことができたのであろうし、既に述べたヨーロッパの中世におけるユートピアのイメージの片鱗を、これらの笑話は伝えてくれるものであろう。

笑話としての怠け者の話は、わが国にも類話が多く存在している。たとえば、長野県下伊那郡で採集された「二人の無精者」[4]などは、その代表的なものである。

むかし、あるところにずくなし(無精者)の男があった。握り飯を首にくくりつけてもらって、懐手をして町に出かけていった。腹がへってきたが無精なので、握り飯を首からとるのがうるさくて、誰かきたらとってもらおうと思っていた。すると、大きな口を開けた男がやってきた。よほど腹がすいているのだろうと、「もしもし、わしは首にお握りをゆわえつけているが、手を出してほどくずくがない、お前さんがとってくれたら、半分だけわけてあげす」とたのんだ。するとこの男は、「わしはさっきから、笠の紐がとけて困っているが、その紐を結

ぶずくがないので、誰かに結んでもらわずと思って、こうして口を開いて笠が落ちんようにしているところだ」といった。

このような笑話を読むと、昔の民衆の健康な哄笑が聞こえてくる感じがする。しかしながら、既に示した、「ものぐさ三人むすこ」や、日本の「三年寝太郎」の話などを、単に願望充足だけで説明するのは、少し物足らないという感じを受ける。実際、このような怠けを望んでみても、現実はきびしくままならぬのであるから、このような怠けに対する願望を、民衆の無意識内に存在したかげりとして定位できても、それを民衆の、あるいは無意識の知恵と呼ぶほどのことはないのである。この点、上述のような、怠けの笑話と見えながら、もう少し深い意味をもつと考えられるものとして、グリム童話「ものぐさハインツ」(一六四)を取りあげてみよう。

3 無用の用

ハインツはものぐさであった。じぶんの山羊を一ぴき毎日牧場にだすのが面倒なので、トゥリーネという女と結婚する。これは、彼女も山羊をもっているので、じぶんのと一緒に牧場へ出してもらうと助かると思ったからである。ところが、トゥリーネの方もハインツに劣らぬ怠け者で、山羊の面倒をみるのがうるさくて、ハインツに提案して、山羊を蜜蜂と取りかえる。蜜蜂ならあまり世話をしなくてもよいからである。蜂蜜がたくさんとれたので、つぼに入れて棚の上に乗せ、ねずみを追い払うために、トゥリーネは棒を寝台のわきにおいておいた。ハインツはトゥリーネが一人で蜜をなめることをおそれ、蜜を売って鵞鳥を買おうと提案する。トゥリーネは自分が鵞鳥の番をするのが嫌だから、番をする子どもが居ないうちは駄目だという。ハインツが此の頃の子どもは親の言うことを聞かないと言うので、トゥリーネは話に夢中になってしまって、そんな子どもは棒で打ってやると、ねずみを追い払うはずの棒をふりまわしたので、せっかくの蜂蜜のつぼをたたき、つぼは壁にぶつかって粉みじんとなり下へおちる。

ここで、ハインツの述べるせりふが面白いのである。「つぼがおいらのあたまの上へ落っこちなかったのは、もっけのさいわいだ、なにも、おさずかりの運だよ、あきらめなくっちゃいけない。」こうは言ったものの、つぼのかけらに、まだ蜜が少し残っているのをみると、「なあ、おまえ、この残ってるやつをなめちまおうじゃないか、それから、それがすんだら、今あんまりびっくりしたから、少しおちついて休息しようや」というわけで、トゥリーネの方もすっかり同意して、満足して残りものの蜜をなめるというお話である。

この話で非常に印象的なところは、言うまでもなく、せっかくの蜂蜜のつぼが落ちてきたとき、怒るのでもなく嘆くのでもなく、むしろ、つぼが頭の上に落ちなかったのはもっけの幸いとばかり、満足して残りものを食べるところである。このような態度は「運命の享受」といってよいだろう。確かに、人間は運命と戦い、運命に対抗して仕事をなし遂げてきたことも事実であるが、運命をそのまま受け容れることも、人間にとって大切な仕事なのである。後者のような考えの典型として、われわれは老荘の思想を知っている。

『荘子』の人間世篇《じんかんせい》には「無用の用」という印象深い章がある。それをここに紹介してみよう。

大工の石《せき》は旅行の途上で、巨大な櫟《くぬぎ》が神木に祭られているのを見る。その幹の太さは百かかえ、高さは山を見下すほど、木蔭に何千頭もの牛が憩うことができるほどのものである。しかし、石はこれに一瞥もくれなかった。それは、この木が舟を作れば沈むし、棺桶を作れば腐る、柱にすれば虫にくわれるという具合に、まったく無用の大木であることを知っていたからである。

ところが、石が旅から帰った夜、夢に例の櫟が現われ、次のように語った。お前はいったい自分をどうして無用というのか、どうせ人間に役立つ木と比較したのだろう。しかし、考えてみると果実のなる木は果実の故に、もぎとられ枝を折られして、天寿を全うできない。結局は、自らの長所が自らの命を縮めている。有用であろうとして愚かなことになっているのだ。これに対して自分は無用であろうとつとめてきたのだというのである。

「かつ予用《われ》うべきところなきを求むる久し、死に幾《ちか》くして、すなわち今これを得て、予が大用をなせり、予をして用あらしめば、はたこの大あるを得んや」と櫟の語るのを聞き、石は無用の用の意味を悟るのである。

人間の意識は常に進歩を求め、効用の大なるものを求めて努力を続けてきた。しかし、それはともすると一面的なものとなり、安定性を失ったものとなる。これに対して、大工の石が櫟から教えられたことは、自らの運命を素朴に充足させて生き、何かのためになどと考えることの無い生き方が、いかに偉大であるかということであった。これは、無為の思想である。老子の強調する無為の重要性も同じ考えの基盤にたっていると見てよいだろう。『老子』の四十八章は、無為について説かれているが、「無為而無不為」、すなわち「無為にしてなさざるなし」という逆説が述べられている。

ところで、このように見てくると、無為の、従って怠けの意味は、東洋思想のなかによく述べられているのに対して、むしろ、西洋の知性は、何かを為すことに、効率をあげることの方に重点をおいてきたと言うことができる。そうすると、西洋の昔話のなかに、「ものぐさハインツ」のようなものが存在することは、真に興味深いことと言わねばならない。これは、今までにも強調してきたように、昔話がその属する文化や社会の、公の考え方——ユングのいう普遍的意識——に対して、何らかの補償作用を有するということを裏書きしているものとも言うことができる。

今までに述べてきたことを踏まえて、はじめに取りあげた「ものぐさ三人むすこ」の話について考えてみることにしよう。

4　創造的退行

「ものぐさ三人むすこ」の冒頭には、王さまと三人のむすこが居たことが語られる。ここに、王妃は登場しない。つまり、男性ばかりの世界であり、女性が居ないのである。

人生には多くの相対立する原理が働いているものであるが、男性原理と女性原理というのもそのひとつである。これについては、今後も何度となく言及することになろうが、今これを説明するために、先の運命に対する生き方について述べたことを取りあげてみよう。自分に対してふりかかってくる運命に対して積極的に戦ってゆくこと、これは男性の原理である。これに対して、運命を受け容れること、これは女性原理である。この両者はどちらが正しいと言うことはできない。しかも、両立し難いものである。なお、ここで男性原理、女性原理と呼んでいるのは、確かに男性の方は前者の考えや生き方が比較的解りやすく、女性にとっては後者の方が親近性を感じやすいことを意味しているが、これは、男性が前者を、女性が後者を選ぶべきであるとか、ねばならないとか言っているのではない。おそらく理想としては、この両立し難い原理が一人の人格のなかに統合的に存在することであろう。

ところで、この話のなかで王さまが死に瀕しているが、これはなにを意味するのだろうか。これは男性の原理のみによって成立していたこの王国の規範性が、今やひとつの危険に臨んでいることを示している。つまり、今までの最高の原理は崩され、新しいものが導入されることによってのみ、真の更新が行われることが明らかなのである。

われわれ心理療法家のもとに訪れてくる多くの人は、これと同じ状態にある。その人がそれまで信条としてきたことが崩され、どのように生きてよいか解らなくなる。そこで、われわれ治療家に相談して、何かよい生き方を教えてもらおうと来談する。これに対して、われわれのできることは、「無為」である。そして、これこそが最上の方法なのである。自分で解決を見出せず、治療者も頼りにならぬと知り、まったく行きづまってしまったこの人は、退行現象を体験し始める。今まで、無意識の方から意識の方に流れていた心的エネルギーが、逆に意識から無意識へと流れはじめるのである。

これは今まで意識が依存してきた規範に頼れなくなったので、それに対立するものが無意識内に形成され、この対立のために心的エネルギーの流れが乱されて、むしろ逆流を生じたのである。このとき、この個人はまさに「怠け」の状態になる。あるいは行動するとしても極めて馬鹿げたことか、幼稚なことをするにすぎないだろう。心理療法家としては、このような退行現象に耐えていると、その頂点に達したと思われるころ、エネルギーの流れの反転が生じ、それは無意識内の心的内容を意識内へともたらし、そこに新しい創造的な生き方が開示されてくるのを見るのである。

ここで、もう少し退行について説明を加えておこう。退行はもともと病的なときに生じる現象として、精神分析の始まりの頃はそのような否定的な面のみが強調されたのである。これに対して、ユングは、前述したような創造的な面も存在することを早くから認め、退行には病的なものと創造的なものがあることを主張した。退行が永続化し反転現象が生じないものは病的である。ところが、創造的な場合は、無意識的な力に意識が全く負けてしまうのではなく、次に統合を生ぜしめるだけの自我の強さをもっていなくてはならない。ユングはこのように考え、これが多くの創造的な活動にあてはまることを指摘した。(5) ここに一例をあげるならば、わが国の有数の数学者、岡潔博士が多変数複素関数論について発見する前に、友人の吉田洋一博士の家を訪れ、毎日ソファーの上で寝てばかり居て、吉田夫人に嗜眠性脳炎という渾名をつけられたなどというエピソードは、このことを如実に物語っている。(6)

怠けが創造的退行につながることを示すものに、怠けものが動物の声を聞いたり、偶然のことをうまく利用したりして成功する話がある。わが国の「みず木の言葉」(7)という話では、主人公は怠け者で、柿を食べたくなったが木に登るのがうるさいので、柿の木の下にむしろを敷いて仰向いて口をあけて寝ていた。まさに「果報は寝て待て」(8)を地でいったものと言うことができるが、こうしていて彼は烏《からす》が二羽話し合っているのを聞き、それをもとにして長者になることができたのである。ここで大切なことは、烏の話し声というのが他の人の耳にはいらず、怠け者にのみ聞こえたということである。常識の世界に忙しく働いている人は、天の声を聞くことができない。怠け者の耳は天啓に対して開かれている。このように言うと、私の心には現代の多くの「仕事に向かって逃避」している人たちのことが思い浮かんでくる。これらの人は仕事を熱心にし、忙しくするという口実のもとに、自分の内面の声を聞くことを拒否しているのである。

臨終の床に臨んだ王さまが、最もものぐさ者に王位を与えようとした秘密もこれで明らかである。男性原理のみによってできあがっていた王国は新しい変革を必要とし、そのために必要な女性原理を最もよく取り入れる可能性のあるものは、最大の無精者であると考えられる。無精のため命を棄てるほどの者のみが王位継承に値したのであろう。

このように考えてくると、この逆説的なお話も理解されるし、われわれの主人公三年寝太郎が女性の獲得の際に、俄然行動的になることも了解できるのである。男性と女性の結合の前に存在する怠惰の意味と、そのロマン的な発展の過程は、アイヒェンドルフの有名な小説『のらくら者の生活から』に美しく歌いあげられている。

ここで、ものぐさ三人むすこに生じてくる三という数の意味について少し触れておこう。三年寝太郎も、三に関係している。三人の糸くり女もそうである。グリム童話の題目を一覧すると、そのなかに三という数が圧倒的に多いことが認められる。この象徴的意味については、正反合の図式に基づいて、対立するものの統合ということが先ず考えられ、キリスト教の三位一体の象徴と結びついて、ますます精神的な統一を表わすことが強調された。これに対して、ユングは夢内容の分析を通じて、無意識から産出される象徴としては、むしろ四が完全統一を示すことが多く、三はそれに到る前の力動的な状態を反映していると主張した(9)。ここにあげた昔話の例から見ると、ユングの主張の方に合致していることが感じられる。三人のむすこの三は、次に王位——従って誰か女性を見出して王妃とすること——を獲得する前の段階であるし、三年寝太郎の三年の月日も、主人公が女性を求めて活動する前の状態を記述するのにふさわしいものと考えられる。このように考えると、昔話のなかに、三という数が、前述したような意味で印象的に用いられていることを多く見出すことができる。

今まで述べてきたことをまとめてみると、怠け者の昔話は民衆の単純な願望充足を反映するものから、人間の意識的な努力の評価に対するアンチテーゼとしての無為の思想を語る深さをもち、それはまた、意識が無意識と出会って新しい創造を為し遂げようとする自己実現への高い準備状態《レディネス》を描いているものということができる。

5　怠けの二面性

昔話のなかの怠けの意味の追究は、相当な怠け者礼賛に到ったが、私は何も怠けの否定的な面を忘れているわけではない。既に述べた男性性と女性性の原理のように、人生は多くの相対立する原理の微妙なからみ合いによって成立しているので、いつの場合にも通じるひとつの原理など見出せるはずがない。このような観点で昔話をみると、ある主人公は約束を守って成功し、ある主人公は約束を破って成功する。あるいは、危険に立ち向って成功するもの、逃げて成功するものなど、必ず相反する場合を探し出すことができる。この点について、フォン・フランツは「おとぎ話のなかから唯一の方策をひき出すことは絶対にできない」と確言している。

怠け者の場合も同様で、怠け者が失敗し、転落する話もすぐに見出すことができる。これはむしろ常識どおりのことであるが、たとえば、グリム童話「なまけ者とかせぎ者」(一三四)などはその例である。あるいは、既に紹介した佐竹昭広氏は、働かずに食えるユートピアを求めたくっちゃねが、結局はだまされて飽食のあげく、桁からさかさまにつるされ、下に炭火をおこして油をしぼられるというおそろしい昔話をあげている。[10] この極楽から地獄への一瞬のうちの転落は、佐竹氏も指摘しているように、主人公のあまりにも弱い現実把握の力に由来している。退行が創造的なものになるためには、現実をみる自我の力が強くなくてはならない。

昔話は実にうまくできていて、怠け者礼賛の話があるかと思うと、その否定的な面を描いたものも必ず存在している。自我が弱く、そのときの状態まかせになりすぎると、せっかくの怠けも無意味であることは、日本の民話「天にのぼった息子」[11] にうまく描き出されている。一人の若い男が怠けてばかりいるので親に勘当される。どこかにやとってもらおうと牛蒡《ごぼう》抜きをしているところで、「どうぞ、わしを雇うてつかわりませ」と頼み、牛蒡抜きをするが、その勢いで飛ばされて桶屋町まで飛び、そこで桶屋に奉公する。こんな調子で、何かのはずみであちこちと飛ばされ、天に昇ったり、竜宮へ行ったり、どこへ行っても「どうぞおいてつかわりませ」と頼みこんで働くのだが長続きしない。最後は竜宮で庭掃きをしていたが、漁師に釣りあげられ、国まで送ってもらう。最後は、「それから、親のいうことを聞いて、よく働くようになったということである。それも一昔」という結びになっている。このような類の昔話では、最後に教訓的な結びの言葉がはいるのが特徴的なようである。

天に昇った息子は、竜宮にまでも行くのだが、結局のところ何ら創造的なことが起こらないまま、もとの場所に帰ってゆくのである。

なお、怠けといっても、いわば積極的な怠け者ではなく、ただ他人の真似をするということは、自分の創造性の放棄という点で消極的な怠けとも考えられるが、これに対して昔話は実に厳しい仕打ちを与えることは周知のとおりである。たとえば、こぶとり爺さんなどで、最初の爺さんは成功するが、次の爺さんは失敗する。失敗どころか、こぶが二つになってしまうという罰を受ける。このようなパターンの物語は多くあり、二人の主人公の対照を際立たせることと、後で罰を受けることに対する合理的説明として、後者が強欲であるとか、悪い人であるとかの付加が行われるが、もともとの原話には、そのような修飾がついていないものも多い[12]。要するに、真似をすることを、創造性の放棄とみるとき、それは、むしろ創造性につながるものとしての積極的怠けの裏を示すものとして、手きびしい罰を受けるのに値したものであろう。

注

（1） M.L. von Franz, "The Feminine in Fairy Tales", Spring Publications, 1972.

(2) 関敬吾編『桃太郎・舌きり雀・花さか爺――日本の昔ばなし(Ⅱ)――』岩波文庫、一九五六年。
(3) 佐竹昭広『下剋上の文学』筑摩書房、一九六七年。
(4) 関敬吾編、前掲書。
(5) ユングのこのような考えに対して、フロイト派は当初あまり賛成しなかったが、近来になってフロイト派のなかから自我心理学者と呼ばれる人たちが、芸術の精神分析の仕事を通じて、このような考えをもつようになった。これは、クリスとかハルトマンなどによって、創造的退行(creative regression)、自我のための退行(regression in the service of the ego)などと呼ばれる。
(6) 岡潔『春宵十話』毎日新聞社、一九六三年。
(7) 関敬吾編、前掲書。
(8) 「果報は寝て待て」についても、佐竹昭広氏の興味深い論考がある。佐竹氏の論はこの例にも当てはまるが、ここでは触れずにおく。佐竹昭広「果報は寝て待てのこと」『民話の思想』平凡社、一九七三年。
(9) ユングのこの説は彼の著作の諸々に見ることができるが、たとえば、
C. G. Jung, "Psychology and Religion: West and East", in The Collected Works of C. G. Jung, vol. 11, Pantheon Books, 1958.
(10) 佐竹昭広、前掲書。
(11) 関敬吾編『一寸法師・さるかに合戦・浦島太郎――日本の昔ばなし(Ⅲ)――』岩波文庫、一九五七年。
(12) 関敬吾編『こぶとり爺さん・かちかち山――日本の昔ばなし(Ⅰ)――』岩波文庫、一九五六年。

第五章　影の自覚――二人兄弟

1　二　人

第三章で「ヘンゼルとグレーテル」を取りあげたとき、昔話に二人の主人公が登場するのは非常に珍しいと述べた。今回ここに取りあげる「二人兄弟」のお話も、題名から考えて、二人の兄弟が主人公のように思われるが、話を読みすすんでゆくと、そう簡単には結論を下せないことが解るであろう。

「二人」が題名としてはあげられているが、お話の主人公はその一方であることが明瞭な例としては、グリム童話「実意《じつ》ありフェレナンドと実意なしフェレナンド」(一四一)をあげることができる。このお話では主人公は明らかに、実意ありフェレナンドの方である。この二人のフェレナンドの性格の相違は名前から見て明らかであるが、片方は正直で誠実であるのに対して、片方は悪だくみをめぐらして、なんでも嗅ぎつける人間である。この二人が王様に仕え、実意ありフェレナンドの方は実意なしフェレナンドのために何度も窮地に追いこまれるが、それを見事に切りぬけ、最後は王妃と結婚して、王様になるのである。つまり、この場合の二人は、一人が主人公であり、他の一人はそれの暗い半面を表わしている。

二人兄弟がこのような対比をもって語られる昔話は、全世界にわたって存在しているが、その古い形が、紀元前一二世紀のエジプトにおいて既に存在していたことが明らかにされている。[1] エジプトのパピルスに書かれている物語では、兄の名前が「真実」、弟の名前が「嘘」というのだから、二人の性格の対比は明白である。この兄弟がどちらが強いかで言い争うが、弟は刀身が山ほど大きく、握りが一本の木ほどである巨大な刀があると嘘をつき、そのため兄は争いに敗れ、目をつぶされる。ところが、兄の「真実」の子どもが、自分は大きい牛をもっている、牛がアモン湖に立つと尾はパピルス原にとどき、一方の角は西山に、もう一方は東山にとどく、と言うのを、「嘘」が聞きとがめ、神々の法廷に連れてゆく。そこで、「真実」の子どもは、神々に対して、「嘘」が以前に語ったような大きい刀は本当にあるのだろうかと訴える。ここで神々は「嘘」の嘘を罰して、「嘘」は目をつぶされる。これがエジプトの「二人兄弟」のお話である。

ライエンは、エジプトで紀元前一三〇〇年頃に書かれた、もうひとつの兄弟の話、アヌブとバツの物語を紹介しているが、これは省略するとして、[2] ともかく、二人兄弟の物語がこのように古くから存在しているという事実は、このようなテーマがいかに人間の心の在り方と深く結びついているかを示すものであると考えられる。

ここでわが国の二人兄弟の話に目を向けてみよう。関敬吾他編『日本昔話集成』には、二つの代表的な二人兄弟の物語とそのヴァリエーションが収録されている。[3]

男の子が二人、継母に憎まれて家を出る。兄は東の天下様の養子になろうというと、弟は自分は西の天下様の養子になろうという。そうして、互いにもっている弓の弦が切れたら、どこかで一人が死んだものと思うようにと言い交わして北と南に分かれる。弟はある所で一〇年間奉公し一本の刀をもらう。その刀は不思議な刀で、それを相手の鼻先に突き出すだけで相手を殺してしまうものである。弟はその刀で鬼を退治し、鬼の宝物である「生鞭」を手にいれる。生鞭とはそれを一振りすると死んだ人がすぐ生き返るという不思議な鞭である。ところで、弟の弓の弦がぱちんと切れたので、飛ぶようにして東の天下に行ってみると、兄の葬式の始まったところであった。さっそく、生鞭の一振りで兄を生き返らせ、二人は望みどおり、「兄は東の天下殿の養子になり、弟は西の天下殿の養子になつて、一生安楽に暮したといふことである」。

この物語はグリムの「二人兄弟」と相当類似性をもっていて、弓の弦という生命指標が用いられることなど、非常に興味深い。次に『日本昔話集成』に収録されている、もう一つの物語を紹介しよう。これは沖永良部島で採集されたものである。

昔、琉球に大家があって、二人の男の子があった。母親が死んだので二人は学校を止めさせられ、農作をすることになった。二人は学校の先生から立派な弓をもらい、その練習に熱中して農作を怠り、そのために父親にとがめられ、家を出ることになる。ある村に着くと、美しい娘が泣いていて、明日は鬼に食われるという。鬼はうしゅんとーという山にあるなしの木なのであるが、二人の兄弟は協力して、このなしの木の鬼を退治する。「弟が兄に、兄は根本の足を射れよ、私は幹の真中を射るから、射たら兄は左の方の崖を飛び降りよ、私は力があるから走つて逃げるからと云ふ。」このようにして鬼を倒した後、弟は兄に対して、あの娘と結婚し、父を呼び寄せて世話をするように言い、自分は旅を続ける。弟はまた次の村で鬼を退治し、そこの娘と結婚し、兄の家と互いに行ったり来たりして、いまが今までも良い暮らしをしている。

この物語では先の話にはなかった結婚のテーマが生じているが、生命指標のテーマは存在しない。これら二つの物語を合わせてグリムの「二人兄弟」に相当するとも言えようか。なおグリムの兄弟が鉄砲の練習をするのと類似して、こちらでは弓が出てくるのも興味深い。どちらも男性的な戦いの技能という意味で共通している。ところで、わが国の二人兄弟の物語では、兄弟の性格の相違はほとんど明らかにされない。ただ、どちらも、弟の方が積極的な役割をとっていることが認められるのみである。グリムの二人兄弟にしても、二人の性格の相違はほとんど解らない。しかし、この二人兄弟の父とその兄の性格は冒頭からきわめて対照的に描かれている。ここで、このようなまったく相反する性格の対比の問題について、少し考えてみよう。

2 影

グリム童話「旅あるきの二人の職人」(一二〇)は、二人の対照的な性格の人物をとり扱っているが、その書き出しはなかなか印象的である。「山と谷あいとは出あうきづかいないが、人間というものは、それも善玉と悪玉とはね、こいつ、とかくいっしょになるもんですよ。」人間は類をもって集まるということは、ひとつの真理ではあるが、それとは逆に、相反するものが「とかくいっしょになるもんですよ」というのも、ひとつの真理である。われわれは自分の周囲の友人関係や夫婦関係などについて考えてみると、案外、性格の相反するもの同士が素晴らしいカップルをなしていることに気づくのである。このような現象を説明するために、分析心理学者のユングは、人間の心に働く相補性の原理の存在を主張した。相反するものが互いに補いあってひとつの全体性をつくりあげる傾向が、人間の心のなかに存在するというのである。

人間の心の相補性は二人の人間の間よりも、まず一人の人間の心の中に働く。人間の意識的な態度が一面的になるとき、それを補うような傾向が無意識内に形成される。たとえば、気が弱く自己主張のできない人が、酒に酔ったときだけ急に思いがけない強いことを言ったりする例は、その人の無意識内に形成されていた意識に反する傾向が、飲酒によって自我の統制が弱くなったときに、表面に浮かびでてきたものと考えられる。このような傾向がもっとも劇的に見られるのが、よく知られている二重人格の現象である。二重人格とは、同一個人に異なった二つの人格が交互に現われ、しかも両者の間に意識の連続性が存在しないものである。このような現象は一九世紀の後半から、今世紀の初めにかけて数多く報告された。

そのなかで、モートン・プリンスの発表したビーチャム嬢の事例について述べる。ビーチャムは二三歳の女子大生で、道徳的、良心的、宗教的で、つまり「聖者」と呼ばれるにふさわしい人格であった。ところが、このビーチャムが突然まったく異なる人格――それは自らをサリーと名のった――に変る。そうすると、サリーは茶目で朗らかで、子どもっぽくて、ビーチャムの思いもよらぬ享楽生活を楽しむのである。ビーチャムはサリーの存在を知らず、サリーが行為している間はまったく健忘状態になってしまうが、サリーはビーチャムのことを知っており、ビーチャムが後で困るような行為をしては喜んでいるのである。二重人格はまったく異常な現象であるが、これもよく考えてみると、第二人格は第一人格の一面性を補償する意味をもっていることが解るのである。人間の心は二重人格という異常な現象を呈してまで、その全体性を回復しようとする傾向をもつということもできる。

ユングはこのような現象に注目して、夢分析を行うと、多くの人の夢のなかにその人が否定したり拒否したりしている傾向をもった人物がよく現われることに気づいたのである。それは既にあげた昔話で、実意《じつ》ありフェレナンドが実意なしフェレナンドと道連れになったり、「旅あるきの二人の職人」で、陽気な仕立屋が、冗談も聞きずてにできない、顔をしかめた靴屋と一緒になったりするのと同様のことなのである。そこで、ユングはこのようにある個人の自我が否定し、受け容れ難いとする傾向のすべてを、その人の「影」と名づけた。すべての人はそれ自身の影をもっている。それこそ、その人の黒い半面なのである。

『荘子』のなかに「罔両《もうりょう》と影」という興味深い一節がある。罔両とは影の外縁にできるうすいかげのことを指すが、(4)この罔両が影を批判して、歩いていたかと思えば立ちどまり、坐っていたかと思えば立ち上がる。どうしてそんなに自主性がないのかと言う。これに対して影は答える。

「おまえは、おれが主人の動くなりに動くからといって非難するが、ほんとうにそうなのかねえ。おれの主人にしたところで、果して自分の意志で動いているのかどうか。もしかすると、やはり何かほかのものに動かされているので、形はあってもぬけがら同然のものかも知れぬ。われわれには、なぜ自分が動くのか、わかりっこないんだよ。」

一見すると、影は主人の動くままに動いているように見えるが、主人だって自分の意志で動いているかどうか解ったものでないと、影は語るのであるが、われわれはここで二重人格の現象など思い浮かべると、影の言っていることも、なるほどと感じさせられる。実際、われわれは自分の行動がむしろ影によって律せられているとさえ、感じさせられるようなことも経験するのだ。われわれはそんなつもりでなかったのに、他人と争ったり、嘘をついてしまったりする。こんなとき、われわれの行動の主体はわれわれの影だったのではないだろうか。

影は必ずしも悪とは限らない。内向的な人にとって外向的な生き方は、その人の影となるだろう。しかし、外向的なことは悪ではない。むしろ、その人が外向的な面をあわせ持つように努力する方が、人間としては豊かな人となるであろう。「旅あるきの二人の職人」のお話で、二人が森をぬけるとき、路が二すじあって、一方は七日かかり一方は二日ですむ。このときパンを何日分用意するかで二人の職人が争うところがある。陽気な仕立屋は二日分でいいというのに対し、ペシミスティックな靴屋は七日分にしようという。結局、おのおの別にパンを用意するが、実際は七日の道のりを歩くことになったので、仕立屋は餓死しそうになり、靴屋のおかげで助かる。

後の話の展開からみると、この靴屋が悪玉の要素を強くもっていることが認められるのであるが、それにしてもなお、ここでは影が主人公の命を救うのである。このような点から考えると、影というものは相対的なものであり、この例で言えば、仕立屋は靴屋の影であり、靴屋は仕立屋の影であるということができる。そして、どちらが善とも悪とも簡単には決めかねるのである。(5)

しかしながら、個人の生きてこなかった半面と言えば、それは殺人などの悪も含むことになる。そこで、ユングは影にも個人的な影と普遍的な影があると考える。ある個人にとって、その性格と反対にあるような傾向として個人的な影が存在するが、普遍的な影は万人に共通なものとして、すべての人の受け容れ難い悪と同義のことになってくるのである。昔話においては、このような普遍的な影は悪魔などの姿をとって現われる。

われわれ人間はすべて影をもっていると述べた。これに対してユングは、「生きた形態は、塑像として見えるためには深い影を必要とする。影がなくては、それは平板な幻影にすぎない(6)」と述べている。影は厄介なものではあるが、それなくしては人間味の乏しいものになってしまうというのである。このように大切な影について、「二人兄弟」の話から、われわれは何を学ぶことができるであろうか。

3 繰り返し

冒頭に述べられる二人兄弟の様子は、まさに対照的である。金持で性悪の兄と、貧乏で善人の弟と。ところが話はこの兄弟の間に発展するのではなく、この二人はいわば話の起点を形づくるのみで、後は弟の子どもたち二人を中心に話が展開してゆくのである。しかも、この二人の子どもたちの性格の対照性はあまり明らかではない。

この兄弟は双子であり、「まるで二しずくの水玉みたいにそっくりでした」とある。この二人の関係は、主人公と影というように簡単には考えることができない。

双子の兄弟が後に活躍するとしても、話の始まりを準備するのは、最初の兄弟の対照性である。正直ものの弟は金の鳥を見つける幸運に会うが、その羽や卵や鳥を兄に金と換えてもらう。これはいささか不公平な取引の感じを与えるにしろ、ともかく両者の間でエネルギーの交流が生じている。対極性のあるところにこそエネルギーは流れ、まったく同等のものの間にはエネルギーが流れることはない。この不公平な取引を補うかのように、正直ものの子どもたちは、それとは知らずに黄金の鳥の心臓と肝を食べる。「黄金の鳥」のイメージは、それがこの世ならぬ属性と結びついていることを示唆しているが、双子の子どもたちはその心臓と肝を食べ、文字どおり神聖なる双子(Die göttlichen Zwillinge)(7)となったのである。これを怒った金持の兄は、弟に迫って双子を家から追い出してしまうが、これも英雄にふさわしい旅立ちをアレンジしたものとさえ考えられる。影は知らず知らずのうちに、英雄の成長への道を準備する。もっともそれは常に英雄を死に導く危険性をはらんだものであるが。

この物語では、「二」という数が非常に強調されている。題名からして既にそうであるが、動物たちも二匹ずつ出てくる。二の象徴性について、ユングは中世の哲学者の考えを援用しながら、人間にとっての最初の数というものは、一ではなくてむしろ二ではないかと述べている。(8)つまり、一が一であるかぎりわれわれは「数」ということを意識するはずがなく、何らかの意味で最初の全体的なものに分割が生じ、そこに対立、あるいは並置されている「二」の意識が生じてこそ、「一」の概念も生じてくると考えられる。二はこのように分割、対立を仮定するものであり、葛藤と結びつきやすい。このような意味で、二は影の問題と関係の深い数である。定立するものと、反定立するもの、このダイナミズムから新しいものが創造される。このために、次に生じる三という数が高い意味をもつことは、前章に述べた。

二というテーマとも結びついて、この話には実に繰り返しが多いことが特徴的である。最初の兄弟の間に行われる、鳥の羽、卵、鳥とお金の交換の繰り返しを筆頭に、後に現われる、動物たち、ライオン、熊、狼、狐、兎との間のいろいろな繰り返し、そして最後には、双子の兄弟と魔女との間のやりとりの繰り返しが生じる。リューティが紹介しているスウェーデンの類話では、姫を助けて怪物を退治する話が三度も繰り返されるのだから、念のいったことである。(9) この話における繰り返しについて、リューティは、「ほとんど言葉を変えない繰り返し自体がまた、昔話の厳格な文体にぴったり適合する。……昔話に内在する文体意志が型通りの繰り返しをしきりに求めるのである」とその意味を指摘し、「文字通りの繰り返しは昔話にまさしく宗教的な儀式の感じを添えている。だから、編集者や翻訳者が、現代の読者に合わせてそこのところを緩和したり、ニュアンスをつけたりするのは最大の害悪である」と警告している。

リューティは文芸学的な立場から、昔話の繰り返しについて述べているが、これを心理学的にみるとどうなるだろうか。われわれのところへ相談に来られた人から、その人の一生の出来事を聞いているときに、同じようなことが繰り返されていることに気づくことが多い。何度も事故に遭っている人、何かというと損ばかりしている人。これらの繰り返しは、その事実に本人も気づいているときと、こちらの指摘によってはじめて気がついて本人が驚く場合とがある。そして、そのような繰り返しは親子にわたってなされるときさえある。このような事実の存在は、いわゆる因縁とか、つきものなどの民間信仰を繁栄させるもととなったものであるが、われわれとしては、人間の無意識内にこのような繰り返しを強いる傾向があると考えざるを得ない。このような傾向に対して、フロイトは反復強迫と名づけ、これは彼の難解な死の本能説にまで発展する。

ここで、反復強迫の事実は認めるにしろ、フロイトとは異なる見方でこの事象を見てみよう。たとえば、これはフロイトも注目していることだが戦争で凄まじい体験をした人が、それを夢で何度も繰り返してみるという事実がある。不快な体験を夢で繰り返すことは、フロイトの願望充足の理論に合わず、困ったあげくに反復強迫説がでてくるのであるが、これを次のように考えてみてはどうであろうか。戦争の体験はあまりに凄まじいときは、われわれの自我はその体験を自分のものとして受け容れられない。そこで、いわば未消化に終った体験を反芻するような意味で、それが夢の中に繰り返されると考えるのである。事実、その夢について分析家と話し合い、それを受け容れてゆくと夢の反復がとまることを、ユングは指摘している。

戦争の体験は外から与えられたものである。しかし、われわれの心の底にある元型が何らかの意味で活性化され、それが意識に影響を及ぼすとき、個人の意識がその意味を明確に把握しないかぎり、それは繰り返されるのではないだろうか。それはワグナーの楽劇におけるライトモチーフのように、人生の決定的な場面において繰り返し高鳴るのである。

4　首切り

双子の兄弟は家を出てから狩人に射撃を習う。彼らの父親が悪人の兄の言いなりになっているのに対して、この養い親は射撃という男性性を強くもっている。これは沖永良部島の二人兄弟が、先生から弓をもらうのと同様である。ここに父親像の二重性が示されている。片方の父は人間としての父であるが、片方は超越的な機能と結びついたより高い父性を示している。双子の兄弟はこのような高い父性との接触の後に、動物たちに出会う。主人公がこれからの大きい仕事、怪物を退治して、姫との結婚を為し遂げるためには、父性的な強さのみではなく、動物たちの協力を必要としたのである。ここで動物たちは主人公の影の部分のより本能的な側面を表わしている。わが国の桃太郎のお話にもあるとおり、主人公が動物をお供に連れている場合は多い。

動物たちを引きつれた双子の兄弟は、あるときに別々にわかれることになる。ここからは弟がはっきりと主人公として活躍を始めるが、わが国の二人兄弟の物語でも弟の方が積極的な役割をとっている。別れるときに、生命指標として一本の短刀が残されるが、これはこの双子が結局はひとつの命を共有していることを暗示するものであろう。二人は二人でありながら、一人でもあるのだ。弟はこれから話の中心とも言える竜退治を行う。しかし、これは非常に大きい問題であり、今回は影のことを主眼としているので、ここでは触れないことにして、今後の問題として残しておくことにする。

竜退治を終った後で主人公は眠ってしまい、見張りを頼まれた動物たちも次々と眠ってしまう。動物が順々に見張りの役を弱い動物に押しつけて眠ってゆく描写は、われわれが起きていなければならぬと思いながら睡魔におそわれてしまう過程を生き生きと示している。仕事が成就したと思ったときに油断が生じ、油断につけこんで影が現われる。主人公の首を切り、姫を奪った大臣は影といっても普遍的な意味が強いものである。話の始まりに述べられる兄弟の対比は、個人的な影の像という感じを抱かせるが、ここに描かれる大臣の像は悪そのものに近い感じを与える。この大臣が姫を奪おうとした竜と親近性をもつことは明らかである。

ところで、兎の活躍によって主人公の首がつながるが、まちがって後向きにつけたというので、もう一度首をもぎとってつけかえねばならない。この首切りのテーマはもう一度繰り返され、弟は自分を助けてくれた兄を誤解のために、「焼餅でむらむらとして、剣をぬくがはやいか兄さんの首をちょんぎってしまう」のである。もちろん、ここで弟は後悔し、またもや兎の助けをかりて兄を生き返らせるが、このように繰り返される首切りのテーマは何を意味するのだろう。

神話や昔話によく生じる首切りのテーマについて、フロイト派は去勢不安の顕れと考える。男の子は成長するに伴って、母親に愛情を抱き、父親に対しては敵対感情をもつようになる。ところが、父親は権力をもち恐ろしいので、父親に対する怖れが生じてくる。そのとき、男の子は女子に男根のないことに気づき、自分も父親に罰として去勢され、女子のようになるのではないかと思う。これがフロイトの言う去勢不安であり、首を切ることは、去勢の象徴的な表現とみるのである。確かに、竜退治をして一安心した主人公の首が大臣によって切られるのは、男性が成長の過程に感じる去勢不安の顕れとしてみると、理解できるように思う。それでは、どうして彼の首が二度までも切られ、後に弟が兄の首を切ること、いってみれば、自ら自分の首を切るようなことが生じるのであろうか。

この点については、ユング派の分析家ノイマンが強調する自己去勢(self-castration)の考えが適用されるように思われる(10)。人間は成長の過程において、決定的な変革を行うとき、それは死と再生という内的体験として経験される。人間の自己実現の過程を描く昔話のなかに、死と再生のテーマがしばしば生じるのも当然のことである。再生へとつながってゆく死を選ぶために、英雄は自らを去勢するとノイマンは言う。己を超える偉大な存在を前に、自我は自らの卑小さを知り、自ら去勢する。二人兄弟の弟は、竜退治という偉業を為し遂げた後で自己去勢を経験しなければならなかった。始めは寝ているうちに首切りが行われたので、それは無意識のうちの去勢体験であり、自己去勢とは言い難い。彼は目覚めて後に、それを「意識して」体験する必要があったのである。

弟は自らを救ってくれた兄を嫉妬心に駆られ殺してしまう。このような首切りの繰り返しの原動力として、影の問題が底流していると思われる。冒頭に語られる兄弟の話は、兄が弟の影であることを明瞭に示している。しかし、弟は歯がゆいほどに兄の言うままになって、そこには何らの対決も見出されない。影の存在を自覚し、それと対決する課題はまったく避けられたまま次の世代、つまり弟の子どもたちに受け継がれる。避けられた課題は常に拡大され、それは普遍的な性質を帯びてくる。実際、親の影の問題を子どもが背負わされている例は多い。聖人君子のように見える親の子どもがいわゆる不良少年になったりして、人々は不思議に思うのだが、その実、子どもは親が避けて通った影の問題を——拡大した形で——背負わされているのである。

弟は兄を殺してしまってから、後悔で胸が一杯になり、なげき悲しむ。ここに弟は自分の影の存在をはっきりと自覚し体験する。われわれはすべて、カインの末裔であることを自覚しなければならない。このような厳しい自覚の後に救済が行われ、真の結婚が為し遂げられる。

5　もう一人の私

話が少し早くすすんでしまったが、もう一度もとに戻すと、弟は大臣をも滅ぼして姫と結婚した後に、もう一度危険におちいってしまう。彼を誘惑した牝鹿については触れないが、彼を石と化してしまうおばあさんはわれわれには既になじみの深い女性である。双子の兄弟が家を出て森にはいりこんだとき、彼らはヘンゼルとグレーテルと違って、父性原理の施行者としての狩人に会う。その後、弟の方はどんどん成功してゆくが、結局はこのような否定的な母性との対決を一度は必要としたのである。ここで彼が石となってしまう石化のテーマについては、第七章に「忠臣ヨハネス」を取りあげるときに論じることにしよう。グリム童話「黄金の子ども」(九五)は、この「二人兄弟」と類似性の高い物語であるが、そこにも、鹿の出現と石化のことが語られている。弟の危険は生命指標によってそれと察した兄の助けによって乗り切ることができる。この兄は弟にとって何を意味するのか。それは影とは呼び難い。しかし、この兄が弟にとっての何らかの意味での分身的存在であることは明らかである。影の問題を論じる上で、単純な性格の対比を示す二人の物語ではなく、この「二人兄弟」を取りあげたのは、この困難な問題についても考えてみたかったからである。

私の知っている私、私が意識し得るかぎりにおける私、それはひとつのまとまりをもち、それなりの主体性をもっている。ユングはそのような統合および主体性の中心を自我と呼んでいる。そこで、彼は一歩すすめて、人間の心は意識も無意識も含めてひとつの全体性をもち、その中心として自己(self, selbst)が存在すると仮定する。始めにあげた二重人格の例において、ビーチャムとして自我があまりにも一面的になるときは、自己はその全体性を維持するために、サリーという第二人格、つまり影を生ぜしめると考える。ユングの考えの特徴は、その当時、異常性の方が強調された二重人格などの現象を、目的論的見方をすることによって、自己実現のひとつの顕れとしてみようとした点にある。

ここで、最後に救済に現われる兄の像を弟の自己の像であると見ることはできないだろうか。その存在は、自我が活躍し成功している間はほとんど前面に現われない。まったくの無為のようにさえ見える。「黄金の子ども」では、兄弟の立場が逆転しているが、最初二人が旅に出た時点で、大勢の人前に出て皆にあざけられたとき、兄の方は旅を続けるが、弟の方は世の中へ出ることを思いとどまって、父親のうちに帰ってゆくのである。ところが、この無為に見える存在が主人公の危機に際して活躍する。「二人兄弟」の兄はみごとに弟を助け出す。

ここで大きい問題は、そのような兄の行為を誤解して弟は一度は首を切ってしまうのである。救済者としての兄は、弟にとってはまず影として感じられた。われわれの心の中に現われる「もう一人の私」が、自己実現への歩みを促進する自己の像なのか、あるいは私を転落にさそう影の像なのか、見分けることは実際的にはほとんど不可能である。フォン・フランツは次のように言っている。[11]

「暗い像がわれわれの夢に立ち現われ、何事かを欲するとき、それが、われわれのたんに影の部分を人格化したものか、あるいは自己の人格化か、その両者なのかわからないのである。その暗い同伴者が、われわれの克服すべき欠点を象徴しているのか、受け入れるべき意味のある生き方のひとつを象徴しているのかを前もって区別することは、われわれが個性化の過程において出会う最も困難な問題のひとつである。」

確かにわれわれは「前もって区別する」ことはほとんど不可能である。ここで、弟が悪と感じた兄を切り、その後で深い悲しみを体験する行為によって、影の自覚と救済を為し遂げたことは示唆深い。体験がわれわれに物事の区別を教えてくれる。ところで、弟を助け出した後の兄については、ここでは語られていない。われわれは弟が姫と幸福な結婚生活をもったことを知らされるが、兄の行方については知らない。自己は必要なときにどこからともなく現われ、仕事が終るとどこかへ立ち去ってゆく。後になって、弟は兄が自分の妃との間に両刃の剣をおいて寝たことを知り、兄がどんなにりっぱだったかを悟るのである。ベッドにおかれた両刃の剣は、兄の決然とした意志を示している。真の救済者は女性との身体的接触をもってはならなかったのである。

注

(1) ライエン、山室静訳『昔話とメルヘン』岩崎美術社、一九七一年。
(2) 同右。
(3) 関敬吾他編『日本昔話集成　第二部本格昔話2』角川書店、一九五三年。同書の一七八A、一七八Bとして収録されている。
(4) 松枝茂夫・竹内好監修、岸陽子訳『荘子、中国の思想12』徳間書店、一九七三年。引用文は同書の訳による。

(5) このような観点については、M-L. von Franz, "Shadow and Evil in Fairy Tales", Spring Publications, 1974 を参照。なお本稿はこの本によるところ大であることを明記しておきたい。
(6) C. G. Jung, "Two Essays on Analytical Psychology," in The Collected Works of C. G. Jung, vol. 7, Pantheon Books, 1953.
(7) Hedwig von Beit, "Gegensatz und Erneuerung im Märchen", Franke Verlag, 1957. 同書には興味深い双子の物語が多く述べられている。
(8) C. G. Jung, "Psychology and Religion", in The Collected Works of C. G. Jung. vol. 11, Pantheon Books, 1958.
(9) リューティ、野村泫訳『昔話の本質』福音館書店、一九七四年。
(10) Erich Neumann, "The Origins and History of Consciousness", Pantheon Books, 1954.
(11) フォン・フランツ「個性化の過程」、ユング編、河合隼雄監訳『人間と象徴』下巻、河出書房新社、一九七五年、所収。

第六章　思春期――いばら姫

1　物語の変遷

グリム童話の「いばら姫」といってもピンとこない人も、「眠りの森の美女」というと、知らないという人はまず無いであろう。グリムよりも早く、一六九七年にフランスのペローによって出版された童話集の第一話として、「眠りの森の美女」があり、わが国には、「いばら姫」よりもこちらの名前でよく知られている物語である。あるいは、チャイコフスキーのバレエ音楽を通じて知っている人もあろう。この話を採集したヤーコプ・グリムもその初稿には「これはペローの眠りの森の美女からしるされたらしい」と付記しているとのことである。[1] ボルテとポリーフカの有名なグリムの注釈によると、この話の源泉は一四世紀にまでさかのぼることができるらしい。[2] そのうちフランス起源のものは、ペローの話に結実しているが、イタリア起源のものは、一七世紀初頭に、ジョヴァンニ・バッティスタ・バシーレの編纂した「ペンタメローネ」(Pentamerome)に収められている「太陽と月とターリア」にうかがうことができる。

「いばら姫」の物語はこのように古い起源をもちながら、いつしか民衆の心の中で忘れられた存在となっていた。ところが、グリム兄弟がその童話集に発表するや否や、多くの人の心をひきつけ、ボルテとポリーフカの指摘するように、詩人はきそってこの物語を取りあげ、昔話の研究者も多くの論文を発表するようになった。(3) フォン・フランツがこれを評して、この物語自身がまるで百年の眠りの後に目覚めた姫と同じような運命をたどることになった(4)と述べているのは、真に印象的である。実際、この話は多くの人の興味を呼びおこすものらしく、ライエン(5)も、リューティ(6)も、この話を取りあげて論じている。特に、ライエンはこの物語を素材として、昔話研究の諸家のアプローチの差を示してくれているのが、非常に興味深い。美しい姫が百年の眠りの後に、王子のキスで目覚めるという物語は、人々のロマンチックなイメージをかきたてるものであろう。このことは、グリム兄弟にとっても同様であったらしく、この物語は初稿の時に比べて決定版のときには、そうとう書き直されているのである。いわゆるエーレンベルクの初稿ではわずか三六行の短い物語が初版では倍以上になり、定稿では三倍強となっているという。(7) もっとも定稿は、一八一二年にマリーばあさんから聞いたとされ、初稿は一八一〇年であるから、この書きかえはグリム兄弟によるものばかりとは言えないであろう。

いま、参考のために初稿の最後の部分を、相沢博の訳で示してみよう。(8)

「ところが、この王子がいばらの垣に近づくと、いばらはみなその前で開いて、王子には花のように見えましたが、うしろではやはりいばらにもどりました。さて王子が城の中へ入ると、眠っている姫にキスしました。すると何もかもが眠りからさめました。そして二人は結婚しました。もし二人が死んでいなければ、まだ生きています。」

これはずいぶん簡潔な表現であり、本論に示されている「いばら姫」の決定版の訳と比較すると、その差は明らかであろう。姫が目覚めるところの描写はそうとう文学的な彫琢が加えられていることが認められる。もっとも、筆者のように昔話の心理的側面に限定して考察をすすめるものにとっては、初稿に基づいて論じても、決定版に基づいても結果はほとんど変らないと言ってよい。話の骨組みが大切で、その肉づけはあまり関係しないからである。ただ、「いばら姫」の物語は、その類話や話の変遷の事実が明らかで、興味深くもあるので、始めに少し紹介したが、いちおうこれくらいにとどめておいて、話の解釈にうつることにしよう。

2 蛙

例のごとく、話の始まりにおける人物構成に注目してみよう。そこには、子どもがなくて「ああ、子どもが一人あったらいいのに」と毎日のように言い暮らしている王様と王妃が描かれている。王様と王妃というカップルがそろいながら、そこには子どもがない。新しい可能性の誕生を願いながら、なかなかそれが得られない状態なのである。

ところが、王妃が水あびをしているときに、一匹の蛙が現われて、お姫さまが一人授けられることを予言し、その予言は成就されるのである。このような事実は、生まれ出てくる子どもに対して、蛙のもつ意味が大きいかかわりをもっていることが示唆されている。ここで、蛙のもつ意味について少し考えてみよう。

グリム兄弟の「いばら姫」の初稿では、子どもの生まれることを予言するのは、蛙ではなく蟹である。蛙も蟹も共通な特性は、両者とも水陸両方に棲めることである。水と陸との間を往来するもののイメージは、意識と無意識をつなぐもの、あるいは、無意識内より意識界へと出現してくるものを思わせる。ユングは、蛙を冷血動物の段階にある人間と評したと言われるが、これは蛙が既述した特性をもつ他に、その小さい手の形が人間に似ているためでもある。すなわち、蛙のイメージは「無意識的な衝動で、意識化されるはっきりとした傾向をそなえたもの」を表わしている。(9) 蛙のこのような意味は、グリム童話「蛙の王さま」(一)に明らかに示されている。
蛙の王さまの物語では、お姫様が泉に黄金のまりをおとして泣いているところに、蛙が現われる。まりをひろってきてくれると、蛙をお姫様のあそび友だちとして迎えるという約束を、姫はどうせ実行不可能のことと、安受けあいをしてしまう。ところが、蛙は案に相違して姫のところまで訪ねてきて、とうとうたまりかねた姫が蛙を壁にたたきつけると、蛙は素晴らしい王子に変身し、二人はめでたく結婚するお話である。ここで、蛙にうその約束をし、その実行を迫られるとたまりかねて蛙を壁にたたきつけるような姫が、大きい幸福を手に入れることは、今までしばしば指摘してきた昔話のもつ逆説性を如実に示すものであるが、今回はそれに触れないことにして、蛙のイメージにのみ焦点をあててみよう。ここで、蛙は水中の世界から陸の世界へと侵入してくるものとして、まことにぴったりの役割を演じている。嫌がる姫の後を追いかけて、「ぴちゃりぺちゃり」とやってくる姿は、無意識的な衝動の執拗さと、それが意識にとっていかに不快なものと感じられるかを見事に示している。

日本の神話では、少名毘古那《すくなびこな》の神が海から現われてくるとき、誰もその名を知らず、また少名毘古那も答えない。ところが、ひきがえるが、「それならば、久延毘古《くえびこ》が知っているでしょう」と申し出る。この久延毘古(かかし)によって少名毘古那の素姓が明らかとなるが、ここにそのような知識へ通ずるものとして、ひきがえるが登場しているのが興味深い。少名毘古那について詳しく述べることはできないが、出雲神話において、中心を占める大国主と相補的な役割をもち、その影の部分を背負っていることは明らかである。大国主という中心をもってある程度完成している文化に対して、新しい可能性をつけ加えるものとしての少名毘古那、それに到る道を知るものとして、ひきがえるが存在しているのである。

蛙の王さまでは、蛙が男性に変身するが、一般には蛙が女性として出現する方が多いのではないかと思われる。

わが国の蛙女房の話[10]などに認められるが、これらの話では蛙の報恩の話として、肯定的なイメージを示している。これに対して、ヨーロッパの中世においては、女性像と結びついた蛙は、むしろ否定的な悪魔や魔女として現われ、性的な欲望とも関連しているという。[11]これはキリスト教的な道徳観の裏に存在するものとして、補償的な意味をもつことは明らかであろう。

3 悪

蛙の予言によって生まれたのは、美しいお姫様であった。蛙の醜さと姫の美しさは対照的であるが、蛙のもつ意味はこの姫の背後にずっとつきまとうことになる。つまり、姫も美しく、母親もやさしい人であるが、そこに悪の化身のような仙女が登場することになるのである。

お祝いの宴に招かれた仙女は一二人であったが、一人お招きを受けなかった仙女がいたという。いばら姫の類話において、招かれなかった仙女というのは欠くことのできない主題であるが、招かれた仙女の数や、残った仙女を招かなかった理由は、いろいろと語られている。たとえば、ペローの童話では、招かれた仙女の数は七人であり、招かれなかった仙女は、なにしろ、五〇年も前から塔に閉じこもっていたので、世間では、もう死んでしまったか、姿を消したのかと思っていたという。一四世紀頃のフランスの類話では、仙女の数は三人である。ところで、この「忘れられた女性」が主人公に悪運をもたらすのであるが、この悪は主人公に対してどのような意味をもつものであろうか。

悪がもたらされる前に、仙女たちはそれぞれ善意の贈りものをする。「ひとりは徳を、もうひとりは美しさを、三ばんめは富を」というように、グリムには語られている。これがペローの方になると、一番目は美、二番目は賢さ、三番目はしとやかさ、が贈られ、それに続いて、ダンスの上手さ、歌を美しく歌うこと、楽器を上手に演奏できることなどの能力が贈られる。これは、「およそ世の人々の望み求めるものが、のこらず授けられた」のだが、グリムとペローで贈られるものに異同があるのが面白い。そして、それは世の人々の望むものであるにしろ、女性的なものに強調点がおかれていることも、はっきりと認めることができる。

現世の望みをすべて満足し得るかのように思えたとき、招かれざる女性が進みでて、主人公に対して、死を贈る。確かに人間はすべて死ななくてはならない。しかし、一五歳の死はあまりにも早すぎる。既に述べたように、仙女の数は類話によってさまざまであるが、グリムによる一三という数は示唆的であると、私には感じられる。一二という数は天道の一二宮などに表わされるように、完全数としての意味が強い。一二として完全なもの、それに対して異質的な一が加わることによってこそ、真の完成が得られるのではないか。一二の善意に対して、ひとつの悪が加わってこそ、ひとつの完成された像ができあがると考えられるのである。実際、この一三番目の因子の侵入によってこそ、この「いばら姫」の物語は進行し完結するのであり、悪が話のプロモーターとなっているのである。このような傾向は昔話に多く認められ枚挙にいとまがない。ひとつだけ例をあげておくと、白雪姫の母親(原話では継母ではなく実母であることは前に指摘した)などがそうであろう。

悪によってひとつの存在が完結するという点を、この昔話の背景となっているキリスト教思想と関連づけることを、フォン・フランツは試みている。キリスト教は父性原理を強調する宗教である。このような点について、ここに詳述することはできないが、まったく図式的な割り切った説明をしてみよう。母性的な宗教は、今まで太母について述べてきた点を思い出されると了解されようが、すべてを包み、すべてを区別することなく救済しようとする宗教である。これに対して、父性原理に基づく宗教は神との契約を守るものと守らないものに区別し、前者の救済を約束するが、後者は異教徒として排斥する。天なる父を頂くキリスト教の厳しさは、精神性《スピリット》の強調とともに、それに対立する肉体《ボディー》を低いものとし、したがって、セックスに対する抑圧も強いものとなる。このような文化においては、天―父―精神、という結合に対して、土―母―肉体という結合が存在し、後者はしばしば、悪と同一視される傾向をもつ。もちろん、この傾向を補償するために、マリアの存在が強調されることになり、ユングもその点を認めている。しかしながら、前述したような一般的傾向から考えて、この一三番目の仙女を、キリスト教文化において忘れられた母なる女神の一面を表わすと考えてみることも可能ではないだろうか。また、彼女の強い復讐の念も、母性原理を如実に示している。「招かれなかった」ということを、悪と判断するにしても、父性原理による場合はそれ相応の罪を科することが(法に従って)可能なだけである。しかし、彼女はそれに対して娘の死という復讐を試みる。これは怨念という母性原理に基づくときにのみ了解できる。恨みは死を呼びおこす。それは自然と密着した感情のレベルで肯定される。しかし、父性原理によるときは法による裁きのみが可能である。われわれ日本の社会も法によって規制されている。しかし、それを超えて、招かれなかったことや忘れられたことの恨みがどんなに恐ろしいかを、われわれは身をもって知っている。母性原理に基づくかぎり、それは死に値する。

フォン・フランツの文化的な背景にまで及ぶ考察は、なかなか興味深い。実際、キリストと一二の使徒はすべて男性であった。この話に現われた一三人の女性は、一三番目の悪なる仙女を中心として、天上の男性を補償する布置を形成していると見ることもできるであろう。

4　運　命

話が少し一般的なレベルに広がってしまったので、ここで、もう一度個人的なレベルでいばら姫個人のことについて考えてみよう。彼女は一五歳の死という運命を与えられる。しかし幸いなことに、一二番目の仙女がそれを百年の眠りに変えてくれる。「いまの呪いをとりけすわけにはいかず、せいぜいかるくすることができるだけでした」という言葉は、われわれのように心理療法に従事しているものの心を打つ。われわれは運命を背負った多くの人たちにお会いする。それを取り消すことはもちろんできないが、軽くすることもできるかどうか。早くから両親と別れてしまった子ども。交通事故で愛児を失った親。それらに対して、われわれは何ができるであろうか。ただ、この話では、王様が仙女を一三人招かなかったのが悪いという言い方もできる。それを強調するかぎり、運命というよりは、両親の不注意ということにもなるだろう。ところで、先に紹介したバシーレの「ペンタメローネ」の話では、忘れられた仙女の主題がなく、生まれた子の運命は最初から決まったものとなっている。

ここでまた心理療法家としての脱線を少し許して頂く。娘の百年の眠りを、後述するようにひとつのノイローゼの現象とみるならばその原因が両親の態度(つまり、仙女の招き方)の失敗などに帰せられる場合と、ただ運命的にそうであって、原因など(少なくとも人間の合理的思考では)発見できないのもあるのではないか。あるいは、フォン・フランツの言うように文化的背景を考えるとき、その文化の病を病んでいるノイローゼもあると考えていいのではないだろうか。このようなとき、われわれとしては、その人の過去にさかのぼって本人や家族の行為のなかに原因を追及してゆくよりも、未来に向っていかに克服してゆくかを考える方が得策のように思われる。

ところで、これに対してどのような克服の方法があるのかを、やはり昔話のなかで見てゆくことにしよう。

まず、いばら姫の物語では運命に抗して努力する父親の姿が描かれる。王様は「国じゅうにおふれをだして、つむというつむをのこらず焼きすててしまうように命じました」というのだから、思い切ったことをしたものだが、父親の気持としては当然のことであろう。これに対してリューティは、こんなことをするから娘は成人する間に、つむを見たことがなくかえって好奇心をおこして、一五歳のときにおばあさんのもっていたつむに触ろうとしたのだと指摘し、「運命を避けようとする試みが、ますます運命をひきよせることになる」[12]と印象的な言葉を述べている。確かに、生まれたときから父親殺しの運命を背負っていた、有名なエディプスも、その運命を避けようとして、かえって運命にひきよせられて行ったことは周知のことである。

それではいったいどんな方法があるのか。日本の民話「生れ子の運」[13]はひとつの示唆を与えてくれる。昔、ある男の女房が身もちになったので、丹波おいの坂の子安《こやす》地蔵に願をかけに行く。ところがそこで解ったことは、生まれてくる子どもの寿命は一八歳で、その時に京の桂川の主にとられるということであった。その男は京の桂川のせぶりを請けとる役人になり、子どもは大変親孝行であった。子どもが一八歳のとき桂川が大水になり、孝行息子は父親の代りにせぶりに行くというのを、父親は必死にとめる。ここで、父親が「絶対に行ってはいかん」ととめるところは、いばら姫と同様であるが、その後が面白い。子どもは結局親の目をぬすんで出ていってしまうが、それを知ると父親は「親戚に来てもらって葬式のこしらえをせよ」と言う。女房はわけが解らないので反対するが押し切って用意をさせる。一方、一八歳の息子は桂川へ行く途中、腹がへったので餅屋へ行く。するとかたわらに立派な娘が腰かけているので、餅を食べないかとすすめると、食うは食うは無茶苦茶に食って、百貫からの餅を食べてしまう。その娘と連れ立って桂川の土手に行くと、娘が、「わしはここの主だ」と告げ、お前は一八の寿命でここで死ぬはずだったけれど、わしにあんまり餅を食わしてくれたので六一歳まで延ばしてやる」と言う。息子が家へ帰ると葬式ごしらえをしていた親が大いに喜んだという話である。

ここに、父親が一度は絶対にと、息子の出てゆくのをとめながら、出ていったと解るとすぐに「葬式ごしらえ」をする態度。あるいは、見知らぬ娘の言うままに百貫もの餅を食わせるというイメージで見事に表わされているような、自然に従う態度。これらが結局、運命を変えることに役立ったと見るべきであろう。運命の享受という点は先に怠けについて論じたときにも述べたことであるが、あのときの、「ものぐさハインツ」の独り言は、いわば西洋の文化の裏側でのつぶやきであった。それに比べると日本のものは、運命の享受が表側に存在するだけに、でんと坐りこんで百貫の餅を食べる娘さんというイメージは、巧まぬユーモアをもっていてさすがに見事なものである。

5 眠り

姫が一五歳という運命的な年齢になった日、両親は姫を残して出かけて行く。娘の一五歳という年齢が昔話のなかにしばしば生じるが、これは思春期に達したことを意味するのであろう。思春期というのは運命的な時期である。ところで、娘にとって一五歳という年が重要であることを知り抜いているはずの王様と王妃が、娘をひとりぽっちにして出かけて行ったとはどうしたことなのであろう。これはおそらく二様の解釈ができるだろう。まず、子どもの運命のおそろしさを知り不断の注意を怠らなかった両親も、あまりにも注意を払いすぎるときに誰でも経験する、一種の注意のエア・ポケットのような現象におちいったのではないかと思われる。幼稚園児を交通事故がおそろしいので毎日迎えに行っていた祖母があった。しかも、幼稚園ではそんな必要がないからと忠告したのに、祖母は不安でたまらないので毎日出かけていくのであった。そして、ふとある日、祖母が仕事に心を奪われて、出迎えを忘れた日、その孫は交通事故にあった。過度の心配は注意のエア・ポケットを生ぜしめる。

他の解釈は、両親の不在を内的な事象としてみる見方である。つまり、一五歳の少女にとって、両親がいかに注意深く傍らにつきそっていようとも、彼女は何時か「孤独」の日を迎え、それは危険につながるものであるという見方である。少女はその成長のため必ず危険な孤独を体験しなければならない。孤独は好奇心を刺激する。ここに、トルーデさんのときに論じた「少女の好奇心」の主題が生じてくる。好奇心にかられた少女は塔に昇り、麻糸をつむいでいる老婆に会う。糸つむぎは女性の仕事であり、古来、運命の女神は運命の糸をつむいでいた。この糸をつむぐ老婆は少女の運命をあやつるものとして、一三番目の仙女とのひそかな同一性を示唆している。少女はそれとは知らず、つむに触れ、運命はそれに抗する王の努力にもかかわらず成就される。かくて姫は百年の眠りにつくことになる。

つむのひと突きによる百年の眠りは、われわれに多くの示唆を与える。乙女の眠りの主題は、同様の話が北欧神話にあるためブリュンヒルト・モチーフと呼ばれたりする。北欧神話において、ヴォータン(オーディン)の怒りに触れたブリュンヒルトは炎に囲まれた中で、長い眠りにおち、英雄ジークフリートが登場するまで目覚めることができないのである。あるいは、グリム童話の白雪姫がガラスの棺にはいって眠りつづけるのも、これと同様のモチーフと言えるだろう。白雪姫は悪い母親のくれたリンゴを食べて眠ってしまうのである。いばら姫に悪い運命を与えた仙女について、既にキリスト教文化と母性的なものの対立という観点から論じたが、ここで、いばら姫を一五歳の少女の個人的な問題として考えてみると、この眠りはどのような意味をもつであろうか。

白雪姫の母親や、いばら姫の悪い仙女が母性の否定的な面を表わすことは明らかである。娘が否定的な母親コンプレックスをもつとき、そこには二つの危険な方向が存在する。ひとつは、母親から早く離れたい気持が強すぎるため、男性との関係が生じるのが早く、それは時には肉の世界への下落、すなわち、土なる母との一体化へとすすみ、結局は否定的な母性の犠牲となってしまう。他方、母親に否定的なコンプレックスを持つあまり、娘は母になることをおそれ、自らの女性性をさえ否定しようとする。この場合、臨床像としてわれわれがよく接するのは、思春期拒食症といわれるものである。このような少女は食事を完全に拒否し、やせおとろえて、時には死に到るときさえある。あるいは、ガラスの棺にはいった乙女の像は、離人症の症状を連想させる。離人症とは、現実感が稀薄となり自分や他人の感情が生き生きと感じられなくなる。外界が絵のように感じられたり、まさに自分と現実との間にガラスが存在するかのように思われるような病気である。

すべての思春期拒食症や離人症が、単に否定的な母親コンプレックスということで説明できることはないであろう。しかし、これらの症状の背後にわれわれはこのような心のメカニズムを認めることが多い。ここで注意すべきことは、既に述べたように、このことがすぐにその人の幼児の経験や、母親との関係に還元できるとはかぎらぬことである。いばら姫の母親はやさしい人である。母親がいかによい人であっても、娘がより深い層において普遍的な母性の問題を背負わされることも起り得る。

つむのひと突きは姫に長い眠りを与えた。しかし、これは死を与えるときもあるだろう。否定的な母性の恐ろしさは既にトルーデさんのところで明らかにした。それは好奇心に動かされた少女を一瞬にして死に追いやる。いばら姫がトルーデさんのところを訪ねた少女と異なる点は、その両親による強い保護があったことであろう。両親の保護する力と、娘の自立しようとする傾向の微妙なバランスの上にたって成長が行われるのであり、このバランスが崩れるとき、娘は性の狂宴の世界へとおちこんでゆくか、逆にガラスの棺に包まれた世界に閉じこもらなければならない。

このように、女性の思春期の発達と関連づけてみると、いばら姫は案外すべての正常な女性の心理的発達の過程を描いているのかも知れぬと思われる。一五歳になったとき、すべての少女は一度死ぬと考えてもおかしくはあるまい。つまり、子どもの時代は終り、結婚の可能な乙女として変身する。ここで、その契機となった、つむのひと突きは何を意味するのだろう。多くの女性は、子どもから乙女へと変るとき、つむのひと突きを経験しなかっただろうか。もちろん、それはいろいろに解される。生理的なレベルでそれは初潮と考えてみることもできるだろう。あるいは、男性からはじめて声をかけられたり、思いがけない恋文が鞄のなかにあって驚いた経験とみてもよいだろう。あるいは、これを心の内部のこととして見るならば、女性の心の中に存在する男性的傾向からの刺激とみることもできる。どうして男性と女性が区別されるのか、女性だって男と同じく独立し、仕事をして悪くはないではないか……などとこの年頃で考えた女性は多いであろう。女性の心のなかの男性は母性を敵対視する。どれほどよい母親をもっても、思春期の女性が母親をうとましく感じることはよくある。それは個人的感情を超えるものであり、成長の過程として必要なことでさえある。

しかしながら、その後で少女はしばらく眠らねばならない。女性性が素晴らしく開花する、「ある時」が来るまで、彼女はいばらのとげによって守られる。この守りのない乙女は不幸である。百年というのはいささか長すぎるにしても、少女の眠りをこのように発達の過程に必要なものとしてみると、いばら姫の話は一般の女性の経験との親近性を増す。ライエンは、非近代人が破瓜期の娘たちを一時どこかに閉じこめておく風習に触れて、グリム童話「野ぢしゃ(ラプンツェル)」(一四)で少女が塔に閉じこめられることや、いばら姫の眠りなどを、同様のこととして解釈している。[14] これは、筆者がここに述べた意見と重なるものである。

6 時

姫の眠りを前述のように考えれば、これもひとりの女性の発達に必要な、ひとつの時の訪れとみることができる。この点、ペローの話では、姫が眠りにおちいったとき、彼女の両親は百年後のことを考えて、あの親切な仙女に頼んで、家来たちをすべて姫と共に眠らせてもらい、王様と王妃は城を出てゆくことになっているのが、非常に示唆深い。つまり、両親は娘の発達に必要なすべての仕事を終り、ここに静かに立ち去ってゆくのである。その後、姫を守るものはいばらであり、両親はそれを信頼している。この話を読んで筆者は、筆者のところに相談に来られたある女性の両親のことを想起する。この両親は娘の幸福のため多くの――時には厳しすぎるとさえ思えるほどの――努力をされ、娘がほんとうに幸福になったことが明らかになって、あまり日もたたないのに、ある日二人とも同日に病で亡くなられたのである。この事実を知ったとき、私は子どもに対する両親の役割の意義について深く感じ、感動させられたのであった。

百年たったとき、そこに一人の素晴らしい王子が現われる。王子がいばらの垣に近づくと、垣はひとりでに左右に別れ、彼はかすり傷ひとつ負うことなく王女のところに到達し、目覚めのキスを与える。この王子が成功するまでに多くの人がこの城にはいろうとして、いたましい死を遂げたことを物語は告げているが、その点を考えるとこの王子は真に幸運と言わねばならない。男性にしろ女性にしろ、結婚に到るまでにはそれ相応の仕事をしなければならないということは、昔話によく生じる主題である。ここで、王子が何らの仕事もせずに、結婚を成就することは少し意外な感じを受けるが、この物語の強調点はあくまで、百年の眠りと「時」の満ちることの意味にあるものと考えられる。

昔話には素晴らしい「時」の強調がみられる。前回に論じた「二人兄弟」について、兄がちょうど弟の危機に現われてくることを指摘して、リューティは昔話では主人公がちょうどうまいときに出てくるものだと感嘆している。(15) しかし、われわれの人生においても、このような「時」は存在する。われわれは時計によって計測し得る時間としてのクロノスと、時計の針に関係なく、心のなかで成就される時としてのカイロスとを区別しなければならない。時計にこだわる人は、重大なカイロスを見失ってしまう。グリム童話では、王子をはじめて見た姫は初対面にもかかわらず、「しんからなつかしそうに王子さまをみつめた」と書かれている。これがペローの話では、もっと劇的となり、目を覚ました姫は、「あなたでしたの？　王子さま、ずいぶんお待ちしましたわ」となつかしそうに声をかける。初対面の人に確信をもって、「あなたでしたの」と言うためには、百年を待つ間に成熟した知恵と、カイロスを必要とする。このように考えると、百年という表現も、計測し得るものとしてのクロノスとしての百年ではなく、カイロスの到るのを待つ内的な長さの表現であることが明らかであろう。

ペローの物語には、この後まだ話が続いて、王子の母親が人食いだという大変なことになる。否定的な母性の強さは未だ収まるところがないと考えて、これを解釈してゆくことも可能であろう。しかし、これはおそらく他の物語をペローが結合せしめたものであろうし、今回は、どうしても乙女の眠りの主題に強調点をおきたかったので、これについては触れずにおいておくことにする。

注

(1) 高橋健二『グリム兄弟』新潮社、一九六八年。

(2) J. Bolte und G. Polívka, "Anmerkungen zu den Kinder- und Hausmärchen der Brüder Grimm", 5 Bde., Leipzig, 1913-32.
(3) 高橋健二、前掲書。
(4) M.L. von Franz, "The Feminine in Fairy Tales", Spring Publications, 1972.
(5) ライエン、山室静訳『昔話とメルヘン』岩崎美術社、一九七一年。
(6) リューティ、野村泫訳『昔話の本質』福音館書店、一九七四年。
(7) 高橋健二、前掲書。
(8) 相沢博『メルヘンの世界』講談社、一九六八年。
(9) von Franz, ibid.
(10) 関敬吾他編『日本昔話集成』角川書店、一九五三年。
(11) von Franz, ibid.
(12) リューティ、前掲書。
(13) 関敬吾編『一寸法師・さるかに合戦・浦島太郎――日本の昔ばなし(Ⅲ)――』岩波文庫、一九五七年。
(14) ライエン、前掲書。
(15) リューティ、前掲書。

第七章　トリックスターのはたらき――忠臣ヨハネス

1　王の死と忠臣の役割

年老いた王が病となり、「どうやらわしも死の床についたというわけだな」と思った、というのが、「忠臣ヨハネス」の話の始まりである。王は臨終の床に忠臣を呼び寄せて、後に残された息子のことを託す。

昔話の冒頭に、年老いた王の臨終が語られることは多い。われわれはそれをすでに「ものぐさ三人むすこ」の例に見てきた。そのときにも少し触れたように、王の死はその世界における規範性の崩壊を示すものである。とくに非近代人たちにとっては、王はたんに政治上の長であるのみならず、道徳的、宗教的すべての世界の長として、神に近い――時には受肉された神としての――存在であるから、王の死と王位の継承の問題は非常に深刻なものであった。非近代人にとっては、王が自然死をとげると、それは王の魂が去って戻ってこないことを示し、それはその部族の者にとって重大な危険を巻き起こす。そこで、彼らの考えたことは、王の勢力が衰微する以前に王を殺し、それを適切な後継者に伝えるという方法であった。かくて、フレーザーが詳しく紹介しているように、王位継承のための王の殺害の儀式が行われることになる。(1) もちろん、このような凄まじい儀式は歴史とともに消滅してゆく。そして、そこに王権の世襲制度が確立されてくると、王位の継承はまた異なる難しさを持つようになってくる。

世襲制度によるときは、誰が王位を得るかは明らかであるにしても、その人間がはたしてそれまでの規範性の体現者としての役割を為し遂げ得るかという問題が生じてくる。そして、とくに王位を継ぐものが弱小であるときは、そこに忠臣の存在が非常に重要になってくる。つまり、王位は王子が継ぐにしても、しばらくの間は、規範性の継承者としては忠臣がその責を負うことになるのである。年老いた王は臨終の床で、ヨハネスに息子のことを頼み、「おまえが、何事によらずあいつの知らなくてはならないことを教えてやって、父親がわりになってくれると約束してくれぬと、わしも安心して目をつむることができないのだがな」と言っている。ヨハネスはこれに答えて、「わたしのいのちに代えても忠実にお仕えいたします」と誓い、王を安心させている。

ところで、このような光景は昔話どころか、現実に非常によくあることである。別に王様でなくとも、若い息子を置いて世を去る父親が、息子の後見を誰かに依頼することは多い。そして、息子の若いのにかこつけて悪事をたくらもうとするものに対して、亡父の意志を受けついだ忠臣が活躍して事なきを得る話は非常に多くある。このような話はわが国においては、伝説や物語のお好みのテーマであるが、興味深いことにそのようなものを昔話に見出すことはできなかった。あまりにも表通りに多いテーマなので、昔話や民話などになる必要はなかったのかとも思えるが、あるいは筆者が寡聞のために知らないのかもしれない。もっとも、この物語の忠臣ヨハネスも後に見るように、普通の忠臣とは異なるはたらきを見せてくれるのである。

王は死に臨んで、規範の継承者ヨハネスを得て安心するが、奇妙な言いつけを残してゆく。つまり、王子には城のなかのどこを見せてもいいが、長廊下のどんづまりの部屋だけは見せてはならないという。「見てはならない部屋」は昔話のお得意中のお得意のテーマである。ユングはこれについて、「禁止ほど好奇心をひきおこすものはない。これはいわばことさら違背を挑発する最もたしかな方法である」(2)と述べている。禁止は好奇心を誘発し、好奇心は危険性につながってゆく。そして、この危険性に打ち克って大きい成功を得るものと、危険におちこんで破滅するものがあることは、すでに見てきたとおりである。ところで、この例においても同様のことが生じるが、ここで特徴的なことは、老王はすでにその危険の性質をよく知っていることである。その部屋には黄金《こがね》葺きの館の王女の絵姿がしまいこんであり、それを王子が一目でも見ると、王女に惚れこんでしまうだろうというのである。いったい、老王はなぜそのような危険なものを一室にしまいこんでおいたのだろうか。それは、老王にとって自分の持つ規範性に入れこむことのできない要素であった。彼はその必要性を予見し、その絵姿を持っている。しかし、危険性を知るあまり手を出すことができなかったのである。

死んでゆく王の息子に対する期待にはジレンマがある。彼は意識的には自分の行ったと同様の規範と統合性を持って、彼の王国がそのままの形で永続することを願っている。一方、無意識的には、息子が彼の秘かな誘発に乗って禁を破り、彼の為し遂げられなかった仕事――つまり、黄金葺きの館の王女を自分の国にもたらすこと――をやり抜いてくれることを期待しているのだ。ここに、忠臣としてのヨハネスも王のジレンマを背負うものとして、両極性を背負った行動をとらざるを得ない。ヨハネスのはたらきについて考察する前に、老王の隠し持っていた王女の絵姿について、少し考えてみることにしよう。

2 絵姿女房

老王の死後、ヨハネスは若い王様に対して忠誠を誓い、喪があけるとともに、お城のなかを案内して見せる。

当然のことながら若い王は禁止された部屋にはいりたいという。忠臣ヨハネスとしては老王の命令があるので、とどめようとするがついに押し切られてしまう。ヨハネスの忠義は老王に対してなのか、若い王に対してなのか、彼はジレンマを感じつつも、青年の強い欲望に押し切られたと言ってよいだろう。青年の心に存在する強い衝動が、常に古いものを壊してゆくのだ。ヨハネスは扉を開けるが、それでも王女の絵姿を身をもって隠そうとする。しかし、「王さまは爪先立ちして、ヨハネスの肩ごしに絵を見てしまった」のである。乙女の絵姿を見たとたん、若い王は失神して倒れ、正気をとり戻すや否やヨハネスにむかって、彼女に対する烈しい恋心を打ち明ける。

すべての男性は心の奥の一室に一人の乙女の絵姿を持っていると言えるかも知れない。そして、その絵姿に似た女性に会うと心を揺さぶられ、それを追い求めようとする。このように男性の心の中に存在する女性像をゲーテは「永遠の女性」と呼んだものと思われる。ユングは男性の夢の中に登場する女性像の持つ深い意義に気づき、それをこころ、あるいは魂の像であると考えて、それらの像の元型となるものを仮定し、アニマと名づけた。ユングの言う厳密な意味でのアニマは、無意識内に深く存在する元型としてわれわれは知ることができない。ただ、その元型がある文化や社会を背景とする個人の意識内にひとつのイメージとして刻印されるとき、われわれはそれをアニマ像として知ることができるだけである。だから、厳密に言えば、黄金葺きの館の王女の絵姿も、アニマ像のなかのひとつというべきであろう。王はそれを一目見るだけで気絶するほどに心をひかれる。つまり、それは王の魂を奪うものなのである。

ひとりの男性が生きてゆくためには、男性としてふさわしい役割を、身につけてゆかねばならない。彼は負けたからといってすぐに泣いたり、他人を羨ましがったりしてはならない。彼は自分の力で積極的に行動してゆかねばならない。彼はあまり思い迷うことなく決断を下さねばならない。しかし、これらのことをなしてゆく間に、彼は多くの感情を殺してゆかねばならないであろう。彼が男性としての役割を遂行してゆくうちに、心の内に閉じこめられた感情は、つもりつもってひとつの人格像となるほどになってくる。これは老王が秘密の部屋に閉じこめておいた王女の絵姿さながらに、女性像として形象化される。そして、そのイメージが、黄金葺きの館の王女への導きとなったように、それは男性のより深い未知の世界への、仲介者としての役割を持っているのである。実際、多くの男性は女性によって創造的な活動への刺激を与えられている。アニマは男性を未知の世界へと誘う。しかしそれは危険な道である。女性の誘惑に乗って身を破滅させた男性の例は、いくらでもあげることができる。これはしかし、現実の女性による誘惑ばかりを意味しているのではない。内界に存在する女性像が優位となると、男性はしばしば失脚する。男性が決断し断行しようとするとき、彼女は迷いの言葉をささやく。ここで、男性は創造か破滅かの道の岐路に立たされるのである。第五章に述べた「影」についても、生きられなかった半面という表現を用いた。しかし、影として意識されるものはまだ統合されやすい。アニマ像との関係はわれわれにもっと大きい困難をもたらす。

アニマの引きおこす価値の顛倒による危険性を、わが国の「絵姿女房」の話はみごとに描き出している。新潟県中蒲原郡のお話によると、[3]「ちっとばか足らぬ権兵衛どん」という人が「そこらに見たこともないようなきれいな」女性と結婚する。ところが権兵衛はその嫁が気にいってしまって、畑打ちに行っても気になって仕方がない。途中何度も顔を見に帰るので仕事にならない。そこで嫁さんの絵姿を畑に持ってゆき、それを見ながら仕事をしていたが、あるとき大風が吹いて飛んでしまった。それは殿さまのお庭に舞いおりて、その絵姿に惚れこんだお殿様は、家来に言いつけて権兵衛の妻を探し出させ、自分の奥方にしてしまう。権兵衛は悲しんだが妻の言いつけどおり年の暮れに、門松をもってお城の前に売りにゆく。その声を聞いて奥方がにこにこするので殿様は、権兵衛の門松屋を城へ招きいれる。殿様は奥方が門松屋を見て喜ぶので、自分が権兵衛の着物を借りて「門松や、門松や」と売って歩く。そして門の外まで出てゆくと奥方は家来に言いつけて扉をしめさせる。殿様は驚いて叫んだが時すでにおそく、その後で、権兵衛と奥方はお城の中で幸福にすごしたという話である。

　ところで、この話を絵姿に魅せられた殿様の立場から見てみるとどうなるであろう。彼は絵姿の女性に心をひかれたばっかりに、殿様と門松屋の入れ代りという極端な価値の顚倒を体験しなければならなかったのである。アニマに魅せられたばかりに、彼は王位を放棄しなければならない。このように考えると、われわれの物語において、死んでゆく王が、王女の絵姿を若い息子に見せないように配慮した気持が了解できるのである。おそらく、老王は王女の姿に魅せられつつも、その危険性を知るあまり、それを一室に閉じこめておいたのであろう。しかし、若い息子は父親の意図に反してそれを見てしまった。彼は父親の意識に反することによって、その無意識的な願望を成就する運命を荷なっていたのである。しかし、その危険性を克服することは彼ひとりでは不可能であった。そこには忠臣ヨハネスの援助が必要だったのである。

　ヨハネスのはたらきについて述べる前に、ひと言つけ加えておかねばならない。それは、女性の場合は、その心の内に存在する男性像が同様の大きい意味を持つことになり、それをユングはアニムス（アニマの男性形）と名づけていることである。女性にとってもアニムスとの関係は危険にしてかつ、重要なことである。この点については第一〇章に詳しく述べることになろう。なお、前章に述べた「いばら姫」が最後に王子のキスを受けるところは、アニムスの問題に関連している。アニムスを受け容れるために彼女の成した仕事、つまり、百年の無為の眠り、というのも、偉大な仕事であるが、男性がアニマを獲得するためにはもっと積極的なはたらきをしなければならない。それについて次に考察してみよう。

3　トリックスター

老王の意志と若王の意志と、両者に対して忠実でありたいとするヨハネスは強い葛藤を体験する。その解決法として彼は例の部屋の扉を開けながら、王女の絵を自分の体で隠そうとする。王女を見たいと願う若い王の意に反するものとして、ヨハネスはその「影」であり、かつ、老王の意志を体現するものとして、父親像としての意味も持っている。しかし、青年は父親や影の肩ごしに背伸びして、アニマの姿を見てしまうものだ。息子は背伸びして父親を越えようとする。その力をよびおこすものがアニマである。王女の絵姿を見てしまった後で、王が「木々の木の葉がのこらず舌となろうともこの恋を語りつくすことはできまい。いのちをかけてあのひとを手にいれてみせるぞ」と語るのは、アニマ像に魅せられた男の気持を如実に示している。

忠臣ヨハネスは若い主人の希望を満たすためにひとつの方法を思いつく。それは王女が黄金を好むことに目をつけて、自分たちが黄金細工売りの商人に変装し、王女を船で盗み去ることであった。この奇策はまんまと成功し、はじめは商人にだまされたと知って死んでしまいたいと言った王女も、相手が王様と知ると喜んで王妃となることを約束する。まさにヨハネスの大活躍によって王の願いが成就されるが、ここでヨハネスの果した役割について考えてみよう。まず彼は、老王と若王との二人の間のジレンマに悩まされる。これはけっきょくは老王の意識と無意識のジレンマと言ってよいかもしれず、古いものと新しいものの対比と言いかえることもできよう。彼は船によって、黄金葺きの館の王女の国へ乗り出してゆく、すなわち、こちらの国とあちらの国をつなぐものである。彼は自分の国の黄金をいろいろな細工物に変えさせる、変化の技もみせる。続いて、王とともに商人に変装し、王女をだまして盗み出すことによって、王と王女とを結び合わすことになる。ところで、ここに次々と数えたてたヨハネスのはたらきは、まさにトリックスターのはたらきそのものなのである。

トリックスターとは、多くの神話や伝説などの中で活躍するいたずら者、ぺてん師である。(4) わが国においては、彦市とか、吉《きっ》よむ《ちょむ》とか言われる主人公のお話がこれにあたる。このような話の一例をあげると、(5) 高知県では主人公は大作と呼ばれているが、その大作が山で仏法僧の鳴く声が聞こえるといいふらした。そこで殿様がその声を聞きたいというので、山までの立派な道をつくった。殿様が山に行ってみると、くくくくと鳴く声ばかりである。大作を呼び出して聞いてみると、くくくくという鳴き声が仏法僧だと思っていたと答えるので、あれは山鳩じゃとひどく叱られた。しかし、このおかげで立派な山道ができたというお話である。これは短い話であるが、トリックスターの性質をよく描き出している。

この話でまず気のつくことは、主人公大作のトリックである。仏法僧の声が聞こえると殿様をだましている。しかも、その後では、くくくくと鳴くのが仏法僧であると思っていたと、うまく言い逃れをしているのである。このような奇策を用いるのがトリックスターの特徴であり、だまされる相手となるのは、殿様、庄屋、代官などが多い。彼はトリックを用いて権威に反抗し、ときには極端な上下の顚倒をもたらす。この話でも考えてみると、大作が殿様を意のままに動かしているとも言うことができる。そして、その結果新しい道が建設されるのだから、トリックスターの活躍によって新しい建設や結合などがもたらされることが多い。しかし、ここで大作に対する殿様の怒りが大きいときは、彼は死刑にならぬともかぎらない。トリックスターは常に危険にさらされている。トリックスター話のなかには、彼が失敗してしまって袋だたきにあったり、殺されそうになったりするところを描いているのもある。トリックスターは低次元においては、たんなるいたずら好きの破壊者であるし、高次元でのはたらきは、新しい秩序や建設をもたらす英雄的行為となるのである。確かに、人をだますということ、ましてや殿様をだますことなどは悪に違いないのだが、それが結果的には道の建設という善に変化するところが、トリックスターのはたらきの特徴なのである。彼は善悪の判断にこだわっていない。この点について、トリックスターの研究者である山口昌男氏は、「『いたずら者《トリックスター》』は道徳的善にこだわる必要がないから、日常生活では負の価値を構成しているものの中に潜んでいる行為の可能性を象徴的に引き出し、道徳的関心から二元的価値規準の負の部分を排除することによってのみ成り立つ日常生活の不完全な一貫性(世界像)に対して、負の部分もとり込んだ世界に対する全体的な感受性を可能ならしめる」[6]と述べている。

ヨハネスも商人に変装して、王女を船に招いて盗み出すというトリックを用いる。このような悪こそが、日常生活の王を非日常の世界の王女、黄金葺きの館の王女に結合せしめ、新しい全体性を創造することを可能とするのである。ここに現われた「変装」ということも、トリックスターのおなじみの技である。彼は変幻自在であり、アメリカ・インディアンのトリックスターの如きは、男性でありながら女に変身してしまうのさえある。[7]王女を手に入れるため、王が商人に変装することは価値の顛倒を示し、ここに絵姿女房のような話の展開が生じると、その価値の顛倒は不可逆的なものとなってしまうのである。トリックスターは常に危ない橋を渡っている。しかし、危険の伴わない創造は、まずあり得ないのだ。ヨハネスが老王の意志を継承しつつ、けっきょくは新しい王の意志にしたがってゆくところも印象的である。このようなトリックスターの役割は、わが国の講談に現われる大久保彦左衛門によって典型的に示される。彼は東照宮公の威厳をかり、それに従いつつもけっこう新しい世代の改変に協力し、神出鬼没、奇策を用いて活躍する。彼はヨハネスが老王と若王の間で果したのと同様の役割を演じるのである。

忠臣ヨハネスの活躍は、王様の役割をほとんど無にしてしまうほどである。王はヨハネスにしたがっているだけでよい。われわれも心のなかにトリックスターを持っている。われわれが新しい創造活動を遂げようとするとき、心の中でトリックスターのはたらきに身をゆだねることが大切である。しかし、問題はトリックスターの破壊力が強いときは、それは古い秩序を壊すのみでなく、新しい建設の可能性まで根こそぎ奪ってしまいそうに感じられることである。われわれはそれがたんなるゴロツキの破壊者か、創造的な英雄なのか見分けることができないのである。トリックスターの持つこの困難な両義性に、王様はどうしても直面せざるを得なくなる。

4 帰還

王女は王様に心をひかれ妃となることを約束した。しかし、これですべてが片づいたのではなかった。非日常的な空間に旅したものは、しばしばその帰還の際に大きい問題と直面する。そのもっとも典型的なものは、ギリシャのオルペウスである。彼は他界に旅して、せっかく死んだ妻をこの世に連れもどせそうになったのに、後をふり向くなという禁を破って失敗してしまうのである。現代においても、このような他界からの帰還の問題が現実に生じるのは、戦争から帰ってきた兵士や、それほど強烈でないにしても、長年の留学から帰国した学者などの場合である。ヘンダーソンは、アメリカで第二次世界大戦に活躍した勇士が帰国後に不適応をおこした例をあげ、原始民族の社会において行われた、退場の儀礼(rite de sortie)が現代においても必要なことを指摘している(8)。あちらの世界では人を殺すことが賞賛されたかもしれないが、こちらの世界ではそれは罪でしかあり得ない。われわれは他の世界へ往くにしろ還るにしろ、そこに何らかの通過儀礼を必要とするのである。

ヨハネスは烏《からす》の話を聞いてしまったので、王女を連れ帰ることがたいへんな問題をはらんでいることを知る。ここに烏について少し触れておくと、烏は未来を予告するものとして、しばしば神話や昔話のなかに登場する。「怠けと創造」(第四章)のときに取りあげたわが国の昔話「みず木の言葉」のなかで、怠けものの主人公は烏の話し声を聞いて長者になる道を知る。あるいは、「影の自覚」(第五章)のときに少し触れたグリム童話「旅あるきの二人の職人」(一一二)でも、仕立屋が首吊りになった死刑囚の話を聞くところがあるが、そのとき死刑囚の頭の上には烏がとまっている。このように烏は予示的な力を持つが、(9)これは烏が古来から太陽と結びついて考えられるからであろう。烏と太陽との結びつきとは逆説的な感じがするが、たとえば、中国では太陽が烏に乗っている、あるいは、烏が太陽にすんでいるなどの話がある。三本足の烏が太陽を象徴する。(10)アメリカ・インディアンやオーストラリアの神話では、烏は火や光をこの世にもたらすものとして語られている。(11)

烏の話を聞いて、ヨハネスは黙っていると主人が不幸になるし、打ち明ければ自分の命を捨てることになるので思い迷うが、けっきょくは命を捨てても主人を救おうと決意する。このような明確な決意をするに至って、ヨハネスのイメージはトリックスターよりも英雄像に近接したものとなってくる。トリックスターは低次なものほど、自らの行為を意識することが少ないものである。ヨハネスのしなければならない仕事は三つあった。ここにも、今までによく触れてきた三という数の象徴性が関連している。最初の仕事は、栗毛の馬に王様が乗ろうとするのをとどめて、馬をピストルで撃ち殺すことであり、次は花むこ用の下着ができあがっていて立派に見えるのを火のなかになげこんで燃やしてしまうことである。そして、三番目の仕事は花よめの乳房から三滴の血を吸い取り、それを吐き出すことである。ヨハネスははじめの決心どおり、他人の非難にもかまわずこれらのことをやり抜いてしまうのだが、これらの仕事は何を意味しているのだろう。

ヨハネスに、したがって本来的には若い王に課せられた三つの仕事の意味は、詳細に考えてみると見出すことができようが、筆者としてはあまりに細部にわたって象徴性を見出すことはしたくない気がする。自分の心をうたぬことに精を出しても、何かこじつけめいたことになるのがおちであろう。しかし、この仕事を全体としてみるならば、馬とか下着とか乳房と血とか、むしろ精神性ということから遠い存在が問題になっていることが解る。アニマは男性にとって魂の仲介者であると述べたが、アニマも肯定的な側面と否定的な側面を持っている。あるいは魂とは精神と肉体の合する領域であるといってよいだろうか。アニマとの関連を持つことの難しさは、そこに高いものも低いものも混入されてくることである。ただ美しいものとして、それを簡単に手に入れることはできないし、いろいろな困難がそこにつきまとう。これに対しては、われわれはトリックスターのはたらきをある程度借りるより仕方がないであろう。栗毛の馬は、おそらく美しい黄金葺きの館の王女の動物的な側面なのであろう。結婚式もあげぬ前にそれにとび乗ることは危険なことである。ここに興味深いことは馬の鞍のわきにピストルがついていることである。それはそれ自身を消滅せしめるものを身につけている。このことは、「ヘンゼルとグレーテル」の物語で、魔女が自らパンがまの中にはいっていった事実に対して、魔女が自己消滅の道を選ぶと述べたことと同様のことである。アニマの否定的側面については第九章に詳しく述べるが、ヨハネスが王女の乳房から吸い取らねばならなかった三滴の血は、おそらく結婚までに彼女があがなわねばならなかった暗い側面の存在を暗示している。

5　石化とあがない

ヨハネスのはたらきによって、王も王女も危機を逃れることができた。ところで、この間ヨハネスが仕事をしているときに、王はまったく無為であったのだろうか。彼にはしなければならぬ大きい仕事があった。それはヨハネスの行為に絶対の信頼をおくことであったが——一番最後の段階でそれは崩れ去ってしまうのである。ヨハネスが「仕事」をやり抜いてゆくとき、王様の家来たちはそれを口々に非難した。これに対して、王は「だまって、あれのするようにさせておけ。ほかならぬ忠臣ヨハネスのことだ……」と言明している。すべての家来の非難にあっても王のヨハネスに対する信頼はゆるがない。しかし、他人の行為を真に信頼することは、その行為を自らなしたと同様の心的エネルギーを必要とするものだ。三度目になってついに王の力もつき、彼の失敗は忠臣ヨハネスの石化を導くことになってしまう。

石化は生気のあるものが生気を失い、石と化してしまうことを意味する。しかし、それは消滅ではなく、むしろその形態は不変のまま保存される。われわれが誰か故人の顕彰のためにその石像を立てたりする点から考えると、石そのものはかならずしも否定的なものとは限らず、その不変性が肯定的に受けとられることも解るであろう。ただ、今まで生きていたものが石化するときは、生命力を失うという点で悔やまれるべきことであるのは当然である。ヨハネスの動きは、言ってみれば若い王の無意識の動きであり、それによって新しい世界像がもたらされようとしていた。そのとき、それに信頼を寄せることができなくなるやいなや、ヨハネスは石化してしまったのである。つまり、無意識の動きを受けとめる自我の態度が適切でないときに石化が生じる。ここで、ヨハネスがたんに死んでしまうのではなく、石化してその姿をとどめたことは、その失敗がそのままの形で固定され、あがなわれないままに残されていることを意味している。王と王妃は寝間のわきにあるヨハネスの像をいつも見ることによって、心の痛みを常に新たにしなければならない。石像の存在は忘却を拒否するのである。

義経の忠臣弁慶も多分にトリックスター的な要素を持っている。彼はそこに立ちつくすことによって、義経の死という痛恨事が人々によって忘却されることを拒否している。あるいは、義経の死をあまりにも悼む物語作者の心に、忠臣弁慶の立往生というイメージが生まれてきたというべきであろうか。

第五章に取りあげた「二人兄弟」の話では、主人公はどんどん成功を重ねてゆくが、否定的な母性像の出現によって、ただちに石化されてしまう。その固定された状況を進展させるためには、「もう一人の自分」のはたらきを必要とした。ヨハネスの物語では、そこにあがないのための子どもの犠牲というテーマが生じている。ヨハネスは王様に対して、「お子さまがた二人の首をはね、その血をわたくしに塗ってくださりさえすれば、わたくしは息をふきかえします」と要求し、これを聞いて王様は「ぞっとしてしまう」。それでもヨハネスの忠義を思い起こして、子どもたちの首を自ら切りおとし、その血を石像に塗ってやる。ここに到ってヨハネスは神の像となっているとフォン・フランツは述べている。自分の子どもの命を犠牲にするのは、神に対してのみなされることだからである。(12) ユングはトリックスターについて、「彼のだまし癖、時に陽気に時に悪意のある(毒性の!)いたずら好み、変身する能力、半神半獣の二面性、あらゆる拷問にさらされるものとしての存在、そして——最後になったが決して軽んずることができないこととして——救世主の像との近似、が見られる」(13) と述べている。ヨハネスの像も、ここでは救世主の像に近似している。ヨハネスが決意をもって王を救おうとするとき、それは英雄像に近いと述べたが、このようにして見てくると、ヨハネスはトリックスターと言っても非常に高次のものであり、自己の像に近接していることが解るのである。

ヨハネスは子どもを生きかえらせるが、その事実を隠して、王様は王妃の気持を確かめる。王妃も顔を青ざめ、ぞっとしながらも子どもを犠牲にすることに賛成する。この物語のなかで、ただヨハネスや王様の意のままに人形のように動いていたかに見えた王妃が、ここにはっきりとした意志を示し、それは王の意志と合致する。石化したヨハネスを寝室におき、日夜ともに心を痛めてきた夫妻は、それによって、時が満ちたときに真の幸福を得ることになった。老王がこの王女の絵姿を手に入れたときから、アニマとの接触が始まったと考えるならば、ここに到るまでの年月はそうとうなものと言えるであろう。それにしても、忠臣ヨハネスというトリックスターのはたらきなくして、ただ年月を経るだけではアニマとの真の接触を得ることは不可能であったことだろう。

注

(1) フレーザー、永橋卓介訳『金枝篇』二、岩波文庫、一九六六年。
(2) ユング、西丸四方訳「お伽噺の精神の現象学」『人間心理と教育』日本教文社、一九五六年。
(3) 関敬吾編『こぶとり爺さん・かちかち山——日本の昔ばなし(Ⅰ)——』岩波文庫、一九五六年。
(4) トリックスターについて詳しくは、注(6)(7)(8)にあげた書物、および拙著『影の現象学』思索社、一九七六年〔本著作集第二巻所収〕を参照されたい。
(5) 関敬吾編『一寸法師・さるかに合戦・浦島太郎——日本の昔ばなし(Ⅲ)——』岩波文庫、一九五八年。
(6) 山口昌男『アフリカの神話的世界』岩波新書、一九七一年。
(7) ラディン／ケレーニイ／ユング、皆河宗一他訳『トリックスター』晶文社、一九七四年。
(8) ヘンダーソン、河合・浪花訳『夢と神話の世界——通過儀礼の深層心理学的解明——』新泉社、一九七四年。
(9) M.L. von Franz, "Shadow and Evil in Fairy Tales", Spring Publications, 1974.

(10) 森三樹三郎『中国古代神話』清水弘文堂書房、一九六九年。
(11) トムスン編、皆河宗一訳『アメリカ・インディアンの民話』岩崎美術社、一九七〇年。フレーザー、青江舜二郎訳『火の起源の神話』角川文庫、一九七一年。
(12) von Franz, ibid.
(13) ラディン/ケレーニイ/ユング、前掲書。

第八章　父と息子——黄金の鳥

1　父なるもの

昔話は短い表現のなかに多くのことを語る。グリム童話「黄金の鳥」(六三)の冒頭の数行には、父なるものとしての王のはたらきがみごとに描き出されている。王は城のうちに庭をもち、そこには黄金のりんごのなる木がはえている。りんごの実の数はチェックされていたが、あるとき、ひとつへっていることが解ると、王は見張りをつけることを命令したという。王の所有している黄金のりんごは、おそらく王権の象徴であろう。あるいは、それは太陽と結びつけて考えることもできる。[1] 太陽がこの世を照らす唯一のものであるごとく、王はこの世のすべてのことを明らかにする。その上で、彼はすべてが規律正しくあることを期待する(りんごの数をチェックする)。もし、それがうまく行われていないと知ったとき、彼はそれを正すための手段を講じなくてはならない。実際、王は見張りの役をその息子たちに言いつけるのである。

これまで、母なるものについてはしばしば述べてきた。それはすべてを包みこみ、養い育てる機能をもっている。これに対して、父なるものは、切断の機能をもつ。それは母なるものが一体化するはたらきをもつのに対して、物事を分割し、分離する。善と悪、光と闇、親と子、などに世界を分化し、そこに秩序をもたらす。彼はそのような秩序と規範性の遂行者としての権威をもち、子どもたちが規範を守ることができるように訓練をほどこすのである。母なるものの、すべてのものを区別することなく包みこむ機能と、父なるものの善悪などを区別する機能との間に適切なバランスが保たれてこそ、人間の生活が円滑に行われる。

父なるものの厳しさが人生にプラスの意味をもつことを示す昔話の例としては、以前にも取りあげたことのある、グリム童話「蛙の王さま」(一)をあげることができる。主人公のお姫さまは泉に落とした黄金のまりを取って欲しいばっかりに、蛙に口先だけの約束をしてしまう。蛙を姫の友だちとして何でも一緒にするという約束だが、お姫さまはまさか蛙が本当にやってくるとは思わなかったのである。ところが、蛙はお城までやってきて約束の履行を迫る。これに対して姫の父親である王さまは、「おやくそくしたことは、どんなことでも、そのとおりにしなくてはいけません」と娘をさとす。しかも、蛙が姫と一緒にベッドで寝たいと言いだし、姫が怖くなって泣きだしたときには、王は立腹して娘を叱りつける。「だれにしろ、じぶんがこまっていたときに力をかしてくれたものを、あとになって、ばかにして相手にしないという法はない」というのが王の言い分である。ここに父なるものの機能は明白に示されている。たとい、相手が醜い蛙であっても言い逃れは許されない。約束をすれば守らねばならない。恩を受ければ返さねばならない。約束をすれば守らねばならない。それは例外を許さぬ絶対性をもっている。しかし、このような父性原理のもつ厳しさは、後に姫が蛙の王さまと結婚する幸福を生み出すのである。

母なるものが肯定と否定の両面をもったように、父なるものも両面性をもつ。例外を許さぬ厳しさは過酷なものとなるとき、命あるものを切り棄てる否定性につながってゆく。その例は、グリム童話「手なしむすめ」(三五)に見ることができる。「粉ひきの男が、だんだん貧乏になって、こなひきの水車と、それからそのうしろにはえているりんごの大木一ぽんのほかには、もうなに一つないようになってしまいました」というのがこの物語の始まりであるが、ここにも、りんごの木が一本出ているのは、「黄金の鳥」の場合と類似性があって興味深い。ところで、この貧乏な粉ひき男は見知らぬ老人に、金持にしてもらう代りに「水車のうしろに立ってるもの」をやると約束をする。粉屋はすぐに金持になるが、なんと水車のうしろには彼の娘が立っていたのである。見知らぬ老人は悪魔であり、このような奸計によって粉屋の娘の魂をとろうとしたわけであった。悪魔は粉屋に約束の履行を迫り、彼はそれを断ることができない。しかも、悪魔から逃れようと必死になっている娘の両手を、悪魔の命令に従って切ってしまうのである。約束を守ることもここまでくると破壊性を帯びてくる。父性原理があまりにも強調されると、それは女性性の機能を切り棄ててしまう。規範の遂行に強調点をおきすぎるとき、人間にもともとそなわっている感情が押し殺される。つまり、ここでは父親が娘の両手を切りおとすという行為によって、それが示されている。

「黄金の鳥」の物語に話を戻すと、この王が、りんごの実の数をかぞえさせていたということは、いかに規範性を尊重していたかを如実に示しているものと思われる。しかし、その実は毎晩一つずつ盗まれる。これは規範に対する挑戦である。確かに、盗みという行為自体が規範に対する挑戦を意味している。この王国の体制を維持する規範は改善を迫られているのだ。このような状態は、第四章に言及した「ものぐさ三人むすこ」(一六九)の冒頭に端的に示されている。王は死の床につき、三人の息子のうちの誰かに王位をゆずらねばならない。王と三人の息子(王妃については言及されない)という構成は昔話に非常によく好まれる。事実、「黄金の鳥」の類話においても、王様が病気になり、それを治すためにはフェニックスという鳥の鳴き声を聞くことだけしか方法がない。そこで三人の息子たちが鳥を探しにゆくというのがある。(2) 同じく類話の「白はと」(六三)においても、王と三人の息子という構成は同様である。すでに述べた三という数のダイナミックな意味に考え及ぶならば、ここに、今までの規範性の体現者としての王は何らかの意味で危機に陥っており、それを改変し救うものとして、新しい男性性のダイナミックな動きが必要とされている状態を、このような物語の構成が反映しているものと考えられる。

2　動物の援助

りんごの盗まれることに気づいた王様は、息子に見張りをすることをいいつける。ところが、第一の息子も第二の息子も期待に応えることができない。そこで主人公の三番目の王子が登場することになるが、父親はこの息子をそれほど信用していなかったという。類話の「白はと」では、いちばん末の子どもは脳みそが足りないという評判で、「ばかさま」と名がついていたとさえ言われている。もっとも劣等なものが最高のものにつながるという逆説は、昔話のお得意である。これは、体制の改変を行いうるものは、その体制の目から見るかぎり愚かものに見えるということを示している。あるいは、これを個人のこととして見れば、自分にとって不得意の、劣等な機能が、自分の人格を変えてゆくためにもっとも役立つことを示しているとも考えられる。実際、われわれのように心理療法や教育の仕事に従事しているものは、自分の欠点がまったく思いがけない方法で役立つことを経験するものである。自分の長所にばかり頼っていようとしては、真の教育はできるものではない。

三番目の王子は眠さに打ち勝って、黄金の鳥を見つけ、矢を射かけて、一枚の羽を得る。王様が御意見番たちに相談すると、「こんな羽なら王国全体よりもさらに高価でございましょう」ということであった。王が大切にしている黄金のりんごよりも、黄金の鳥ははるかに価値あるものであった。王の支配する国を、個人の心のなかに存在する意識の領域と見なすならば、このことは無意識の領域に意識界の価値をはるかに越えるものが存在することを意味している。三番目の王子が射おとした一枚の羽は、その無意識界の内容の片鱗である。黄金のりんごが盗まれるという事実は、意識界の心的エネルギーが無意識に向かって少しずつ流れ始めていることを意味する。これを病的な退行に到らしめず、創造的なものとするためには、無意識界に深くはいり込んでいって、その中にある宝を獲得しなければならぬ。

「一枚ぽっちでは何の意味もないぞ。ぜひともその鳥をまるまる手に入れたいものじゃ」と王様は言う。王は欠けたものに対して鋭敏であり、常に完全を目指して命令する。かくて、王の命を受けて息子は旅立ちしなければならない。父なるものは息子を一人旅に出そうとする。しかし、無意識界への旅を強いられた息子に対して、強力な援助者が現われる。このものを言う狐は、王子に対して忠告を与えるが、王子は聞きいれようともせず、みすみす危険な道を選んでしまう。第二の王子もまったく同様のステップを踏み、狐のせっかくの援助を生かすことができない。三番目の王子は二人の兄と異なって、狐の忠告を素直に受け入れ、それ以後の旅に欠くことのできない狐の援助を獲得することになる。このように動物の忠告を素直に受け入れるところが、王様から見れば頼りない人間と感じられたのであろうし、また、そのことこそがこの王国の発展のためには必要だったのであろう。

昔話のなかで、主人公を援助する動物が現われることは多い。動物は人間の思いがけない「知恵」をもっている。たとえば、われわれ日本人になじみの深い花咲爺の物語では、犬が「ここ掘れ、ワンワン」と宝物の在り場所を示すのである。このような動物像は人間のより本能的な部分、あるいは無意識的な部分で未だ明確には意識化されていない内容を表わしていると思われる。とくに、これらの動物が人間の言葉を話すときは、それがそうとう意識化されつつあることを示すのであろう。ペロー童話にある「長靴をはいた猫」に到っては、「長靴をはいた」という修飾語からも想像されるとおり、人間にかなり近い属性をもったものとして登場している。「長靴をはいた猫」は、粉ひき男の三男として、猫を一匹遺産にもらった若者を、この猫が助けて大活躍し、遂には王女さまと結婚させる愉快な物語である。ここでも、死んでゆく粉ひきと三人の息子という布置が形成されているのは興味深いことであるが、ここでは狐ではなく、猫が援助者として活躍するのである。この猫は第一「長靴をはいて」いるし、弁舌もさわやかでまったく人間に等しいが、その思い切ったトリックの使用法が「人間離れ」しているというべきであろう。その点、桃太郎の家来として現われる、犬、猿、きじ、がいちおう人間と話をするものの、より動物的な属性が保たれているのとはそうとう異なっている。桃太郎の家来の動物たちは、言ってみると桃太郎という英雄のそれぞれの属性を示すものであるが、われわれは英雄に対して理想像を押しつけたがるので、英雄イメージに相応しない属性は、しばしばそれを取りまくものの属性として記述するのである。桃太郎が実際、鬼に勝つためには、扉によじのぼったり、ひっかいたりする必要があったろうが、そのような行為は「英雄」にふさわしくないので、家来の動物像として示されることになる。

「長靴をはいた猫」の主人に対する忠義ぶりは、前回に述べた忠臣ヨハネスの姿を思いおこさせる。そして、われわれの物語に現われる狐も忠臣ヨハネスの存在の延長上に位置を占めていることが予想される。この点から考えると、確かに狐は日本においてもヨーロッパにおいても、トリックスターの典型として活躍している。狐が人を化かすということは、トリックスターの属性としての変幻自在性を如実に示すものである。もっとも、前回に日本のトリックスターとしてあげた彦市が狐をだまして、(4) そのトリックスターぶりを示すお話も存在しているが、ヨーロッパにおけるいたずらものとしての狐のイメージは、ライネケ狐の物語のなかに生き生きと描かれている。これらの狐は日常の世界に突如として非日常の世界を出現せしめ、人間に価値の顚倒を体験させる。ただ、われわれの物語の狐は、「切り株も岩根もなんのその、風に毛並をびゅうびゅういわせ」、王子をしっぽに乗せて走ってゆく神通力をもち合わせ、いろいろなトリックを王子に授けるところは、トリックスターの属性を示しているが、物語を全体的にみると、それより高い存在に近いものと感じられる。ただ、人をだましたり、いたずらをしたりしているだけのトリックスターの低い存在とはずいぶん異なって感じられるのである。

3　選択

この物語には、二つのうちのどちらを選ぶかというテーマが繰り返し現われてくる。確かに人生の道は選択に満ちており、それを反映するものとしての昔話に、選択のテーマがしばしば生じるのは当然のことと言える。ただ、この物語に生じた選択の問題は単純でないところがあるので、ここに取りあげることにしたのである。

りんごが盗まれると解ったときに見張りをつけることや、黄金の鳥の存在を知ったときにそれを獲得しようと決定することは、王の有無を言わせぬ命令であり、そこには選択の余地がない。しかし、息子たちが旅に出るや否や選択の問題に直面することになる。その第一は、狐の忠告に従うか従わないかということであった。ここで、三番目の王子のみが「動物の忠告」に耳を傾けて成功への道を歩んでゆくことは、すでに見てきたとおりである。ところで、わが国においても、父親と三人の息子という構成によって物語が始まる「三人兄弟譚」という一群のお話がある。これは関敬吾氏が盗人型と宝物型に分類しているが(5)、どちらも共通するところは、三人の兄弟が旅に出て職業の選択の問題に直面するという点である。職業の選択は個人の人生を決定する重要なものであるから、このようなことが物語に生じるのも当然である。三人兄弟・宝物型のお話では、二男、三男が適当な職を選ぶのに対して、長男は生まれつきのろまなので、何をしてよいやら解らず、足の向くままに歩いてゆく。そのうちに荒れはてた神社のあるのを見て、そこに親からもらった路銀の一部を普請代にとお供えする。このようなことで、四つの社にお金を供えてしまい、後はぶらぶらして何の仕事も習わなかったが、三年後に帰途に就くときに、おのおのの社の神から宝物をもらい、それによって面目をほどこし、父親も長男に家督をゆずるのである。

この話においても特徴的なことは、一番成功するものが、のろまな人間であり、その選択の道は常識的なものと明らかに喰い違っていることである。この話では次男は大工仕事、三男は商売を習って、それ相応に成功しているのであるが、長男の道は彼らとはっきり次元を異にしている。ここで興味深いことは、グリム童話においても、のろまな男が成功しているが、グリムでは末子が成功者であるのに対して、日本の昔話では長男が成功者になることである。わが国でよく言われる「総領の甚六」という言葉の裏として、このようなことが生じたのかとも思われるが、明確な意味は把握し難い。

「黄金の鳥」の物語で、選択の問題が興味深く感じられるのは、黄金の鳥を木のかごに入れるか、黄金のかごに入れるかということである。最初は狐の忠告を素直に聞きいれた王子も、このときは狐の教えを守らない。彼は狐が言ったことを覚えていたが、「なんだ、こんなきれいな鳥をこんなつまらない野暮なかごにいれとくなんておかしいじゃないか、と思い」、黄金の鳥をそれにふさわしいと思われる黄金のかごに入れ、そのために捕えられてしまう。黄金の鳥が欲しいのだったら木のかごに入れてこいというのは狐の知恵である。それに対して、人間の知恵は黄金の鳥には黄金のかごこそふさわしいと考える。このような選択の悩みは、その後も繰り返される。つまり、黄金の馬の場合も、彼は狐の忠告を忘れて彼の人間的な判断、つまり黄金の馬には黄金の鞍が似合うという考えに従って命を危うくすることになる。狐は文句を言いつつもまた助けてくれるが、黄金の城の王女に対しても同様のことが繰り返される。王子は王女が両親に別れの言葉を述べるのを禁止することができない。彼の人間的な感情がそれを破ってしまうのである。王子の人間的な感情は、狐の忠告を破って、二人の兄を死刑台から救い出すときにも示される。

りんごが盗まれるということは、意識から無意識への心的エネルギーの流れが生じたことを意味すると述べた。それが王の知らぬ間に盗まれるとは、自我のあずかり知らぬ間に退行が生じていることを示す。これは一種のノイローゼ的な状態である。しかし、ここで無意識の世界から黄金の鳥を獲得できれば、それは単にノイローゼが治ったというだけではなく、何か新しいものが意識界にもたらされたことになる。ノイローゼの症状に悩む人は、何らかの仕事をしなければならない。その人は隠された宝物をもっているのだ。ここで極端な言い方をすると、毎夜りんごが一つずつ盗まれるのを、致し方のないこととあきらめると、その人の症状はひどくならないだろうし、もし黄金の鳥が盗みに来なくなると、その人の症状は消え失せることになろう。しかし、その場合、人は何も獲得することはない。しかし、長男、二男を黄金の鳥を得るために旅に出し、それが戻って来ないのは、ノイローゼがますますひどくなった状態である。そのノイローゼをなるべく早く収めるには、狐の言ったように、黄金の鳥を木のかごに入れて持ち帰る方が得策なのである。ところが、この主人公は自分の判断に従ったばっかりに、再び捕えられ、ノイローゼの状態が続くのである。しかし、そのような苦しみは結局は、彼の獲得するものをより豊かにすることにつながってゆくのだ。もし、どこかで狐の救いが続かなくなったら、主人公は死ぬより仕方がない。得るものが大となるのに比例して危険性も大となってゆく。ノイローゼの人の心理治療をしていて、長く治らない人がすべてこのような状態にあるとは限らない。たとえば、この物語の第一と第二の王子のように、旅に出て遊びほうけていたのでは、期間は長くかかるだろうが、何も得るところがないのである。しかし、苦難の長々とつづくノイローゼの人に、このような解釈がぴったりのときも存在する。すなわち、苦難の長さに比例して、その人がノイローゼの克服によって得る宝も価値の高いものとなるのである。これは別にノイローゼなどと言わなくとも、自己実現の過程とそれに伴う苦しみとの関係と言えばよいことであろう。いずれにしろ、どちらを選択するかによって、その人の人生は大きく変化するであろう。

4 仕事

王子は狐の助けをかりたり、自分自身の判断に頼ったりしながら、最後には黄金の城の王女を得ることになる。物語の始めに王と三人の息子という男性ばかりの構成が示された点から考えて、末子が女性を得て帰国し、結婚することによって新しい王となることが最終の目標であると考えられるが、この女性を獲得するまでに、彼が多くの「仕事」をしなければならなかったことに注目したい。

王子が王女を得ることは、結婚の成就を意味するが、それを内界のこととして見れば、前回にも少し触れたように、アニマとの結合と考えることができる。いずれにしろ、それをやり遂げることは、人間にとってひとつの境界を乗り越えることであり、それにふさわしい存在であることを立証するためには、与えられた仕事をやり抜かねばならない。このときに社会にきめられた規範として、その仕事を与え、もしもそれができないときには死を与えようとするほどの厳しさを体現しているのが、この物語に現われる王たちなのである。どの王も若い王子をとらえると、難しい仕事を与え、それができないと殺してしまうという。結局これらの王はすべて、父なるものの元型の顕現である。

人間が子どもから成人になるときには、ひとつの通過儀礼《イニシエーション》が必要であると非近代人は考えた。非近代人の行う通過儀礼については多くの研究がなされているが、そのなかで、「試練」ということが重要な要因となっていることが認められている。大人になるためには、そこに課された試練に耐えねばならない。それがすなわち先に述べた「仕事」なのである。昔話は自己実現の過程を反映するものであるだけに、そのなかにいろいろなイニシエーションの段階と、それに伴う試練について描かれていることが多い。そして、アニマを求めて自己実現の道を歩むとき、アニマ像としての娘の父親が、しばしば試練を与える父なるものの顕現として感じられるのである。娘の父は、課題を求婚者に与え、それをやり抜いたときに娘を与えようという形で若者に仕事を強いる。それは時に若者を死に追いやることにもなり、そこに父なるもののおそろしさが示されるのである。

またここで、少し脱線を許していただいて、現在の日本の若者たちが必要なイニシエーションの試練を受けていないために、多くの問題を生ぜしめていることを指摘しておきたい。もちろん、これはわが国において父性原理の遂行者としての父親像が非常に稀薄になっていることとも関係している。このことは日本の青年たちが精神的に大人になることを極めて困難にしている。(6)

女性の父親が求婚者に対して難題を与えるというテーマは、西洋の昔話によく生じるが、わが国においては神話のなかで、大国主が根《ね》の堅洲国《かたすくに》に、須佐之男《すさのお》を訪ねてゆき、その娘の須勢理毘売《すせりびめ》と結婚したいと思うのに対して、須佐之男がいろいろと大国主を苦しめる話として語られている。蛇の室にとじこめたり、矢を野に放ってその矢を取って来るように言いつけ、その間に野原に火をつけて焼き殺そうとしたり、いろいろとおそろしい経験をさせるが、そのつど須勢理毘売の機転によって救われる。最後に若い二人は須佐之男の太刀と弓矢、それに琴を盗みとって逃げ出そうとするが、琴が樹にさわって音をたて、そのために寝ていた須佐之男が目を覚まして追いかけてくる。琴の音によって父親が目を覚ますところは、「黄金の鳥」において、鳥の鳴き声で皆が目を覚まし、王子がつかまえられるところと類似していて興味深い。ところが、日本の神話のこの後の話の展開は、実に素晴らしい。この世とあの世を分ける黄泉比良坂《よもつひらさか》まで若者を追ってきた須佐之男は、むしろ若い二人を祝福し、大国主が須勢理毘売を正妻として迎え、太刀と弓矢をもって世界を平定するようにというのである。ここに父なるものの二面性が非常に劇的な形で、みごとに示される。父なるものは若者に対して、その死を願っているかと思うほどの厳しい試練を課す。しかし、若者がそれを乗り越えたと知ったときは、むしろ、彼に対して親近性を感じ、祝福の言葉をさえおくりたいと感じるのである。敵意と友情は共存しているのである。

「黄金の鳥」の物語で、王子がつぎつぎと試練を与えられ、そのなかで彼自身の選択もあって、ついに女性を獲得するが、その順番が、りんご―鳥―馬―姫、となっていて、生命あるものの段階が植物から人間に到るまでうまく順番に並んでいるのが興味深い。これは「忠臣ヨハネス」の物語において、一番始めに姫を獲得するが、その帰途にヨハネスが馬とか下着とか、むしろ低い段階の仕事をしたのと好対照をなしている。どちらにしろ、順番は少しくらい入れ替るにしろ、人間はなすべきことはなさねばならないのであろう。

5　自我と自己

狐の援助のおかげですべてがうまくいったとき、狐は奇妙な恩返しを要求する。それは「あたしをうちころして、首と手足をちょんぎってほしいんです」ということであった。王子はどうしてもできないと断ると、狐は最後の忠告をして消え失せる。このときも王子は狐の言葉を守らず、人間的な感情に従って行動し、危険に陥ってしまう。つまり、悪い兄さんたちを助けたばっかりに、自分は泉のなかにほうりこまれ、功名も奪われてしまう。父なるものに与えられた苦難をすべて乗り越えて、これで故郷に帰るというとき、彼は最後に父からではなく兄弟からの攻撃を受けねばならなかった。この悪い兄たちが主人公の影であることは明白である。最初に狐の忠告を守らず、にぎやかな家に泊ろうとしたことで示されるように、彼らはにぎやかで派手好みな側面を示している。これは一般的な真理であり、父なるものへの挑戦に成功したものは、しばしば功名を誇り、派手にふるまうという自らの影の部分によって、しばしばその結果を無に帰してしまうのである。このような経験をし、しかも、貧しい男のぼろに着がえるということをした上で、王子は初めて帰国できたのである。大きい仕事を為し遂げた後で、人は謙虚さを知らねばならない。無意識の世界に旅したものは、この世に帰る前に「思いあがり」の気持を棄てなければならない。さもなければ大きい危険が生じてくる。

貧しい男の姿になって帰国した王子は、美しい姫と結婚はできるし、王さまの跡をつぐことになって、万事めでたく終ることになるが、狐のことがまだ残っていた。狐はまたもや前の奇妙な願いを繰り返し、王子もとうとう仕方なく狐の言うとおりに、打ち殺して首と手足をちょん切ると、狐はぱっと人間の姿になり、彼は美しい姫の兄で、魔法にかけられていたことを告げるのであった。この狐の救済は石化したヨハネスの救済に通じるものがあり、狐が結局人間に変じる点から考えても、これは長靴をはいた猫よりも高次の存在であることを示していると考えられる。長靴をはいた猫は、最後にはねずみを追っかけて気晴らしをしていたと言われている。

このように見てくると、今までに述べてきた「二人兄弟」の物語における兄、「忠臣ヨハネス」のヨハネス、そして今回の美しい姫の兄(狐)は、物語の中で重大な役割を演じながら、他の男性が結婚するのに対して、自分の結婚ということは何も語られないのである。そして、それを主人公の影というにしてはあまりにも光に満ちている感じを受ける。「二人兄弟」について論じたときに、ユングの言う「自己」の概念のことを少し紹介したが、ここでもう一度少し詳しく述べてみよう。ユングは自我をわれわれの意識体系の中心として定義する。われわれの意識は自我を統合の中心として、ある程度のまとまりをもっているが、それは何らかの偏りを避けることができず、意識の一面性は常に無意識によって補償される。このような意識と無意識を通じての心の全体性の在り方に注目して、ユングはそのような全体としての心の中心として、自己の存在を仮定したのである。

自己は人間の無意識内に深く存在するものとして、われわれはそれを直接に把握することはできない。ただその側面は意識内に何らかの象徴として把握されることになる。この物語において、狐は主人公の自己の超人的な救済の力の顕現として見られるのではないだろうか。「影の自覚」について述べたとき、すでに明らかにしたように、影の像と自己の像は時に見分けがつかなくなり、トリックスターとは、まさに影の領域と自己の領域の中間に跳梁しているものである。ユングのいう元型はすべて重なり合うものであって、純然と分類できぬものであるが、今回の狐はトリックスターというよりも、自己の一側面を示しているものと見る方が妥当と思われる。とくに、それが手足をちょん切るというような救済を要求するときに、ますますその感を強くするのである。それは人間の常識をはるかに超えた存在なのである。

ユングは自我と自己の相互作用の必要性を強調する。人間の心の中心があまりにも自我に片よってしまうと、それは根のない浅薄な合理主義に堕してしまう。さりとて、自我の存在を忘れてしまうと、その非日常性があまりにも強いために、現実と遊離した存在となってしまう。自我と自己との間に望ましい相互関係が確立されていてこそ、自己実現の過程をすすんでゆくことができるのである。

この物語においては、主人公が狐の忠告に従うときと、自分の判断に従うときと、いうならば自我と自己との対決を通じてのバランスの在り方がみごとに示されている。一番最初に思いきって狐の忠告に従った主人公は、その後はしばしば自分の人間的な感情や判断によって、狐の言葉を否定しているのである。このことを繰り返しながら、兄たちを救う行為によって影の問題を自覚し、最後に結婚も果して幸福になった後に、恩を受けた狐を打ち殺すというまったく非人間的な行為を為し遂げるのである。

このような相互作用のなかで狐は人間に変化し、自己は人格化された形態をあらわす。これに対して、最初にあげたわが国の「花咲爺」や、同じく「ものいう亀」などの、人間を援助する動物が最後には植物に変化してしまうのは、日本の特徴であろうか。これは、わが国においては、自己のイメージは人格化されるよりも「自然」に投影されることが多いことを示しているものであろうか。あるいは、三人兄弟・盗人型においては、せっかく、盗みという父なるものへの反抗を示す主題をもちながら、その最後が漠然としたものになってしまうのと似た現象なのかもしれない。三人兄弟・盗人型の話では、二男、三男がそれぞれ長者と侍になるのに対して長男は盗人になる。ところが、この盗人が知らずに二男の長者の家に盗みにはいり、それを三男の侍がとらえようとして偶然に三人が集まり驚いて涙を流したという話で、最後は父親を呼びよせて暮らしたというのだから、物語の最初と人の構成は同じとなる。つまり「もとにかえる」ところに自己のはたらきを見るとでも言えるのであろうか。これらのことからすぐに一般化するのは危険であるが、西洋と日本の差を示しているようにも思われる。日本人は自己を「自然」の全体としての流れのなかに体験し、敢えてそれを人格化することを考えなかった面もあるのではないだろうか。

注

（1）Hedwig von Beit, "Symbolik des Märchens", Franke Verlag, 1952.

（2）J. Bolte und G. Polívka, "Anmerkungen zu den Kinder- und Hausmärchen der Brüder Grimm", 5 Bde., Leipzig, 1913-32.

（3）本巻六六ページ参照。

（4）関敬吾編『一寸法師・さるかに合戦・浦島太郎――日本の昔ばなし(Ⅲ)――』岩波文庫、一九五七年。

（5）関敬吾他編『日本昔話集成　第二部本格昔話2』角川書店、一九五三年。

（6）この点について詳しくは、拙著『母性社会日本の病理』中央公論社、一九七六年、を参照されたい。

第九章　男性の心の中の女性——なぞ

1　な　ぞ

最近、ナンセンスなぞなぞ遊びがだいぶ流行したようである。ところが、それもしばらくの間のブームで後はすぐに消滅していった。なぞなぞ遊びは確かに人間の心をとらえるものであるが、おそらくその発生は人類の文化の発生と時を同じくするくらいのものではないだろうか。

紀元前一二〇〇年頃に作られたと考えられる、リグ・ヴェーダのなかにも、「謎の歌」を見出すことができる。それは五一詩節からなり、原則として解答は明示されず、推測にまかされているという。次にそのなかのいくつかを紹介してみよう。「答」はリグ・ヴェーダの訳者が妥当なものとして添えたものである。(1)

〈七は一輪の車を装備す、七つの名ある一頭の馬〔これを〕牽く、車輪は三個の轂《こしき》を有し、老ゆることなく、冒さるることなし、そこにこれら一切万物は乗る。〉

答　時の象徴としての太陽(日輪)。七は太陽の車を牽く七頭の馬を指す。太陽の車は時に一頭の馬エータシャに、時に七頭の栗毛に牽かれるという。三個の轂は一年を構成する三季節。

〈母は父をして天則に与《あずか》らしめたり。何となれば、彼女はあらかじめ霊感と思想とにおいて彼と合一したればなり。反撥にもかかわらず、彼女は貫かれたり、受胎の液にうるおいて。彼ら（神々または太初の聖仙）は頂礼しつつ祝福すべく来たれり。〉

答　父なる天による母なる地の受胎。

〈つれだつ友なる二羽の鷲は、同一の木を抱けり。その一羽は甘き菩提樹の実を食らい、他の一羽は食らわずして注視す。……〉

答　知識の木。二羽の鳥は、真知ならびにその結果たる不死を求める者の方法・態度に二種あることを示す。

……

最後の問いはこれに続く節があるが省略した。これらのなぞをみるとまったく壮大なスケールをもち、天地、自然の現象を解き明かしているという感じを受ける。これらのなぞは、まさに宇宙の生成と存在の本質について迫ろうとする試みであると考えることができる。ここにあげた例は太陽の運行と季節の変遷や、天と地の交接という主題をとりあげている。最後のなぞは明らかに、以前にとりあげた「二人兄弟」（第五章）の主題に関連している。知識の木の実をついばむ鳥と、ついばむことなくそれを注視している鳥の二羽の存在は、おそらく密かな同一性によって結ばれているのであろう。われわれが行為しているとき、「もう一人の私」はそれを常に注視しているのである。

このように考えると、人間にとって外界のすべての事象はすべて「なぞ」であるとも言うことができる。人間をめぐる万物はそれぞれ、「なんぞ？」と問いかけてくる。この「なぞ」をわれわれは解き明かさねばならず、その答えの集積こそが人間の文化というものであると考えられる。このような深い意味を持つので、神話や昔話になぞの話が多く生じるのも当然のことである。今回とりあげたグリム童話の「なぞ」は題名の示すとおり、

「なぞ」が主題となっているお話である。われわれに与えられたグリムの「なぞ」を解く前にぜひとも触れておかねばならないなぞがある。それはエディプスがスフィンクスによって与えられたなぞである。スフィンクスはテーバイの国の入口に立って旅人になぞを仕かけ、解けないものの命を奪っていたが、エディプスがこれを解いてスフィンクスは死滅する。このときエディプスの与えた答えは、周知のごとく「人間」である。リグ・ヴェーダのなぞは宇宙的なひろがりをもっていたが、スフィンクスのなぞは人間という答えを期待するものであった。

人間をひとつの世界と見て、そのようなミクロコスモスと宇宙というマクロコスモスの対応を考える思想は洋の東西を問わず古くから存在している。確かに人間の内界は無限の広がりをもち、それは外界の広さと匹敵すると考えることができる。かくて、人間に対するなぞは外界からだけではなく、内界からも発せられることになる。「私とは何か」という問いは、「私の魂とは何か」という問いにおきかえられる。自分の心の奥にはいったい何があるのか。魂は存在するのか。これらのことは確かに人間にとっての永遠のなぞである。このようななぞの在り方と結びついて、今回ここに取りあげるような「なぞ解き姫」や「なぞかけ姫」の主題が生じてくると思われる。つまり、これらの姫たちは男性の心の奥に存在する女性たちであり、男性の魂の形象化されたものと見なされるからである。この点については次節に論じることにして、このような「なぞ解き姫」や「なぞかけ姫」についいて、どのようなお話があるかを調べてみよう。

リューティは「なぞかけ姫」の主題をとりあげて論じているが、そのなかでいろいろななぞかけ姫をあげている。(2) ペルシャのトゥランドット姫の話は有名で、カルロ・ゴッツィやフリードリヒ・フォン・シラーがこの話をもとにして戯曲を書き、プッチーニはシラーの作品をもとにしてオペラを作曲している。トゥランドット姫は結婚することを欲しないので、求婚者に対してなぞを出し、解けないものは首を切るということで、独身をとおしていた。結局はカーラフ王子がやってきて彼女の出す三つのなぞを解いてしまうのだが、彼女は最後のなぞを出すときに、王子をどぎまぎさせようとして、ヴェールを上げ、輝くばかりに美しい顔を見せたという。このような輝くばかりの美しさと、求婚者を死地に追いやるところとは、わが国のかぐや姫の像を想起せしめるものがある。

わが国の昔話にも「なぞかけ姫」の主題をもつものが存在する。有名な「播磨糸長」の話[3]では、大山の麓の色粉屋に真面目な手代が居た。そこに西の方からきれいな娘がやってきて色粉を二両も買った。手代は娘の住所をきくと「処はふさんの麓」と答えた。家の名をきくと「はるば屋」と言い、「名前は四月生えに五月禿げ」と答えて帰ってしまった。手代はいくら考えても判らないので、山寺の和尚さんのところへ将棋をさしに行って、将棋の入れ言葉に「ふさんの麓」と言って打ち込んだ。すると和尚はすぐに「草津の町に」と応じた。次に「はるば屋」というと「あめがた屋」、「四月生えに五月禿げ」というと「お竹さんの事よ」と応じる。そこで、手代は草津の町のあめがた屋のお竹さんをたずねてゆくことになる。この話はまだ後になぞかけの話が続くのだが、結局この手代はなぞを解いて、この娘と結婚することになるのである。なぞをかける女性たちはまた、なぞを解く力ももっている。つまり、彼女たちはこの世ならぬ知恵をもっているのである。

リューティは「なぞ解き姫」の例もあげている。それによると[4]、賢い百姓娘という話が広く分布していて、貧しい百姓の娘がなぞを解くのが物語られている。金持の百姓と貧乏な百姓が争いをして、裁判官はその解決のためになぞを出し、正しい答えを出す方を勝ちにするという。ところが、貧乏な百姓の方には賢い娘がついていて、すべてのなぞを正しく解いてみせるのである。この場合にリューティが、「賢い百姓娘を実際の人間とばかり考える必要はない。貧しい百姓の魂と見なすこともできる」と述べているのは非常に興味深い。それでは、このような男性の魂と見なされる女性像とは、いったいどういうことなのだろうか。

2　アニマ

第七章に「忠臣ヨハネス」の物語を取りあげたとき、わが国の昔話「絵姿女房」を引き合いに出しながら、すべての男性はその心の奥にひとつの女性の絵姿をもっているようなものであると述べた。このような考えは、ユングの考えに基づいて述べたのであるが、彼はアニマという概念が、経験的に生じてきたものであって思弁的なものでないことを強調している。(5) 彼が「経験的」という場合、彼が行ってきた夢分析にその多くの基礎をおいている。つまり、男性の夢を分析すると、夢のなかに典型的な未知の女性が現われ、その夢を見た人を未知の世界へと導く役割をもつことが明らかにされてきたのである。ユングの言う自己実現の過程において、アニマとの関係は非常に重要視されることであるが、それについて論じたフォン・フランツは、アニマについて次のように要約している。

「アニマは、男性の心のすべての女性的心理傾向が人格化されたもので、それは漠然とした感じやムード、予見的な勘、非合理なものへの感受性、個人に対する愛の能力、自然物への感情、そして——最後に、といっても重要でないわけではないが——無意識との関係などである。古代においては巫女《みこ》が神の意志を知ったり、神との交信を行ったりするのに用いられたことは偶然ではない。(6)」

このように無意識内において重要性をもつ女性像が、昔話や神話において大きい役割をもって現われるのも当然である。われわれはそれをすでに「忠臣ヨハネス」や「黄金の鳥」の物語のなかに見てきた。男性を未知の世界へとさそうアニマは、否定的な面をもつことも忘れてはならない。前述したフォン・フランツの解説のなかで、彼女は破壊的なアニマの典型を示すシベリヤの昔話をあげている。それによると、ひとりぼっちの猟師が、川の対岸にある深い森からひとりの美女の現われるのをみる。彼女は手招きをしながら彼の心を動かす歌を歌ったので、猟師は衣服を脱ぎ捨て川を泳ぎ渡ろうとする。ところが突如として美女は梟《ふくろう》となり、彼は冷たい川の中に溺れ死んでしまう。この昔話に示されるように、アニマの誘惑に負け、不用意に裸になって未知の世界へはいりこもうとするとき、男性は破滅の道を歩むことになる。

実のところ、この「なぞ」の物語に登場する女性は危険性に満ちている。最初に主人公が会ったのは「うらわかい、きれいな娘」だったが、その家に泊めてもらおうとする王子に対して、娘は泊まらない方がいいと忠告する。それは彼女の義母がわるだくみをする魔女だからである。王子はそれでもこの家に泊まることにするが、なるほどばあさんは、われわれにはなじみの深い「赤目」をしていて、じろりと王子を見る。この魔女の存在はいろいろなことを考えさせる。まず、アニマの背後に存在するグレートマザーの意味ということであるが、実際、そのような「うらわかい娘」はしばしば母親と結びついていて、そのために案外、困難なことが生じやすいのである。うらわかい娘に恋をして、その母親に毒をかけられたり、かけられそうになった男性は多いことであろう。このことは内面的にみると、アニマ像と母性像との結びつきの強さを示すものであり、すべての男性は自分のアニマ像をその母親像から発展させてくるものである。この物語で、この女性が主人公を助けてくれるが、これはいわゆる姉のようなアニマというべきもので、母性像とアニマ像との中間に存在するものである。男性の心理的発展過程として考えてみると、今まで母親を唯一絶対視していたのが、親類へ遊びに行って従姉《いとこ》にやさしくされ、何とも言えぬ親しさを感じたとか、小学生のときに隣りの女子学生の姉さんに憧れるような感情を抱くときが、この段階にあたっている。このような心理的発達段階のまま、いわゆる姉さん女房と結婚する人もある。

この主人公は賢明にも、この「うらわかい、きれいな娘」とは結婚することなく、家来をうながして出発しようとする。ところで、ここで王子は先に出発してしまうのに、家来は「馬の鞍を締めるのに手間どって、ひとり遅れてのこって」しまう。この家来は王子の影であることは明らかであるが、ここのところは影のはたらきを如実に示しているところと思われる。われわれは実際、さっと帰ってゆけば問題がないときに、つい「馬の鞍を締めるのに手間どって」居残ってしまい、それが魔女のつくった毒とも知らず、飲んだり食ったりして失敗をしでかしてしまうことはないだろうか。われわれの自我は出発を決定しても、影の方がぐずぐずとしていてトラブルをつくり出すのである。とはいうものの、この影の居残りによって生じたトラブルが、今後の成功に役立ってゆくのだから、影というものは真に逆説的な存在といわねばならない。

王子と家来は旅を続けながら、とうとう「きれいはきれいだけれど高慢なおひめさま」の居る都にやってくる。この姫は自分が解けないようななぞを出す者があったらその相手と結婚する、ただし解けてしまったらおひめさまが相手の首をいただく、というのであった。今まで九人もの男性が殺されているのに、この「王子もおひめさまのたいへんな美しさに目がくらみ、ひとつ命を賭けてみる気に」なるのである。考えてみると、その前にせっかく美しい女性に会い、しかも宝物もたくさんあったというのに、その女性とは別れてきて、ここにこのような危険な女性を相手にしようとするのは馬鹿げたことのように思えるが、実際はこのような点にアニマの秘密が存在している。アニマは男性の未知の領域への導き手として、必ず何らかの危険性を伴うものである。昔話などに表わされるその類稀《たぐい》なる美しさは、その魅力を十分に示しているが、一方必ずといってよいほどに、それに対する接近が危険であることも示されている。それは時に、アニマ像の父親による脅威として表わされることがあり、それはすでに「黄金の鳥」の物語のなかに見てきたところである。姉のようなアニマは危険性が少ないが、このような女性と結ばれた人は、しばしば危険を求める行動をその後に起さねばならないことが多い。

この姫は失敗した男の首を切ると宣言しているが、リューティの紹介しているブルターニュの類話では、王女の残酷さがみごとに示されている(7)。

「王女は城の中庭にある高いバルコニーへ立った。赤い服を着、金の冠をかぶり、額にダイヤモンドを輝かしていた。そして手に白い棒を持った様は、暴君のように尊大で残酷に見えた。中庭を取り囲んで、壁や柱には犠牲者のからだや骸骨が吊されていた。大抵の場合王女はすぐにバルコニーから答えを言った。するとただちに、哀れな求婚者は物凄い目つきをした四人の家来に取り押えられて、情け容赦もなく縛り首にされた。」

アニマに挑戦するものは身のほどをよく弁《わきま》えておかねばならない。以前に取りあげたアニマ像は肯定的な面が前面に出ていたが、これらのアニマ像は否定的な恐ろしさがよく描かれていて興味深い。わが国のかぐや姫などは、残酷さということを表面に感じさせないが、すべての求婚者に不可能な難題を与え不幸におとしいれて、自分は結婚することなく月の世界に帰ってゆくのだから、真にクールなアニマ像といわねばならない。西洋の「高慢な」姫たちが一時的には残酷さを発揮しながらヒーローに対しては従順に結婚してゆくのと好対照をなしている。日本人の心の中のかぐや姫像は非常に強烈であり、異性との結合の否定という犠牲の上に立って、「あはれ」の感情を洗練させてゆこうとする態度は、日本人の美意識を支えるひとつの柱となってきたと思われる。

アニマは男性に賭けを要請する。主人公の王子も命を賭けることになったが、このなぞかけの戦いはどのように発展するだろうか。

3　なぞかけ・なぞ解き

人間にとって外界、内界のすべてのものはなぞであると述べた。外界の事物はそれぞれ、われわれに「なんぞ？」と問いかけ、われわれはそれに名前を与えて満足する。あれは木である、山である、川であると命名して安心する。なぞは解かれたのである。人間にとって命名することがどれほど魔力に対抗し得ることなのであるかは、グリム童話「ルンペルシュティルツヒェン」(8)(六一)にみごとに示されている。ところで、そのようにしてなぞが解かれたかのように見えるときでも、疑問はさらに湧いてくる。「いったいそれは本当に何なのだろうか」と。これは自分自身に対してもそうである。われわれの自我はそれ自身について知っており、外界についての知識は自我を豊かにする。しかし、自我がそれ自身の存在に目を向けたとき、その存在が深く基礎づけられたと感じる知恵は、先に述べた知識とは次元の異なるものである。ユングは自我の内部でそれを豊かにする知識と、自我存在を深く基礎づける知恵とを区別し、後者の場合はアニマが関係してくると指摘している。

なぞ解きの主題において、このような区別が明瞭に示されているのは、先にも触れておいた「賢い百姓娘」のお話である。裁判官の問いは、「一番肥えているものは何か？」である。これに対して金持はベーコンと答えるが、賢い百姓娘は大地と答える。以下同じように、「一番甘いものは何か？」については、蜂蜜という答えと眠りという答えがなされ、「一番白いものは何か？」に対して、牛乳と太陽、「一番高いものは何か？」に対して、教会の塔と星という答えがなされる。この両者の答えの対比は、自我に関連する知識と、アニマと結びついた知恵の差を明瞭に示している。前者の答えはもちろん間違ってはいないが、あまりにも身近な人間的な現実と結びつきすぎているのに対して、後者の方は明らかに宇宙的な広がりと自然との結びつきをもっている。まったく次元を異にしているのである。

なぞ解きの際の望ましい態度を示すものとして、わが国の「播磨糸長」の話も興味深い。主人公は自分でなぞを解けないので山寺の和尚を訪ねてゆくが、その聞き方が面白い。直接に聞くのではなく、将棋の打ち込みをしながら「ふさんの麓」とやるのである。類話の「謎解聟」では、なぞが解けない男が友人と碁を打ちながらなぞの言葉をくりかえすと、友人がそれに答えるというところがある。ここで、将棋や碁の際の会話として示されることは、本人たちの意識は将棋や碁の方に集中されているのだから、なぞに関する会話は無意識の知恵によってなされたと見るべきであろう。意識的努力のみによって答えられるなぞは、先に自我を豊かにする知識として述べた類のものなのである。

さて、われわれの主人公は逆になぞを出す立場におかれている。彼は女性に対して解くことのできないひとつのなぞとして立ち現われることを要請されているのである。そこで彼の出したなぞは「あるひとが一人も殺さずに一二人殺した、さあ、なんだ?」というものであった。これにはさすがのなぞ解き姫も困ってしまう。「考えに考えましたが、かいもくその心がつかめません。なぞなぞの本を開けてみても、どこにも出てはいませんし、とどのつまり、さすがの知恵も尽きはててしまいました」という有様である。彼女はどうして困ってしまったのだろうか。この点は先にも述べたブルターニュの類話をみると、そのわけがよく示されている。

ブルターニュの類話では、姫になぞを出そうとして、ファンク・ド・ケルブリニックという貴族がやってくることになる。ところが、彼はプチ・ジャンという抜け目のない兵隊と知り合いになり、プチ・ジャンは彼にどんななぞを出すつもりかとたずねる。ケルブリニックが考えていたなぞを言うと、プチ・ジャンはすぐ解いてしまって、そんなことでは駄目だという。ともかく自分を連れてゆき、自分の言うとおりにすると成功するというので同行することになる。ところで、ケルブリニックの母親は息子を家にとどめておきたいと思うが、いくら頼んでも聞き入れられないので、別れのときに毒のはいった飲み物を二人にすすめる。ところが、プチ・ジャンは危険を知って毒を馬の耳に流しこむ。このため馬が死に、馬の肉を喰いにきた四羽のかささぎが死に、それから作った八つの菓子を食べて一六人の盗賊が死んでしまう。

この話においても、否定的な母親が出現しているところが興味深い。グリムの「なぞ」では、それが旅先で会った娘の義母ということになっているが、要するに、一人の息子が旅に出ようとするとき、そこに必ず否定的な母親像の出現をみることになるのであろう。ところで、プチ・ジャンの出したなぞは次のようなものである。「家を出たとき、私たちは四つでした。四つのうち二つが死にました。その二つから四つが死にました。その四つから八つを作りました。その八つから一六が死にました。今はまた四つになって私たちはあなたのところへ着きました。」このなぞの答えはすなわち彼らの経験してきたことである。出発したとき彼らは馬二頭と合わせて四つであり、二頭の馬が死に、それから四羽のかささぎが死に……というわけで、今はまた馬二頭に乗ってきたので、今は四つになってということになる。

このなぞを姫が解くことができなかったことについて、リューティは印象的な解釈を行っている。つまり、これらのなぞの特徴は、そのなぞが話の筋からできていることである。主人公とプチ・ジャンの旅行中に生じた事件そのものがなぞになっており、プチ・ジャンは旅に出るときに、旅の中でよいなぞが発生することを信じきっているのである。主人公が頭の中で考え出したことではなく、「ひとりでにできたなぞが勝つことになる」とリューティは考えるのである。

ところで、このことはもう少し違ったふうに言いかえることもできる。グリムの場合もブルターニュの話も、なぞの答えは実際に生じたこと、外的な現実である。アニマは男性の内界に存在し、それは魂の領域に属していると述べた。魂の世界にすむ彼女にとって、外界の現実はすなわちなぞであり、解くことはできないのである。これは外界の現実にのみとらわれた人間にとって、彼女が永遠のなぞであるのと同様である。このなぞ解き姫は美しいが高慢であったと言われている。このアニマの高慢さをわれわれはどのように体験するだろうか。われわれ男性がアニマの存在に気づき始めると、その内界の素晴らしさに魅せられて、今まで大切にしてきたことはすべて無に等しいとさえ感じられる。人間の心と心の接触こそが第一であり、そのためには地位も財産も名誉もすべて不要であるなどと思うとき、それはそれで確かに正しいことでありながら、そこに「高慢」の危険性が十分に存在している。そのとき、アニマのすなわち魂の高慢の鼻を外的現実のなぞが押しつぶすのである。かくして、姫は王子の出したなぞを解くことができない。しかし彼女はあきらめることなく、小間使いをつかって秘密を知ろうとする。このあたりのことは、男性と女性の関係の複雑さを如実に描き出しているように思われる。

4 男性と女性

主人公の王子は家来という影を連れていることを指摘しておいた。なぞが解けないので困ってしまった王女は小間使いという影に命じて秘密を探らせようとする。ところが、王子の家来もさるもので主人の身代りになるので、結局は影と影とが相対することになってくる。この王子と王女との関係を現実の男性と女性の関係としてみると、このような影の介入が男女関係にはしばしば生じることに思いあたる。男にとって女はなぞであり、女にとって男はなぞである。その不可解さに苛立ったり、怒ったりするとき、二人の関係は影の関係へと移行する。この話では小間使いは王子の寝室にもぐりこもうとするし、家来は家来で相手のマントをはぎとったり、小枝のむちで追い払ったりする。男女関係がもつれ、互いに相手を非難し合うようになると、これほどの悪人は他に居るだろうかと思うほどになり、その相手を愛していたことなどまったく不可解というより仕方のない状態になってしまう。夫婦や恋人同士の悪態は時に限界を知らないとさえ感じさせられる。

男女の関係は、影のみならずそれぞれのアニマ・アニムスが加わるとき、六人の男女の組み合わせとなる。会話をしながらいったい誰と誰とが話し合っているのかをはっきりと見極めていないと、それはまったく混乱したものとなる。気が強いはずと思っていた女性が急に泣きだしたり、優しいはずの男性が思いがけないところで怒声を発したりするので互いに驚いてしまうのだが、これも六組の男女の会話の複雑さに起因している。

ところで、三度目に王女は王子に直接会うことになる。影の戦いは終るところがない。それを元の関係にもどすには、影の関係をやめて、本人同士が話し合うのが最善である。しかし実際は一人の男性と一人の女性が本当に本人同士で向かい合うことは至難のことである。ここで、とうとう二人だけで向き合ったとき、姫はなぞの心を知ることができる。そして、王子が姫のマントを脱がしたことは、彼女も自分の姿を隠さずに示したものと考えることができる。王女はなぞが解けたことを喜ぶが、結局はこのマントが証拠品となって裁判官は王子の方の勝ちを認める。「このマントに金糸銀糸の縫取《ぬいと》りをなさいませ。さすればご婚礼のマントになりますでしょう」という終りの言葉は印象的である。

婚礼には婚礼にふさわしい衣装がある。一度王子によってマントをはぎとられた王女はよそおいを新たにすることによって花嫁となるのである。ここに示された「衣装」は、ユングのいうペルソナを表わしている。われわれ人間は社会から期待されている仮面《ペルソナ》をつけて生活しなければならない。男は男らしく、女は女らしくと言われているような一般的な期待傾向がそれぞれの社会には存在している。それに応えるペルソナを身につけることによって、われわれは社会のなかに自分の地位を占めているが、男性のなかの女性的な傾向はペルソナのなかに取り入れられないので、アニマとして無意識のなかにひそんでいる。これは女性の場合も同様である。ここで、ペルソナが強くなりすぎてアニマをあまりにも抑圧している人は、社会にはうまく適応していたとしても、自分の存在の根本が危ういことを感じさせられるかもしれない。さりとて、あまりにもアニマに心をひかれ容易にペルソナを棄て去る人は、先にあげたシベリヤの昔話がみごとに示してくれているように、裸になって死んでしまわねばならない。ペルソナとアニマあるいはアニムスとの相剋は、人間が自己実現の過程で深刻に体験させられる葛藤である。ペルソナを重視することの愚かさは有名な「裸の王様」の物語にみごとに示されているが、さりとて裸の真実に直面することは命を失う危険性をもつことも忘れてはならない。

アニマとアニムスは時にペルソナを突き破り、男性や女性をアニマ化したり、アニムス化したりする。先に述べたトゥランドット姫のシラーによる描写は、アニムス女性の姿を描き出しているように思われる。

「無情だ、残酷だといって私を責める人は嘘をついているのです。それは天の神様がご存知です。私は残酷ではありません。自由に生きたいだけなのです。私は誰のものにもなりたくありません。どんな身分の低い人にも母親の胎内で天から与えられている権利を私は主張したいのです。皇帝の娘たる私は。アジヤ全体を通じて女性は卑しめられ、奴隷のくびきをかけられています。私は侮辱された同性の恨みを、威張っている男性に向かって晴らしたい。男性がやさしい女性にまさっている点といえば粗暴な力だけではありませんか。私の自由を守るために自然は武器として私に独創的な頭の働きと鋭い知力を与えてくれました。……」

トゥランドット姫の言葉はまだ続くのだが、このような姫の言葉に共感を覚える人は多いであろう。彼女は男のうぬぼれを攻撃し、自分の美しさを誇り、「美は人の獲物とされなくてはならないのでしょうか。美は太陽と同じように自由です」と高言する。しかし、このように誇り高い姫も、彼女のなぞを解いた王子には喜んで身をまかせるのだから、このことこそなぞではないだろうか。男性と女性の関係はまったくなぞに満ちている。

グリム童話「ちえのある百姓娘」(一〇七)の話は、男女の関係のなぞについて、ひとつの示唆を与えてくれる。この利口な百姓娘はその知恵によって王妃となったのであるが、才覚の働きすぎるところが王の心を刺激し、王はついに彼女に離婚を宣言する。利口な娘はその利口さの故に王妃になり、その利口さの故にその地位を失うことになる。しかしながら王妃の姿をあまりにもふびんと感じた王は、離婚して王妃が実家に帰るときに、自分にとって一番大切なものをひとつもち帰ってよいと言う。王妃は自分にとって一番大切なものは王様であると考え、眠っている王を実家に連れ帰り、そこで目覚めた王は、王妃の深い愛を知って再び結ばれることになる。

ここで、怒りのため離婚を決意した王が、一番大切なものをもち帰ってよいという条件を示すとき、それは王にとっても意識されないひとつのなぞを王妃に与えたとみることはできないだろうか。しばしば問いはその中に答えを含んでいると言われる。「お前にとって最も大切なものは何か」という問いはその答えを含みつつなぞとして提出されている。彼は男性として女性のトリッキーな知恵を我慢することができず、怒りを押さえることはできなかった。さりとて、本当に女性とのきずなを断ち切ることも不可能だったのであろう。そのとき彼の無意識はひとつのなぞを提出し、女性はその知恵を働かせることによって、なぞの心に従った。かくて、この男女は一度離婚した後に、また新しい次元において再び関係を回復することができたのである。

注

（1）辻直四郎訳『リグ・ヴェーダ讃歌』岩波文庫、一九七〇年。
（2）リューティ、野村泫訳『昔話の本質』福音館書店、一九七四年。
（3）関敬吾他編『日本昔話集成　第二部本格昔話1』角川書店、一九五三年。
（4）リューティ、前掲書。
（5）C. G. Jung, "Concerning the Archetypes, with Special Reference of the Anima Concept", in The Collected Works of C. G. Jung, vol. 9, Pantheon Books, 1959.
（6）フォン・フランツ「個性化の過程」、ユング編、河合隼雄監訳『人間と象徴』下巻、河出書房新社、一九七五年。
（7）リューティ、前掲書。
（8）金田鬼一訳『グリム童話集』岩波書店版では、これは「がたがたの竹馬こぞう」と訳されている。

第一〇章　女性の心の中の男性——つぐみの髯の王さま

1　父と娘

グリム童話「つぐみの髯の王さま」(五七)は不可思議な魅力をそなえた物語である。幼少時にこの物語を読んで、何とも言えない惹きつけられる感じを味わった人が多いのではないだろうか。この物語は例のボルテとポリーフカの注釈によると、(1)グリム兄弟が二つの物語をひとつにまとめあげたものである。相沢博氏は、このようなグリム兄弟の操作によって、この物語が芸術的な作品になったこと、および、これがいわゆるノベル的メルヘンとして、近代の短篇小説的な内容と構成をもっていることを指摘し、この物語の魅力のあるゆえんを明らかにしている。(2)これらに加えて、後述するようないろいろな興味深い点をこの物語はもっているが、フォン・フランツが取りあげているように、(3)この話はユングのいうアニムスをみごとに描き出しているという点で貴重なものとも言うことができる。アニムスということに焦点をあてながら、この物語について考察してみることにしよう。

話のはじまりに登場するのは、父なる王とその一人娘である。母と息子という構成と同様に、父と娘というのも物語のはじめによく生じる形態である。ところで、その娘は「きれいなことは桁外れにきれいですけれど、ひどく気位が高くていばりんぼ」であった。そして、どのような求婚者もかたっぱしから断ってしまうという。いったいこれはどうしたことだろう。父と娘のきずなが強く、しかもそこに母親が存在しないということは、この主人公である姫にとって母性が欠如していることを示している。そのようなとき、彼女はわざわざ父親とのきずなを断ち切り、だれかと結婚して自分が子どもを生み母となることなど、とうてい考えることができない。父なる王と比べれば、居並んでいる求婚者など問題にならないのである。

それに美人であるということは本人にとっても、その周囲の人間にとっても、ともかくたいへんなことである。美人であるというだけで人が集まってくる。そのとき美貌ということを問題なく自分と同一視する人は、自分自身の価値があるために人々が集まってくるのだと思う。そこで、その女性は勢い傲慢にならざるを得ない。他方、美貌ということに簡単に自分を同一視できない人は、自分自身の価値と美貌とを分離して考える。自分の周囲に集まってくる人々は「自分を価値ある人と思って来るのではなく、単に自分の外見を目当てにしている」と思いはじめると、その人はむしろ自分の美しさを呪いたくさえなってくる。自分を人としてではなく、ものとして扱おうとしているのではないかという他人に対する疑問は、強い対人不信感にまで凝固されることもある。知能や体力もある程度は素質的なものであるが、それをそうとう鍛えなければならないので、その間にそれは自分のものとして自覚されてくるが、美貌の方はそのような要素が少ないだけに、それを自分のものとするのにはかえって大きい努力を必要とするのである。

美しい女性に心を奪われるのは他人だけではない。いやむしろ一番心をひかれるのはその父親ではなかろうか。父親は肉親としての愛情の上に不可解なプラスXを感じる。すなわち、彼女は父親のアニマとなる。そして後にも述べるように娘はその父親にアニムス像の原型をみる。しかし、ある時が来たとき娘は父を離れてゆかねばならない。娘が父親に代る新しいアニムス像を見出したとき、父親の愛はそれを喜びとして迎え入れる。そのときに生じる父親の喜びと悲しみのアンビバレンスが、須佐之男の絶叫のなかに見事に示されていることは、先に少し触れておいた(第八章)。

この物語においても、姫にそのような時が近づきつつあることを知り、王は父親としての義務を果そうとして姫のための宴会をひらく。ところが姫の傲慢は集まった男性たちを寄せつけない。それどころか彼女は一人一人にけちをつけて歩く。「酒樽さん!」「のっぽでふらふら腰くだけ」などと彼女の言葉は辛辣極まりない。ところで、これを聞いている父親の気持はどうであったろうか。彼は一方では娘に対する強い怒りを感じつつ、一方ではその辛辣ではあるが当を得た娘の批評にほくそ笑んでいたのではないだろうか。娘が自分で求婚者を選んできたときに、「酒樽」とか「腰くだけ」とか雑言をあびせかけた父親が、この世にどれほど多く居ることだろう。しかしながら、姫が結局はすべての求婚者を拒否してしまったとき、王の感情は突然片方に揺れ動いてしまって、乞食を婿にすると誓ってしまう。そして、実際に誓いのとおりに最愛の娘を乞食に手渡すのである。しかし、ここにも父親の秘かな願いは底流している。娘を完全に幸福にし得る相手は居ないと知ったとき——そんな人が居るはずがないのだが——父親は娘に対して飛び切り劣等な夫を選ぼうとする。そこには、娘がそのような人物にあきたらなくなって、もっと素晴らしい男性、すなわち父親のもとに逃げ帰ってくる可能性を求める、彼の秘かな願いがこめられている。

王は怒りにまかせて娘を乞食に渡してしまった。人間が感情にまかせて無茶な行動をするときでも、そこには無意識の願いが案外こめられているものだ。そして、無意識はその本人さえ気づかないもっと深い意味をもって作用している。すなわち、この場合は姫は父のもとに逃げ帰るどころか、彼女のアニムスの発展のため、もっともふさわしい人を夫として迎えていたのである。

2　アニムス

今まではこの物語をむしろ父なる王の立場から見てきたが、ここで主人公である姫の立場からこれを見ることにしよう。美しい姫は言い寄ってくるすべての求婚者を切り棄てる。これほどの強い切断の力を彼女はどうして身につけたのか。彼女のこのような強さの背後には父なる王が存在し、父によって彼女はそのアニムスを形づくってきたと述べたが、そのアニムスとはどんなことであろうか。アニマが男性の心の中の女性像の元型であるように、アニムスは女性の心の中の男性像の元型である。女性がいわゆる女らしい特性を身につけてゆく反面において、アニムスはその無意識の中でだんだんと力をもち、時にその影響を女性の自我に与えるようになる。ユングは、アニマは男性にムードをかもしださせ、アニムスは女性に意見を主張させると述べている。アニムスの力が強くなると女性は俄然意見を主張しはじめる。「……すべきである」「……でなければならない」と。それは一般論としては正しいのだが実際の個々の現状にそぐわない類のものであることが多い。こんなときにこの女性に抗弁することはほとんど不可能に近い。多くの男性はそこでムードに訴えることになる。「そんなこと言っても可哀相じゃないか……」とか、「もう少し同情心をもって……」などといってみるが、感情にとらわれて正義を曲げることはできないと確信しているアニムスの力には抗し難い。夫婦の会話はともするとアニマとアニムスの会話になり男女の役割が交代してしまうことが多い。こんなときは夫がはっと我にかえり男性的な暴力でもふるわないと会話は終りとならない……などというとまたアニムスに攻撃されそうだから、最後のところは断言できないことにしておこう。

アニムスの切断する力は強い。この物語の姫が求婚者になしたように、その言うところは確かに正しいし、そんな求婚者を切り棄てるのは当然とも言えるが、結果として彼女は人から切り離された孤独を味わわねばならない。しかし、このような体験は、女性が自分の自我を作りあげてゆくときにどうしても、ある程度経験しなければならぬことである。このようなアニムスは、わが子であるかぎり何時までも抱きかかえようとする母性と敵対的な関係になる。片方はだれをも何をも包みこんで一体となろうとするし、片方は何をも切り離して孤立しようとする。女性のアニムスのもっとも未熟な主張としては、「どうして私がそれをしてはいけないの」という形をとって現われる。皆がしていること、男の子のしていること、大人のしていること、どうして私がそれをしてはいけないのか。そしてその背後に平等とか人権とか、最近新聞で読んだばかりの「知識」が強力な後ろだてとして存在している。「私がトルーデさんに会いに行ってどうしていけないのか」と両親の制止をふり切って出かけた娘(第二章)の行動には、未成熟なアニムスの力が働いている。そして、彼女がグレートマザーに一瞬にして葬り去られたことはすでに見たとおりである。アニムスとグレートマザーの戦いは命をかけた戦いである。しかし、その苦しみを正面から受けとめて苦しみ抜いたとき、アニムスとグレートマザーの和解が生じる。このことはグリム童話「マリアの子ども」(三)のなかに述べられていることもすでに見てきたことである。

アニムスを背負うことの苦しみから考えると、アニムスの存在に気づかぬ女性は幸福であるとも言える。アニムスを知らぬ幸福はギリシャ神話「アモールとプシケー」のなかに美しく描かれている。少女のプシケーは神話によって怪物と結婚させられることになる。ところが結婚してみると、夫は夜だけやってきて朝になると出かけて行き、姿を見ることはできないが優しく素晴らしい夫であった。宮殿のようなところで至れりつくせりの生活をし、プシケーは幸福にひたるが、これはまさにアニムスを「見ず」「知らず」にいることの楽しさを如実に示している。ところで、プシケーは姉たちのそそのかしもあって、このような状態を続けることができず、とうとう夫の厳禁を破って、ある夜に灯りをともして夫の姿を見てしまう。夫のアモールは怒ってすぐさま飛び出してゆき、ここからプシケーの苦しい道が続くことになる。ここで大切なことは夫のアモールがプシケーに自分の姿を見ることを禁じていた点である。女性はアニムスを見ない方が幸福かもしれない。それに、多くの男性はその妻がアニムスに気づくことを望まない。しかし、アニムスを見てしまったものは、その苦難の道を歩みつづけねばならない。それは苦しいが途中で放棄することは許されない。これは端的に表現すれば、一種の剛情さを必要とするということにもなろう。「マリアの子ども」について、彼女の剛情さが彼女を高みへと導いたと述べたことがあったが、それはこの点を指してのことである。もちろん、彼女はそのためずいぶんと苦しまねばならなかったが、それを引き受けてこそ、最後に彼女は天なる母との和解を為し遂げる。

プシケーの道も同様である。[4] 結局、アニムスは女性を、苦難を通じて、より高い自我へと引きあげる。アニムスが肯定的に働くとき、女性はより創造的に生きることができる。アニムスとの戦いによって、彼女の母性は磨かれ、盲目的な同一化を求めるものではなく、知恵をそなえた愛へと高められてゆく。アニムスに取りつかれるのでもなく、アニムスをだれかに投影するのでもなく、アニムスを自分の心の中に存在するものとして、それと対話を続けることによって、女性の自己実現がなされるわけである。そのような過程を、「つぐみの髯の王さま」の話は語っている。

3　アニムスとの旅

王の命令によって乞食と結婚させられた姫は、住みなれた家を出てゆくことになる。こうして、アニムスを知って女性の苦難の旅がはじまる。このような転落はアニムスに取りつかれた女性がしばしば味わうものである。アニムスの思考は極端から極端に走る。それは all or nothing の愛好者であり、その論理には中間項がない。王か乞食かの二者択一なのである。かくして乞食と道を共にすることになった彼女は自分の行為を嘆かねばならなくなる。「あたしもほんとにかわいそう、あいつにしときゃよかったわ！」アニムスの発展の過程がこの段階で停止している女性は、偽りの反省の名人である。彼女は常に現状に満足できず、「ああすればよかった、こうすればよかった」と反省しているかのように見える。しかしそれが真の反省でない証拠に、彼女はそれによって自分が責任をもって生き方を変えようとはしない。彼女が専ら力をそそぐのは、「本当なら王様と結婚できるはずだったのに」と過去をふりかえって、自己憐憫《れんびん》を繰り返すことである。こうなると男性としては、「こいつ、しょっちゅうほかの男のことばかりいいやがって。おれじゃ物足りねえのか？」とでもいうより仕方がない。もっとも心の中でだけ言って、口に出さずにいる男性も多いようであるが。

しかし、この姫はその段階にとどまらなかった。次の段階でアニムスは彼女に火をおこしたり料理をしたりすることを要求する。これは非常に興味深いことである。先にグレートマザーとアニムスの和解ということを述べたが、実際にはそれは一挙になされるのではない。アニムスを真に発展させようとする人は母性を発展させねばならない。それらは一見敵対するかのごとく見えながら、実は相補的な関係を形づくっている。アニムスに鍛えられない母性は余りにも泥くさく、母性によって支えられないアニムスは余りにも冷たい。姫はアニムスの命じるままに母性的な仕事に手を出してみる。籠あみをしても糸つむぎをしても、彼女はまったく役に立たない。アニムスの声は厳しい。「こいつ、からきしものの役に立たねえんだからなあ。」居並ぶ王侯を笑いものにしていた女性は、ここに大きい屈辱を味わわねばならない。アニムスと真の対話を続ける人は、自分の無能さを嫌ほど思い知らされる。アニムスにいかれている人には他人の無能さが嫌ほど目に見える。

自分の無能さを知った姫には他の仕事が与えられる。壺や小鉢を市場で売る仕事であるが、今度はうまくゆきそうである。彼女の美しさが役立って、「お金をくれた上に、壺までおいて行ってくれる人も大ぜいあった」からである。この段階まで来て彼女はほっと一息つくことができる。二人はうまく共同して、夫は品物の仕入れにあたるし、彼女はそれを市場で売りさばく。このようなとき、彼女のアニムスは建設的に機能している。ここで彼女の夫の働きを彼女自身の内的なアニムスの働きとしてみると、彼女は男性に伍して知的な仕事や企画などをやり抜く人となったと考えられる。しかし、その補償作用として彼女は市場の角っ鼻にすわり、まわりに品物をならべたてるということをしなければならない。彼女の商品である壺は女性の象徴として非常に普遍性が高い。彼女は自らの女性性を安売りしなければならない。実際、仕事や学問のことになるとてきぱきと有能性を発揮する女性が、場所や機会が変ると驚くほど安っぽい女性性をふりまくことを見かけることが時にあるものだ。彼女の心は、有能なアニムスと未成熟な女性性によってバランスが保たれているのである。

少しの間の安定も、突然に現われた驃騎兵によって、粉々に粉砕されてしまう。馬に乗って市場にかけこみ壺を踏みつぶしてしまう驃騎兵の姿は、アニムスの突然の侵入の凄まじさをみごとに具現化している。アニムスの恐ろしさをこれほどまでに知っている女性は、わが国では数少ないことと思われる。これは日本の男性がアニマの発展という点で低い段階にとどまっている事実と相応している。

彼女の束の間の幸福を破壊し去るのがアニムスであれば、そのような彼女を慰め叱り、次の仕事を見つけ出すのもアニムスである。そして、実のところこれが同一人物であることをわれわれは知っている。何度も失敗を繰り返しながら、くじけてしまうことのなかった姫は、次の新しい仕事に向かってゆく。お姫さまはついに台所女中にまでおちこんでしまう。彼女は「料理の手伝いをしたり、ひどい下働きにこき使われたりする」ことになる。ここで彼女は自らの体を使って女性としての仕事をしている。結婚した当初、火もおこせなかったときに比べると、彼女はずいぶん強くなっている。お姫さまとしての生活に比べると、人の食べ残りをわけてもらって生きてゆく生活は、まったくどん底まで転落したものと言わねばならないが、考えてみれば、喜捨に頼って生きてゆくことは求道者の特権である。彼女の外面的な転落と反比例して、内的な求道の過程は頂上に近づきつつあることが推察される。ただ彼女自身としてはそれを意識することができない。王子の婚礼の美しさを見ながら「わが身の不運が思われて心もくらくなり、自分をこんな身分にひきずりおろし、貧乏のどん底にまでつきおとした、われとわが身の増上慢を呪う」のであった。彼女が最後の階段を昇り切るためには、もう一度痛烈な卑小感を味わわねばならなかった。着飾った満座の人々のなかで、彼女は残飯をぶちまけてしまい、嘲笑の渦にまきこまれる。かつてつぐみの髯の王さまを彼女の機知によって笑いものにしたときの人々の笑いと、この笑いとはみごとな重複をみせる。他人を笑いものにし彼女が得意の絶頂にあったとき、それは乞食の妻となる反転へとつながったように、彼女が「穴があったら千丈も下までもぐりこみたいくらい」の恥ずかしい思いをした笑いの渦は、彼女を乞食の妻から王妃へと反転させるものであった。ここに相互反転《エナンシオドロミー》の様相が巧妙に描きだされている。

つぐみの髯の王さまの説明はいっさいを彼女に明らかにした。彼女はひたすら苦しみに負けず生きてきたのだが、今はその意味を知ることができたのである。彼女のアニムスはもはや破壊的な強さをもたず、優しい王として、二人で自分たちの結婚を祝うときが来たことを告げるのである。

4　オーディン

この物語を通じて、アニムスはいろいろな人物に姿を変えて現われる。ところで、それらの人物像の背後に北欧神話の主神オーディンの姿をみることができると、フォン・フランツは指摘している[5]。

グリム兄弟が昔話の採集を思い立ったとき、キリスト教の伝来によって破壊された古代の宗教の断片が、それらのなかに含まれているのではないかと期待したという。確かにグリム童話のなかには北欧神話のなごりをとどめているのではないかと思われるものが存在している。もっとも昔話の主題の普遍性という点から考えて、このようなことを簡単に断定することは難しい。以前に「いばら姫」を取りあげたときも(第六章)、乙女の眠りの主題は北欧神話との関連で、グリュンヒルト・モチーフと呼ばれることを指摘したが、これにしてもいばら姫の物語が直接に北欧神話の影響を受けていると断定することは困難であろう。

ところで、「つぐみの髯の王さま」の物語では、この王さまが乞食となったり驃騎兵になったりする。北欧の主神オーディンは、しばしば乞食の姿をして民家を訪ねると言われている。夜、顔を一部分隠した見知らぬ男が訪ねてきて、二言、三言言葉をかけて去ってゆく。その後で人々はそれがオーディンであったことに気づくのである。夜中に家を訪れてくる見知らぬ男は、ひょっとすると盗賊かも知れない。見知らぬ男を一見して、それがオーディンであるかどうかを判断することは難しいことだ。姫がつぐみの髯の王さまの変装した乞食の素姓を見抜けなかったように。

オーディンはまた馬に乗って山野を駆けめぐるとも伝えられている。彼の乗っている馬は八本足のスレイプニールと呼ばれる馬で、風の如く早く走るという。オーディンは、ワルハラへと向かう戦死した武士たちを率いて夜の闇の中を行進するとも言われている。その凄まじい破壊的な騎士の姿は、姫が壺を売りさばいている市場に乗りこんで来た驃騎兵の原像であると考えられる。

オーディンはもちろん王である。北欧の神々の最高最大の神で、すべての土地を支配している。つぐみの髯の王さまが、姫がたずねる森も牧場も都も、すべてを支配していて、姫が驚くところが物語にあったが、そのような王の原像としてやはりオーディンが存在しているのである。

このように見てくると、ドイツの民族の心の底に存在するオーディンの姿の偉大さがよく了解される。姫にとってのアニムスのさまざまの変装の背後に、一人の偉大なオーディンが存在しているように、それはドイツの国民のすべての心の奥深く生き続けているのであろう。そして、われわれがこの物語を読んだときに感じる不可解な魅力も、今まで述べたような理由に加えて、このような点に由来しているのかも知れない。これはいわゆるノベル的メルヘンであって、魔法使いも何も出てこないし、動物が話をしたりするわけでもない。しかし、この魔法抜きの物語を読みつつ、われわれはその背後に、計り知れない大きい力が働いていることを感じさせられる。それは、北欧の人々の心の底に生きているオーディンの力なのである。グリム兄弟は二つの話を結合して、ここにひとつの話を作ったとのことである。そのとき、彼らの無意識内に存在するオーディンが、この話に巧妙なアレンジをほどこしたのか、あるいはグリム兄弟が意図的にオーディンの姿をなぞろうとしたのか、筆者は知らない。それにしても、この話を読んでだれしも疑問に感じるのは、姫の父親である王が、怒りにまかせて姫を乞食にやると言ったとき、父はつぐみの髯の王さまと打ち合わせをしていたのだろうか。それとも、つぐみの髯の王さまが単独に仕組んだことなのかという点である。これについて詮索するよりも、これらの王の背後に北欧の最高の神オーディンを置いて考えてみると、話の流れのすべては人間を超えた知恵によって仕組まれていたのだとさえ感じられるのである。

5 再婚の儀式

物語の最後はまったくめでたいことになっている。つぐみの髯の王さまと姫の結婚が祝われるが、これをひとつの結婚の式としてみるとき、これが二度目の式になっていることが解る。乞食の姿をした王と姫は先に一度結婚式を――まったくささやかにではあるが――あげているのである。後の式については、「こうしてようやくほんものの喜びがはじまったのでした」と物語が伝えている。このような点から、結婚のほんものの喜びを知るためには、式を二度あげねばならぬ人も多いのではないかということが考えられる。

ペロー童話にある「グリゼリーディス」[6]は、つぐみの髯の王さまの物語と類似のテーマを取りあげているが、この物語においても、二度目の結婚式の主題が現われている。グリゼリーディスは美しい羊飼いの娘である。興味深いことに彼女も父親と一緒に住んでいるが、われわれの物語の姫とはまったく逆に、非常につつましく、森の中に人知れずに住んでいた。はじめに述べたような父と娘の結びつきの強さはここにも見られるが、その在り方は違っている。グリゼリーディスはその美を誇り求婚者を切り棄てるのではなく、自分の美を切り棄てることによって、それを隠すことによって、父親とだけの孤立の世界をもっている。このようなとき、女性は父親に対してさえ、その母親のように振るまうことになってくる。彼女は美しいアニマとなるよりは、早く優しい母になりたがっている。そこへ、女性に対する不信感に満ちた王が現われ、彼はグリゼリーディスと結婚することになる。王はせっかく結婚しながら、だんだんと不信感をつのらせ、グリゼリーディスに冷たい仕打ちをし、ついに離婚を言いわたす。ところがグリゼリーディスはこれらすべてのことにひたすら耐えぬいてゆくのである。そして、最後に王の冷たい心もなごみ、王と王妃はもう一度結ばれることになって、この話もめでたい結末を迎える。グリゼリーディスの物語を考察すると長くなるので省略するが、(7) ここで強調したいことは、ここにも再婚の式のテーマが見られることである。

わが国にも再婚をあつかったお話がある。それは「炭焼長者」の話である。(8) 東長者と西長者の家にそれぞれ女の子と男の子が生まれる。西長者はふとしたことで二人の子の運命を知るが、女の子は塩一升の位で、男の子は竹一本の位だという。そこで西長者はわが子の幸福を願い二人を結婚させるようにする。二人は成人して結婚するが、夫の態度が悪いので妻は家を出る。そして二柱の倉の神さまの話をしているのを聞き、炭焼五郎の家に行って、「どうか、わたしを嫁にもらって下され」と言う。五郎は長者の娘から求婚され驚いてしまい、身分が違うので断るが、女の方は強引に頼んで結婚する。そして、この二人が結局は長者となるのだが、ここでも二度目の結婚――今度は相手が異なるが――によって幸福をつかむのである。なお、この物語も「炭焼長者」という男の方の名の題名がついているが、主人公はむしろ女性と考えられる点が、「つぐみの髯の王さま」の場合と同様で興味深い。日本の話の場合は、女性が求婚を強引にするところも印象的で、いったいこの話は何時頃できたものので、その頃の一般民衆の結婚観とどのように関連するのかを探ると面白いと考えているが、それはここでは暫くおくとして、ともかくここに再婚が礼賛されていることは注目に値する。

「岸焼長者」の場合、娘に再婚を決意させる原動力としては、生まれるときの運命や、倉の神の意見などが語られるので、この点は「つぐみの髯の王さま」の場合と異なっている。しかし、後者の場合も目に見えぬオーディンの働きがあると考えるならば、わが国の場合はその運命の糸が物語の表面に出てきているものとして考えることもできる。

このような物語は、人間の結婚ということの難しさ、あるいは男性性と女性性の結合ということの難しさを描いているのであろう。それは一度に為し遂げられるものではなく、長い過程のなかで、離別と結合を繰り返しつつ成就されることを意味している。人間の成長に死と再生のプロセスが必要であるように、結婚生活の発展のためには離婚と再婚が――同一人に対して行われるのではあるが――必要であることを物語っているのではないだろうか。あるいは、アニマ・アニムスの問題は、それを外界に投影して生きて後、それを実際に自分の内界のこととして知る第二の段階が必要であることを物語っているとも考えられる。ともかく、対立物の合一という仕事は一筋縄では成就され難いのである。

注

(1) J. Bolte und G. Polívka, "Anmerkungen zu den Kinder- und Hausmärchen der Brüder Grimm", 5 Bde., Leipzig, 1913-32.
(2) 相沢博『メルヘンの世界』講談社、一九六八年。
(3) M.-L. von Franz, "An Introduction to the Psychology of Fairy Tales", Spring Publications, 1970. 本稿はこのフォン・フランツの考えに依るところが大である。
(4) プシケーの道を女性の自己実現の過程として見る考えとしては、ノイマン、玉谷直実・井上博嗣訳『アモールとプシケー』紀伊國屋書店、一九七三年、を参照されたい。
(5) von Franz, ibid.
(6) シャルル・ペロー、江口清訳『眠れる森の美女』角川文庫、一九六九年。

（7）　この物語をグリゼリーディスを主人公としてみると、この王は冷たいアニムスの典型としてみることができる。

（8）　関敬吾編『一寸法師・さるかに合戦・浦島太郎――日本の昔ばなし(Ⅲ)――』岩波文庫、一九五七年。

第一一章　自己実現の過程――三枚の鳥の羽

1　羽の導き

本論の最終章として、ここに「三枚の鳥の羽」(六九)の物語を取りあげたのは、これがとくに興味深いものであるから、というよりはむしろ、グリムによく生じる典型的な主題を多くもつ、ありきたりの話であり、これによって今まで述べてきたことをまとめて考えることにしようと思ったからである。今まで続けて読んでこられた読者であるならば、この物語を解釈することは容易であろうと思われる。おそらく、これから述べることは読者にとって、それほど新しいこととは感じられないであろう。

最初の第一節を読むだけで、読者はずいぶんとおなじみの主題の出現に気づかれるだろう。王と三人の息子という構成、それに、第三子のでくのぼうがヒーローとなることもすぐ予想されよう。そして、王さまの衰えと王位継承の問題。これらについてはすでに詳細に述べたのでここに繰り返す必要はあるまい。それにしても、ここに指摘した冒頭の構成が、いかにグリム童話にたびたび現われるかという事実は心に留めておいていただきたいことである。

王位継承の決定のために息子たちは旅に出ることが多い。旅の主題も今まで何度も現われた。トルーデさんに会いに行った娘の旅はまったく悲惨な結果をもたらした。二人兄弟の旅には、「同伴者」としての影の問題があった。トリックスターに導かれて船の旅をした王子もあった。「黄金の鳥」の主人公の旅は、この物語ともっとも類似しているものであろう。そう言えば、「黄金の鳥」の主人公も愚か者と言われていた。そこでは息子たちに父なる王が旅に出ることを命じるが、その発端となったのは一羽の鳥——黄金の鳥であるが——であった。この物語では、旅の方向を決定するものとして羽が用いられている。羽はもちろん鳥の一部分であり、無意識界の論理がしばしば pars pro toto(部分をもって全体を示す)的であることを考えると、これらは同様の主題であると考えられる。つまり、王は旅の方向を自分の意志や息子の意志によって決定するのではなく、それを羽、あるいは鳥の動きにゆだねたのである。

自らの意志による決定権を放棄することも、昔話によく生じる主題である。人間の心における自我と自己の相互作用についてはすでに述べてきた。自我は人間の意識の中心であり、その主体として存在している。そのような独立した自我を確立するために西洋の文化は多大のエネルギーを費やしてきた。しかし、そのような自我が心の全体のなかであまりにも分離した存在となり、意識の優位性を強調しはじめると、それは根の切れた植物のような状態になってしまう。科学によって武装された自我意識が自然との関係を断つことによって生じる害を、われわれは現在、如実に味わわされている。自我による決定を超えるものは、しばしば偶然という形をとって現われる。このことを積極的に受けとめようとするとき、人は鳥の導きや羽の導きに頼ることに思い到る。「三枚の鳥の羽」の物語では、三枚目の羽は「まっすぐにとびあがったものの、遠くへは行かずにそのまま地面へおちてしまいました」ということである。東へ西へと出かけてゆく兄たちに対して、そのままの位置に釘づけのでくのぼうの姿は、今までたびたび述べてきたように、「自己に到る道」への入口に立つものの姿をみごとに描き出している。愚かな者、無為の人は自己への最短距離にいる。

しばらくは、その場に坐りこんでしょんぼりしていたでくのぼうは、羽のそばに上げ蓋があるのに気づく。それをもちあげると地下に到る階段があり、彼は下へと降りてゆく。意識の世界を確実に基礎づけるためには、われわれは無意識の世界に降りてゆかねばならない。無意識の世界は常に地下の世界として表わされるとは限らず、ヘンゼルとグレーテルの話のように、深い森として表わされることもある。ともかく、主人公は非日常の世界へとはいりこんでゆくことになる。

2 地下の世界

地下の世界を訪ねた主人公は、そこに「大きなふとった蟇《ひきがえる》が一匹、まわりに小さな蟇をうじゃうじゃ従えて」坐りこんでいるのに会う。「無意識的な衝動で、意識化されるはっきりとした傾向をそなえたもの」を表わす蛙のイメージについてはすでに述べた。蟇も蛙も類似のものとして似たような意味をもつと考えてよかろうが、フォン・フランツはいちおう、神話においては蛙が男性的要素を示すのに対して、蟇は女性的な要素を示すことが多いと指摘している(1)。それほどの判然とした区別ができるかどうかはともかくとして、この物語においては、地上の国の父なる王と三人の息子という男性のみの構成から考えても、この地下の世界の蟇たちが女性的な要素をもって補償的に存在していることが推察される。主人公の役割は、そこに存在する女性性をいかにして地上にもたらすかということにある。

現代人も夢のなかでは地下の世界への下降をこころみる。われわれ分析家は現代人の地下の世界について興味ある報告を聞くことが多いが、次にユングの見た夢をひとつ示してみよう。長いものであるが省略せずに示すことにする。これはユングがフロイトと協調して仕事をしていた初期のころに見た夢であるが、これは彼が「普遍的無意識」の概念をたてて、フロイトと別れてゆくひとつのきっかけを与えた重要なものである。

「私は自分の知らない家の中にいたが、それは二階建てであった。それは『私の家』だった。私は二階にいたがそこにはロココ様式のきれいな古い家具の備えつけられた広間があった。壁にはきれいな古い絵がたくさんかかっていた。私はこの家が私の家だろうかと不思議に思い、そして『悪くはないな』と思った。しかしそのとき、私は階下がどんなふうになっているのか知らないことに気づいた。階段を降りて、一階へつくと、そこにはもっと古いあらゆるものが揃っていて、私は家のこの部分は、ほぼ十五、六世紀ごろの時代のものにちがいないと悟った。家具は中世風で、床は赤い煉瓦張りであった。どこも少し暗かった。私は『さて、私はほんとうに家中を調べてまわらなくちゃならない』と思いながら、一部屋ずつみてまわった。重いドアに行きあたり、開けてみると、私はそのむこうに地下室に通じる石の階段をみつけた。ふたたび降りていって気がつくと、私はずいぶんむかしのものと思われるきれいな丸天井の部屋にいた。壁を調べているうちに、私はふつうの石塊の煉瓦積みの個所と、モルタルの中のブロックのかけらとをみつけた。これを見るが早いか、私は壁がローマ時代のものだと了解した。ここに到って、私の興味は強烈なものになっていた。私は床をもっと綿密に調べた。それは石板でできていて、そのうちの一つの中に私は輪のあるものをみつけた。それを引っ張ると石板がもち上って、またもや深いところへ降りてゆく狭い石の梯子段がみえた。私はまたこれらも降りていって、岩に彫り込まれた低い洞穴へ入っていった。床にはひどい埃がたまっていて、屑の中には原始文化の名残りのように、ばらばらになった骨やこわれた陶器類が散らばっていた。私は明らかに非常に古くなかばこわれかけた人間の頭蓋骨を二つみつけたのである。それから目が覚めた。[2]」

ユングは夢の中で地下の世界へ深く進めば進むほど、その光景が暗く異様なものとなることを経験し、その最後には原始文化の遺物を発見する。彼はこの夢を見た当時は明確にその意味を解しかねたが、後になって、われわれ人間の無意識の深層には意識のほとんど到達し得ない原初的な世界が存在することを示すものと考えるのである。今世紀の初めにおいて、交通機関の急激な発達とともに、人々が世界を横へ横へと拡張しようと努めているときに、足下の暗い世界へと興味を向けていたユングは、まさに「でくのぼう」の姿そのものではなかったかと思われる。

わが国の民話にも、もちろん地下の世界へと下降する主題をもったものがある。その中で、「三枚の鳥の羽」と比較的類似性をもったものとして、「地蔵浄土」を取りあげてみよう。[3]ところで、ここに比較的類似性をもったものと述べたが、実のところこれはそれほど類似したものではない。つまり、なかなか類似度の高いものが探し出せないのであり、そこに後述するような、日本人の心の特徴も示されていると考えられる。ところで、「地蔵浄土」は爺さんと婆さんの物語である。爺さんは指の間からこぼれた豆が土間の隅っこの鼠穴へ入ってしまったのを見て、その穴を木割で掘りながら、だんだんと奥へはいって行く。この場合は羽ではなく豆に導かれて地底の世界へ行くのだが、ここで爺さんが出会ったのは蟇ではなくて、石地蔵であった。豆の行方を聞くと、石地蔵は自分が喰ってしまったという。地蔵さんはそこで爺さんにすまないといって、いいことを教えてくれる。そこからまだ奥へ行くと、赤い障子が立っていて鼠が嫁取り仕度をしているので、そこで何か手助けをしてやること、次にそれからまだ奥へ行くと、黒い障子が立っていて鬼が博奕を打っているから、鶏の鳴く真似をして金をさらってくることだ、と教えてくれる。

爺さんは地蔵さんに言われたとおりに奥へ進んでゆくと、赤い障子があるのではいってみると鼠が嫁取りの仕度をしている。中へはいると立派な家で、一の座敷には朱膳朱椀に唐銅《からかね》火鉢があり、この座敷にはたくさんの絹子小袖の衣裳、その座敷では鼠どもが臼に黄金をいれて、ぢゃくりぢゃくりと搗《つ》いている有様である。爺さんはさっそく唐臼を搗いて助けてやると鼠が喜んで美しい絹子小袖をたくさんくれてよこした。それからなおも奥へ行くと、鬼どもが博奕打ちをしていたので、その家の廐桁の上にあがって隠れていた。夜中に、鶏のときを立てる真似をすると鬼たちは、あれは一番鶏だと言っている。そこで爺さんはそれをもち帰り、婆さんと一緒に鼠にもらった絹子小袖を着て、金持になって幸福に暮らした。ところで、ここで例の如く隣の爺さんが登場し、羨ましがって真似をしようとして失敗するのだが、このことは省略しておこう。

日本の民話で地底の世界へと下降するもののなかで、男性が女性を獲得して結婚する物語を筆者は見出すことができなかった。それで、この地蔵浄土を取りあげたのだが、主人公が爺さん婆さんでは結婚の話も起こるはずがない。しかしながら、興味深いことに爺さんは地下の世界で鼠の結婚にめぐり合うことになっている。鼠は「三枚の鳥の羽」でも、主人公が手に入れるお姫さまを乗せる馬車を引く馬に早変りするものとして登場するので、このあたりはどこかに関連がありそうに感じられる。それにしても爺さん自身はお姫さまではなく、絹子小袖とお金を手に入れることになって話はおしまいになるのだから、結婚話が中核になっていないことは事実である。

グリム童話と比較すると、日本の昔話には、結婚を最終の結末とするものが明らかに少ないのであるが、これをどのように解釈するかは簡単なことではないと思われる。少し思い切ったことを述べてみると、すでに自我と自己のことについて述べたとき（第八章）に、自己の像を示す「二人兄弟」の兄、「黄金の鳥」の狐（美しい姫の兄）などには結婚話が生じない事実を指摘したが、このことがひとつのヒントを与えるように思われる。つまり、それ自身自己充足的存在と考えられるもの――自己――は、それを補うものとしての相手を必要としない。それに反して、自我はあくまで一面的な存在であり、それを補う存在を得て完結される。ここで、日本人は西洋人に比して、自我の確立という点でははるかに劣っているにしても、自己の存在を知ることにおいては優っていたと考えるならば、(4) 自我と自己の関係は、日本における人間と自然の関係と同じく、対立することなく共存するものとしてあり、あいまいなかに存在する統合感のようなものによって保たれていると見ることができる。したがって、男性と女性の結婚ということが対立物の合一という象徴的意味をもって、それほど高く評価されることもないのではないだろうか。もちろん、これらのことをつきつめて考えるためには、西洋におけるキリスト教に基づく一夫一妻の結婚観に対して、わが国における古来からの結婚観や、性や愛ということに対する受けとめ方についても考察しなければならぬので、これ以上ここに論じることは不可能と思われる。このことは今後の問題として残しておくが、それにしても地下の世界に行われている鼠の結婚式は示唆的である。地上において、性ということを不問にした爺と婆の幸福が祝われているとき、地下の世界では結婚の儀式があげられているのである。これは無意識の世界における一種の補償作用ともみることができるし、男性と女性の結合ということが、わが国においても高い象徴的意義をもつものとしてそのうちに問題とされねばならぬことを予知しているものとも考えられる。

3　三つの課題

日本の地下の世界の方に少しはいりこみすぎたが、話をグリムの世界にもどすことにしよう。われわれの主人公が最初に与えられた仕事は、立派な絨毯《じゅうたん》を探してくることであった。この絨毯の意味についてフォン・フランツの述べていることはまさに納得のいくことである。ヨーロッパの文化は東洋のそれに接するまで絨毯というものを知らなかった。遊牧民であるアラビア人が絨毯を重要視するのは、それが大地の連続性を示すからであるという。すなわち、彼らは遊牧のためテントをもってあちこちと移動するが、彼らが夜営のテントを張るとき、そこに絨毯を敷くことによって、そこが彼らの土地であることを確定することができるのである。たとい、毎日異なった場所へ移動するにしても、絨毯というものが彼らのよってたつ基盤としての大地の連続性を保証するのである。このような大地との結びつきは、もちろん母性との結合に通じるものである。地上の王国にあって男性のみによる構成が存在するとき、その王が母性の象徴としての絨毯を望んだことは当を得ているというべきである。そして、でくのぼうの主人公が地下の世界に降りて、蟇からそれを得たことも、象徴的にぴったりと符合することと考えられる。

三男坊はせっかく上等の絨毯を手に入れたのに、兄たちがやいやい言うので第二の課題に取り組まねばならぬことになった。一人の男性が女性を獲得するためには多くの仕事をしなければならない。父なるものや影は、自我の成長のために必要な仕事を常にうまく見出してくるものである。第二の課題は指輪を取ってくることであった。指輪はその円環性によって自己の象徴であり得ると共に、結合と拘束とを表わすと、フォン・フランツは述べている。結合と拘束ということは言ってみれば同じことであるかも知れないが、その人の主観的な受けとり方によって、それは何かとの結合と感じられたり、何ものかによる拘束と感じられたりするということであろう。結婚リングの風習はそれを端的に示しているが、すでに述べたように、結婚ということ自身が対立物の合一であり、ひとつの完結した円環をつくるものである。

指輪の象徴的意味はこのように高いものがあるので、世界中の神話や昔話にしばしば登場してくるのも当然のことである。ただ、わが国の昔話には非常に少ないことは、先に述べた結婚のモチーフの軽視と軌を一にする事実であろう。絨毯という、まったく大地に根ざした母性的なものを獲得したあとで、主人公は結合を象徴する指輪を手に入れる。それは、次に一人の女性を得るまでに必要な準備であったともいうことができる。

第三の課題として「いちばん美しいおよめさんをつれ帰る」ことが与えられる。でくのぼうはまたもや蟇のところへ出かけるが、さすがの蟇も今度はすぐに引き受けるというわけではない。「いちばんきれいなおよめさん！　それはなかなかいますぐ手に入るってもんじゃありません」というが、結局は協力してくれることになる。しかし今度は、まず「黄色いかぶのくり抜いたのを小さなはつかねずみ六ぴきにひかせてよこし」、それを見たでくのぼうはがっかりしてしまう。ここにわが国の地下の世界にもすんでいた鼠が登場することになるが、いったい鼠はどんな意味をもつであろう。

鼠は夜中になると出現し、姿を見せないままに音をたてたり、何かを噛ったりしてわれわれを脅かすという点において、コンプレックスの動きを示すのにもっともぴったりの動物である。われわれの無意識の動きがしばしば性的な色どりをもつことから考えて、鼠の動きを性的空想の働きとしてみることもできる。でくのぼうの性的空想という乗物に乗って美しい姫が地上に出現してくるという考えは面白い。われわれが女性と合一するということは、その魂だけではなく肉体の面においても成就されねばならない。もっとも美しいものを得るとき、われわれはもっとも低いものと共にわがものとしなければならない。でくのぼうは大きい蟇の言いつけで、小さい蟇をとりあげて、鼠のひく車に乗せてやるが、このことは、美しいアニマ像がもともと母親像から作られてくることを意味しているのであろう。アニマも、もともとは蟇の一族である。ところで、でくのぼうの決意によって一瞬のうちに蟇と鼠は、六頭立ての馬車に乗った美しい姫に変身し、彼は喜んで地上の世界へと帰ってくることになる。

4 第三の道

地下の世界において蟇と鼠だったものが、みごとに姫と馬に変身し地上に姿を現わすことになったが、ここのところはいろいろとヴァリエーションが存在している。(5)ドイツの類話によると、主人公が地下の世界で出会ったのは蟇ではなく、布を織っている美しい少女であった。彼が彼女を地上に連れて来ると、その途端に彼女は蛙に変身してしまった。これは「三枚の鳥の羽」の場合とむしろ逆になっている。無意識界のものを意識界にもたらすときは、いろいろと不思議なことが生じる。これは、われわれが夢の中で、何か名言を聞いたり、自分で言ったりして夢の中では凄く感心していても、目覚めてからその言葉を思い出しても、何ともわけの解らないことであったり、案外つまらないことであったりすることでも経験される。無意識内でもったその言葉の深い意味を意識的に把握することが困難になっているのである。ところで、蛙に変じてしまった姫は、でくのぼうに、自分にキスをして、“Versenk Dich!”しろと三度叫ぶ。彼はすぐに蛙にキスをするが、命令の後半を彼なりに解釈して、蛙と一緒に水の中に跳びこんでしまう。versenken はもともと「沈める」という意味であるが、Versenk Dich！というような場合は、むしろ自分自身の中に沈みこむという意味で、「耽る」とか「冥想する」とかの意味をもつ。ここで、蛙がほんとうのところ何を命令したのかは定かではないが、でくのぼうはでくのぼうなりにこれを受け止め、素朴な決意を示して水に沈みこんだのである。ところで、それはみごとに成功して、蛙はもとの姫に再び変身するのである。これはグリム童話「蛙の王様」(一)で、姫が蛙を壁にたたきつける決意をしたのと類比されるべきものである。無意識界から意識界へと心的内容が移行するとき、そこにそうとうな自我の関与がないかぎり、それは建設的なものとならないのである。「三枚の鳥の羽」の物語では、主人公の決意はそれほど劇的には示されていない。ただ、彼が鼠の車にがっかりしながらも、大きい蟇の命令に従って、小さい蟇の一匹を取りあげたときに彼の決意が示され、そこに変身が生じたと考えられる。

　これらの変身の物語は、また別のことを考えさせる。すなわち、これらの物語によって、姫の「素姓」を知るものは、あの姫も結局は蟇に過ぎないのだと言うことにならないだろうか、という問題である。これは、フロイトが無意識の世界を見出したとき、人間の文化現象を解明して、それを性欲へと還元していったことを思わせる。レオナルド・ダ・ヴィンチの芸術も結局は彼のマザー・コンプレックスの表現であるということになる。このようなフロイトの分析が意味深いものであることは認めるにしても、それを単純に適用して、「結局は……に過ぎない」と断定してしまうことの不毛さをユングは指摘する。美しい姫を結局は蟇に過ぎないと考えるのではなく、姫がいかに美しくあろうとも、それは蟇でもあり得るし、蟇がいかに醜くてもそれは姫に変身し得る可能性をもったものとして、全体としてそれを見ることが必要なのである。問題を姫か蟇かという形態で把えること自体がまちがっているのであり、真実は簡単に計り知ることのできない第三の道として存在している。

あれかこれかという二者の選択の道ではなく、解決はそれらの中間に存在していることは、主人公が最後に与えられた課題のなかにみごとに示されている。主人公の兄たちが主張したことは、「広間のまんなかに輪をぶらさげ、その輪をとびぬけられるおよめさんをつれてきた者がいちばんだ」ということであった。指輪のときに現われた「輪」の主題がここに再びくり返される。しかし今回は円環の中心という点に明らかな強調がおかれている。高すぎもせず、低すぎもせずちょうど真中ということに高い価値がおかれている。

二人の兄たちは、自分たちの連れてきた百姓女ならがっちりしているし、でくのぼうの連れてきたかよわいお姫さまにはできないこともできるだろうと考えた。ところが案に相違して、百姓女は輪をとびぬけたものの、融通のきかない体であるために手足を折ってしまった。それに反して、美しい姫の方は「牝鹿のようにいともかるがるととびぬけ」たので、とうとうでくのぼうも王冠を手に入れることになった。ここに、地下の国にすむ蟇で示されるような女性性という点から考えると、土との結びつきの濃い百姓女の方がでくのぼうのお嫁さんとしてふさわしい感じをもつのであるが、この点はどう考えるべきであろうか。おそらく、羽や鳥が地上をはなれて空中に浮ぶ属性を示すのに対して、蟇はその補償的存在としての意味をもったのであろうが、まさにそれらの真中に存在するものとして牝鹿のような美しい姫の像が意味をもったものと考えられる。それ故にこそ、彼女が輪の中央をとびぬけるという象徴的な行為をなさねばならなかったのであろう。

5　個性化の過程

われわれは心理療法家として、しばしば二者択一の問題について相談を受けることが多い。しかも、多くの場合そのいずれもが一長一短でどちらがいいと断定し難い場合が多い。そのときに早まって片方に決めてしまうことなく、両者の葛藤の中に身をおいて正面から取り組んでゆくと、その人なりの第三の道がひらけてくるものである。ここで「その人なりの」という表現をしたとき、これはまさに「人となり」という言葉につながるものである。つまり、両者の葛藤にもまれることにより、そこには他人の真似ることのできないその人の個性ができあがってゆくのである。あれかこれかという断定は既存の何らかの価値判断に従うかぎり決められるものである。しかし、第三の道はその人個人の個性を必要とし、既存のものに頼らない創造的行為となる。このような意味で、ユングは自己実現の道を個性化(Individuation)の過程として把えている。次にユングの言葉を引用してみよう。

「意識と無意識は、どれか一方が他方に抑圧されたり破壊されたりしていては、ひとつの全体を形づくれない。両者を平等の権利をもって公平に戦わせるならば、双方共満足するに違いない。両者は生命の両面である。意識をして、その合理性を守り自己防衛を行わしめ、無意識の生命をして、それ自身の道をゆかしめる公平な機会を受けしめよう。……それは、古くからあるハンマーと鉄床との間の技である。それらの間で鍛えられた鉄は、遂に壊れることのない全体、すなわち個人となるであろう。(6)」

今まで一一章にわたって述べてきたことも、結局はこのような意識と無意識の相互作用のなかで、「個人」がいかにつくられてゆくかという過程を、各段階ごとに明らかにしてきたということができる。その過程のなかで主人公はしばしばそうとうな危険に出会い、困難な意志決定を迫られる。そのようなときにいかに対処するかという点では、今まで見てきたように簡単な一般法則を見出すことができない。ある主人公は危険に敢えて挑戦して成功し、ある者はそれを避けることによって事無きを得た。あるいは一見不幸に見える出来事が、後ではかえって幸福の種となることさえあった。このように一般化を許さぬことにこそ人生の特徴があり、それ故にこそ個性化と呼ぶべきなのであろう。ここで注目すべきことは、あくまでそれは個性化の過程として把えられており、自己実現の成就という考え方をしないことである。昔話はすべて結末をもち、しばしば主人公の願いは成就されるのであるが、それらはあくまで自己実現の一コマとしての意味をもつものであって、ひとつの段階の成就の次にはまた次の段階が待っているのである。

ユングは自己実現の過程について彼なりの図式をもっており、本論もだいたいにおいてそれに従って論をすすめてきた。しかしながら、今までたびたび言及してきたように、わが国においてもそれがそのまま当てはまるかという点については疑問が生じてくる。われわれとしては、そのような点にも目をすえて、古来からの西洋と日本という対比の中に、第三の道を発見するように努めることが、とりもなおさず現代に生きるわれわれ個々人の個性化の過程と重なってくるのであろう。

注

(1) M.-L. von Franz, "An Introduction to the Psychology of Fairy Tales", Spring Publications, 1970. なお、同書には「三枚の鳥の羽」に対するフォン・フランツの詳細な解釈が述べられている。今回の筆者の論はそれによるところが大であり、以後に述べるフォン・フランツの説はすべて同書によるものである。

(2) ヤッフェ編、河合・藤縄・出井訳『ユング自伝――思い出・夢・思想――1』みすず書房、一九七二年。

(3) 関敬吾他編『日本昔話集成　第二部本格昔話2』角川書店、一九五三年。

(4) この点については、拙稿「日本人の自我構造」『母性社会日本の病理』中央公論社、一九七六年、を参照されたい。

(5) J. Bolte und G. Polívka, "Anmerkungen zu den Kinder- und Hausmärchen der Brüder Grimm", 5 Bde., Leipzig, 1913-32.

(6) C. G. Jung, "The Integration of the Personality", Loutledge and Kegan Paul, 1940.

II

昔話の心理学的研究

昔話と深層心理学

昔話に対しては、いろいろな立場からの研究が可能である。これについて、マックス・リューティは「民俗学は昔話を文化史的・精神史的ドキュメントとして研究し、社会におけるその役割を観察する。心理学はその物語を心的過程の表出として考え、聞き手あるいは読者への影響をたずねる。文芸学は昔話をして昔話たらしめるものを確認しようとつとめる」(1)と述べ、民俗学、心理学、文芸学の立場の相違を簡潔に明らかにしている。ここにリューティが「心的過程の表出」と述べていることに対して、深層心理学者であれば、「無意識的な」という形容詞をつけるだろう。そして、昔話についての心理学的研究は、今まで深層心理学者によってなされたものがほとんどである。心理学は極めて広い領域にわたる学問であるが、深層心理学はその一部であり、主流に属するものではない。心理学が昔話にはまったくといっていいほど関心を示さないなかで、深層心理学のみが、どうして昔話の研究を行うようになったかを、まず明らかにすることにしよう。

深層心理学はノイローゼの治療という、極めて実際的な目的を持って発展してきたものである。一九世紀末に、フロイトはヒステリー患者の治療体験から、人間の心の中に無意識という領域の存在することを主張した。患者の無意識内に存在するコンプレックスが、ヒステリーの症状発生の原因となっており、それを患者が明確に意識化することによって治癒されると考えたのである。そこで、フロイトにとって、人間の無意識を探索することが重要な課題となったが、催眠、自由連想などの方法とともに、夢の研究が重視されることになった。一九〇〇年には彼の名著『夢解釈』(Traumdeutung)が出版される。ところで、非常に興味深いことには、昔話研究者として有名なフリードリヒ・フォン・デア・ライエンが、その翌年にフロイトの『夢解釈』に言及しつつ、昔話の起源は夢の物語ではないかという説を述べていることである。(2) 確かに、昔話と夢の類似には気づく人が多いと思うが、フロイトの弟子たちも、それに注目し、夢を解釈するのと同様の方法で、昔話を人間の無意識の心的過程の表出として研究しようと試みた。

昔話は夢と同じように、変身が行われたり、死んだものが生き返ったり、空を飛ぶことが可能となったり、日常の論理を超える現象に満ちている。そこに生じる話のモチーフにも類似のものが多い。筆者も昔話と極めて類似性の高い夢をあげて、両者の関連について論じたことがあるが、(3) この点に多くの深層心理学者が注目したのも当然のことである。ところで、フロイトが夢の研究によって得た結論は、簡単にいえば、夢とは人間の無意識内に抑圧された願望の充足を目的としており、それは多くは偽装された形で表わされるということであった。フロイトが無意識内に存在する欲望として重視したのは性であり、それによって生じるエディプス・コンプレックスは、人間の意識が対処しなくてはならない中核的な問題と考えられた。かくて多くの昔話が、人間の無意識的な願望充足の物語として解釈され、そこに潜在しているエディプス・コンプレックスの主題を露呈させられることになった。しかし、このような解釈はややもすると単調となり、既述したようにフロイトを最初は評価していたライエンも、後年には、「われわれから見れば、この派(フロイト派)の仕事でメルヘン研究に対して何らかの意義をもつものは一つもない。すべてのメルヘンがもっぱら性的体験から解かれる。それは月経や破瓜への恐怖、あるいはエディプス・コンプレックス……を反映するものにちがいないとされる」(4)と、手厳しすぎると感じられるほどの批判を述べている。

フロイト派の人々自身も、このような単調な収穫に興味を失ったのか、精神分析の初期に比して、その後は昔話の研究はあまり発展しなかった。深層心理学の中では、次節に述べるように、ユング派がもっぱら昔話の研究に関心を払いつづけてきたのであるが、最近になって、フロイト派の分析家ベッテルハイムが極めて興味深い著書を公にした(5)。もっとも、ベッテルハイム自身も述べているように(6)、フロイト派とユング派の差は大いに埋められつつあるので、彼の見解も、初期のフロイト派の考えに比して、相当ユング派に近づいているということができる。

ユング派の昔話研究

ユングは今世紀の初頭、フロイトとともに精神分析の確立のために協調するが、一九一三年には訣別し、分析心理学という派をたてた。ユングとフロイトの学説の差について詳述はできないが、本題との関連でいえば、無意識に対する両者の考えの相違が、大きい意味を持つと考えられる。ユングはフロイトよりも無意識をひろく考え、フロイトのいうような、意識によって抑圧された層を個人的無意識と呼び、それより深く人類共通ともいえる普遍的無意識が存在すると主張した。ユングの普遍的無意識の存在の主張は、彼が研究した精神病者の妄想や幻覚、あるいは、夢や幻像《ヴィジョン》などと、神話や昔話などのモチーフに極めて類似するものが、世界共通に存在することを基礎としてなされたものである。

昔話のモチーフに離れた地域においても共通のものを見出せることは、伝播による説明がまず考えられる。ユング派の人たちも、伝播によることを否定するのではないが、伝播によらずに自然発生的に類似の話が異なる場所に生じることもある、と考えるのである。また、夢や幻覚などに生じるモチーフが、その人の過去に読んだり聞いたりした、昔話の再現であることも、もちろん考えられる。しかし、ユングはそのようなことのない場合を注意深く調べだして発表している(7)。

無意識に対するユングの態度の特徴は、フロイトのように、それを抑圧されたものとして否定的に見るのみでなく、創造の源泉としての肯定的な面をも認めることであろう。人間は他の動物と異なり、自我意識を持っている。確立された自我は、ある程度の主体性と統合性を持つが、それが人間の全存在をカバーするのではない。自我は合理的判断に基づいて、外界に自分を適応せしめ、その存続をはかる。しかし、一方では自我は死に至るものであることを知っている。ここに、人間にとっては困難な問いが生じてくる。すなわち、われわれはどこから来てどこへ行くのか、ということである。この問いに対して、合理的な思考や判断のみでは答えを見出すことができない。人間は世界の中に自分を位置づけ、その存在をゆるぎなきものとするための知を必要とする。無意識はそのような知を与えてくれるとユングは考える。夢はそのような知を蔵しているし、昔話も同様である。

現代は特に自然科学の急激な発達によって人間の自我は肥大し、時に無意識との接触を失い、不安が増大してくる。最近になって民話ブームなどという現象が生じたのも、ユング派の観点からすれば、人間の全体性を回復しようとする無意識的な欲求のためであると思われる。たとえば、桃太郎の誕生を取りあげてみよう。桃から子供が生まれることなどは、現代の科学知識の承認しないことである。ところで、人間の自我意識が生まれてくるとき、一体それはどこから生まれてくるのだろうか。人間の自我が確立し始める思春期に、自分はこの家のほんとうの子ではないのではないだろうかと疑いを抱く子供が非常に多い。あるいは、自分の両親はどこか別のところにいると空想したりする。自我が誕生するとき、それは肉体の親としての両親からではなく、それを超えたXから生まれてきたとするほうが、はるかに確かな存在感を持つことができるのだ。自我は心の中の英雄である。英雄誕生にまつわる数々の不思議な物語は、自我の来歴を、人間の全存在の中に意味づけるのに、最もふさわしいものなのである。それは、科学的に説明されるものではない。

このように考えると、人間の生涯における節目節目に生じる現象は、人間の存在の全体性の観点から見るとき、合理的な認知とは異なるものとして受けとめられるはずである。たとえば、合理的にいえば、子供が大人となるというべき現象も、内的に生じる変革のすさまじさから見れば、死と再生の現象として記述するほうが、はるかに妥当であろう。昔話は合理的な観点からすれば、荒唐無稽に見えながら、前述したような知に満ち、人間の全体性を回復するはたらきを持つために、時代を超えて語りつがれ、喜んで聞かれてきたと考えられる。

ユング派の昔話に対する前述したような態度は、神話や伝説に対しても同様である。ただ、よくいわれるように、伝説は特定の場所や人物などと結びついているのに対して、昔話は時空の枠組みを超えたものであることは認識しておかねばならない。また、神話の場合は一民族、一国家の存在を基礎づけるものとして、その素材は無意識的なものによるにしろ、相当に意識的、文化的な彫琢が加えられている。ユング派の分析家フォン・フランツは、スイスのある田舎の伝説が昔話に変形しているプロセスを追って発表しているが(8)、実際に、神話や伝説などが、その意識的な付属物を失って、昔話へと変形していくことは相当あることだろう。これらの三者は無意識の心的内容の表出として見られるが、以上述べたように、昔話がもっとも無意識的なものを示していると思われる。それは、異なった時代や文化の波に洗われているうちに、その中核部分のみを残すことになったのである。

このような点について、フォン・フランツは、「昔話は海であり、伝説や神話はその上の波のようなものである(9)」

と表現している。

既に述べたように、ユングは無意識の心的過程の表出と考えられる夢や幻覚、妄想などと神話や昔話などとの間に共通のモチーフが存在することに気づいた。それらを研究することによって、典型的なイメージを見出したが、そのイメージ群の基として、人間の無意識内に潜在する元型(Archetyp, archetype)の存在を仮定するようになった。つまり、元型そのものは無意識内に存在するものとして、あくまで仮説的なものであるが、それが人間の意識内に顕現したものが元型的表象であると考えるのである。このような観点からすれば、昔話は元型的な表象に満ちており、それらを明確にしつつ、元型の持つ意味を明らかにすることが、ユング派の昔話研究の目的なのである。

ユング派の昔話研究家としては、ユングの弟子のフォン・フランツが特に有名である。フォン・バイトの著作(10)はユング派の観点からなされた研究であるが、その内容のほとんどは、フォン・フランツによるものといわれている。なお、筆者もユング派に属するものとして、フォン・フランツの説によりながら、概説書を出版している。(11)

学派の相違

昔話に関するユング派の立場について述べたが、深層心理学にも他の学派があり、見解は少しずつ異なっている。そこで、一つの実例を取りあげて、その解釈の在り方を示すことにしよう。例としてはグリム童話の「赤頭巾」を取りあげるが、これはその話の筋を知らない人はまずないであろうし、既に述べたベッテルハイムや、エーリッヒ・フロムの解釈が発表されており、比較に好都合なためである。紙面の関係で詳細については述べられないが、解釈の差が特に問題となる点を強調して述べることにしよう。

最初にベッテルハイムの解釈を述べる。[12] 彼は「赤頭巾」を「無意識ではエディプス的なつながりを断ち切れずにいる学齢期の少女が、解決しなければならない問題」を取り扱っていると考える。「赤頭巾」における親の家と森の中の祖母の家は、ほんとうは同一の家なのだが、心理的状況の違いから、全く別の家として経験されているのだ、とベッテルハイムはいう。赤頭巾の家は豊かな家である。幸福な赤頭巾であるが、祖母のところへ行く道で狼の誘惑に乗って道草をしてしまう。ここから恐ろしい話になっていくのだが、これは赤頭巾が現実原理(親の言いつけ)を捨てて、快楽原理(狼の誘惑)に従ってしまったからである。それに、赤頭巾が狼に祖母の家へ行く道筋を教えたのは、「赤頭巾の無意識が働いて、おばあさんをなきものにしようとしているのだ」。というのは、娘は父親(狼)に誘惑されたいという無意識の願望を持っており、そのためには、まず母(祖母)を亡きものにしなくてはならないからである。このように考えることによって、ベッテルハイムは、「赤頭巾」の中に典型的なエディプス・コンプレックスを見出してくる。ところで、この物語には父親が一度も出てこない。しかし、先に述べた狼と、赤頭巾を救出する狩人とは、父親の持つ二面性を表わしているのではないか。つまり、狼は「圧倒的なエディプス的感情の持つ危険性が外面化したもの」であり、狩人は「父親の保護者的、救出者的な機能が外面化した」ものであると考える。

主人公の少女の名を示す「赤頭巾」は、何を意味するのだろうか。赤は荒々しい情動とか、性的な情動を象徴することが多い。従って、祖母から少女に与えた赤頭巾は、「性的魅力が、未成熟な相手に伝達されたことの象徴と見ることができる」。このような状態にあったために、赤頭巾は危険に出あう。それは死に至るほどのものであったが、救出者としての狩人の出現により、少女は難を逃れる。ここで赤頭巾が狼の腹から出てくるのは、再生のモチーフを示していると考えられる。ベッテルハイムのいうとおり、「多種多様な昔話に、なにか中心的なテーマがあるとすれば、それは、より高い段階へ生まれ変わる」ことである。ここに、少女はエディプス的な欲求を満足させようとすることの危険性を知り、誘惑者的でない父親に保護されることの必要を知った娘として、以前よりは高い段階に成長したのである。

ベッテルハイムの解釈は、細部にわたって行われており興味深いものであるが、ここにその大筋のみを示した。エディプス・コンプレックスということが、どれほどの重みをもって、フロイト派に受け取られているかが了解できたであろう。これに対して、エーリッヒ・フロムの解釈を示すことにしよう。(13) フロムはネオ・フロイト派とも呼ばれ、フロイトの説を継承しつつも、フロイトが生物学的な観点を重視するのに対して、文化的、社会的な面をより重視するものである。

フロムは最初に「赤い帽子」は月経の象徴であると指摘する。少女は性の問題に直面しており、「道草を食うな」との警告は、「明らかに性の危険に対する警告であり、処女を失わないようにとの警告である」と、フロムは考える。しかし、少女は親の警告を忘れて狼の誘惑に負ける。ここで、狼で表わされている男性は、残酷でずるい動物として描かれている。そこで、女性たちはこの狼に復讐しなくてはならない。女性は男性に対して、自分たちは子供を産む能力を持つことで優越していることを知っている。女性たちが狼の腹に入れた石は不妊のシンボルである。このことによって狼は死ぬことになるのだが、考えてみると、狼が赤頭巾をのみ込んだのは、妊婦の役を果たそうとしたのではなかったかと思われる。そこで、目には目、歯には歯、の原始的な報復の法則に従い、狼は石をはらまされて死ぬことになった。

このように考えると、「赤頭巾」は祖母、母、娘という三世代を代表する女性が男性に打ち勝つ物語である、というのがフロムの説である。エディプス・コンプレックスどころか、男性優位の文化の中で、女性が優位となりたいという願望がこめられている、と彼は考えるのであろう。フロムの考えも興味深いが、弱点といえば、彼が狩人のことを「それほどの重点はおかれていない」ということで、解釈の中に入れ込んでいないことであろう。次にユング派の観点ということになるが、ユング派の解釈が見当たらぬので、筆者自身が解釈をしてみた。ユング派を代表するものとは決していえないが、他のユング派の人が試みても、大筋では大差がないと思われる。

ユング派の立場からすれば、前二者の解釈と決定的に異なるところは、狼をまず母性的な側面を表わすものと考える点にあると思われる。とはいっても、ユング派の場合は、「母」というものを、個人としての母と、既に述べた元型としての母とに区別して考えるので、この点をまず明らかにしておきたい。

母という場合、われわれの個人として母の存在がもちろん大きいが、われわれはその背後に、「母なるもの」と呼びたいほどの個人を超えた存在を感じている。「赤頭巾」の話であれば、赤頭巾をかわいがっている祖母が、そのような元型的な母の肯定的な面を示していると考えられる。祖母が森に住んでいることは、森が無意識の領域を示すと考えると、それは無意識の深層に存在する元型的な像を示していると考えられる。ところで、そのような甘い母＝娘結合の世界に住んでいた少女も、自立していくためには、母性の否定的な面を知らねばならない。それはちょうど、ヘンゼルとグレーテルが森で魔女に会ったのと同様のことである。ただ、これはベッテルハイムも指摘していることだが、赤頭巾のほうがグレーテルよりは年齢的に上の段階に達している。母性の否定的な面とは、母が何ものをも抱きしめ育ててくれる反面、その抱きしめる力が強すぎると、子供の自立を妨げ、結局は子供をのみ込んで死に至らしめるような側面である。狼はそれを表わしている。狼は何もかもをのみ込んでしまうのだ。

ところで、いかに甘美な母＝娘の世界に生きている少女でも、自立していくためには、母の否定的側面を知らねばならぬし、そのためには、まず母の決めたおきてを破る悪をなさねばならない。自立の裏には悪が存在し、そこには危険が伴う。ところで、少女に道草をすすめたのは狼であった。このあたりのことを考えると、狼に男性的な感じが生じてくる。それは母性のおきてに敵対するものだ。ここで、狼についてもう少し考えてみると、ベッテルハイムやフロムの指摘しているような面も否定できないと感じられてくる。そこで、狼を母であるとか、男性であるとか、一対一対応式に同定してしまうのは、そもそも無理があると考えてみてはどうであろうか。つまり、母＝娘結合の甘美な世界に住む少女にとって、狼は悪であり魅力的であるもの、少女の知らなかった魅力を有しつつ転落の危険性を十分に持つもの、いうなれば、少女の無意識そのものであり、恐ろしい母性と低い男性性の合成物なのである。そして、それとの接触を通じてはじめて少女の自立が生じるのである。

こうして、赤頭巾は狼の腹にのみ込まれてしまうが、このような死の経験の後に、再生へとつながってこそ、真の意味の発展が生じるのであり、このあたりはベッテルハイムとも同意見である。このような死の経験、あるいは極端な退行を、祖母とともに行ったこと、つまり肯定的な母性に守られつつ行ったことは、赤頭巾の再生に役立ったことであろう。そこに現われた狩人を肯定的な父性像として見ることは、ベッテルハイムと同様である。しかし、ここにおいても、個人的な父として見るよりは、元型的な母ののみ込む力に対抗し得る強さをもった父性原理を示しているものと見るであろう。父性の原理は、母性の何ものをものみ込んで一体化する機能に対して、切断の機能を第一としている。狩人は狼の腹を切断し、赤頭巾の再生をうながすのである。

以上極めて大まかにではあるが、一つの物語に対しても、学派の相違によって解釈が異なることを示した。どの派においても、思春期の少女の発達について述べていると考える点では一致しているが、その重点のおき方が異なってくる。フロムはそれを土台にひろく文化的な問題に拡大してしまうし、フロイト派は、父と娘というエディプス状況に焦点をあて、ユング派では家族関係よりは、少女の内面の元型的世界に注目し、母性の問題を前面に出してくる。これらは、いずれが正しいというよりは、このような多面的な解釈を可能とするところに昔話の特徴があり、そのいずれもが、それぞれの価値を持つというべきであろう。象徴は常に多層な解釈を許すものであり、われわれは個々に自らにとって意味のある解釈を試みることが可能であろう。

日本の昔話

今まで述べてきたような深層心理学の立場に立って、日本の昔話を見るとどうなるであろうか。この問題は極めて大きいものであり、筆者も年来考え続けているが、この少ないスペースに到底いいつくすことはできない。というのは、この仕事は単に深層心理学の手法を日本の昔話に適用する、というふうには運ばないからである。深層心理学というものは、人間の心の深層を扱うものなので、その研究者の主体の在り方が問題となってくる。深層心理学がフロイトやユングなどの西洋の学者によって始められたものである以上、それは西洋人の心性と切り離すことのできないものである。日本人の心性が、最近多くの日本人論が盛んとなったように、西洋人と異なるものであるならば、西洋流の手法やスタンダードをそのまま用いて解明を行っても、それはあまり意味がないのではないかと思われる。これが、もっともナイーブになされるときは、小澤俊夫氏が指摘しているように(14)、日本の民話は残酷であるというようなナンセンスな批判となってきたりする。だからといって、深層心理学の成果がすべて役に立たないというのではない。日本の特殊性を常に考慮にいれながら、深層心理学の知見を利用していくことになろうが、それは極めて困難なことである。このような自戒をしつつ、日本の昔話について気づいたことを述べてみよう。紙数の都合で断定的な表現になることと思うが、寛容されたい。

日本の昔話を外国のものと比較して、その特徴を探る研究は、小澤俊夫氏の精力的な活動によって、多くの興味深い結果を得ている。特に、小澤俊夫編『日本人と民話』[15]は、外国の昔話研究家の日本の昔話に対する考察を集めているので、参考になる点が多い。まず、これら外国の学者が多く指摘しているのは、日本の昔話が伝説に近いという事実である。小澤氏も「日本の場合には民話を現実と離れた、純粋なおとぎの世界として考えにくくて、現実の世界とおとぎの世界との境目が溶けちゃっている」[16]と語っている。この点は心理学的に見れば、日本人の心性における意識と無意識の境界の不鮮明さを反映しているように思われる。

　この点を明らかにするためには、日本人の意識構造について述べねばならないが、それについては他にも述べてきたので省略して、極めて図式的な表現をすると上図のようになる。[17]西洋人の場合は、意識が無意識と明確に区別された存在として、その中心に確立された自我を持っている。しかしながら、人間の心は意識も無意識も含めた全体としての中心、自己を無意識に持っており、それと自我がいかにかかわりを持つかが大切なことである、とユングは主張する。このことは、本論のはじめに、確立された自我意識がいかにして内界との結びつきを持ち、全体性を回復するか、と述べたのと同様のことである。ところで、日本人の場合は、意識と無意識の境界が鮮明ではなく、意識も中心としての自我によって統合されてはいない。西洋人の目から見れば、それはしばしば日本人の主体性の無さや無責任性として非難される。しかし、日本人はむしろ、心の全体としての自己の存在に西洋人よりはよく気づいており、その意識は無意識内の一点、自己へと収斂される形態を持ってい

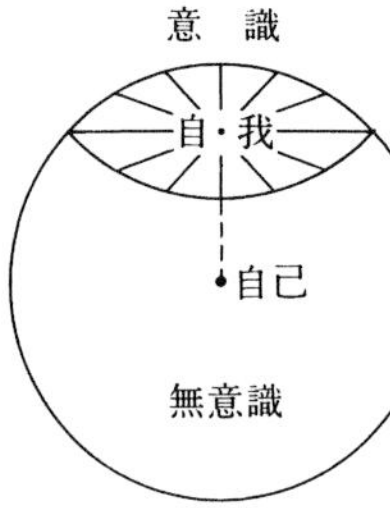

西洋人の意識

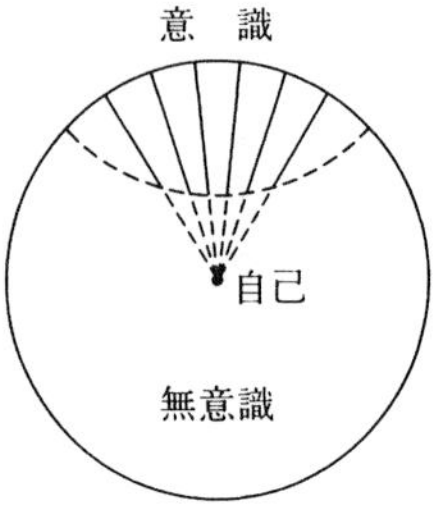

日本人の意識

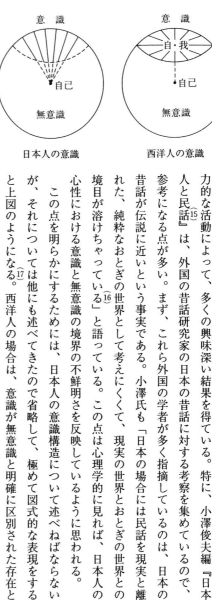

るのではなかろうか。つまり、意識と無意識の境界も不鮮明なままで、漠然とした全体性を志向しているのである。

西洋人の場合は判然とした意識にとって、無意識の世界は「おとぎの国」として明確に区別される。それに対して、日本では現実と非現実、意識と無意識が交錯し、「おとぎの国」は容易に「この世」と結合して、話は伝説的となってくるのである。このような点は、日本人と西洋人というよりは、東洋人と西洋人として対比できることであろう。しかし、日本人は他の東洋人とは異なるのか、どのように異なるかとなってくると、昔話の比較をまだ精密に行わねばならないだろうし、ここには結論を差し控えたい。

境界を不鮮明にして全体性を求める態度は、日本人の自然に対する態度にも反映され、それはまた昔話の中にも示されている。日本の昔話において、「色彩とか四季折々の変化、いろいろな植物、動物など一切を含んだ風景が語り手の観念のなかで重要な地位を占めている」(18)と、西ドイツの昔話研究家シェンダは指摘している。これに関連することとして、ソ連のチストフの語るエピソードは極めて示唆的である。彼が孫に「浦島太郎」の話をしているときであった。彼が、四方を春、夏、秋、冬の景色によって囲まれている華麗な竜宮城の描写をしている間、孫は興味を示さず、何か別のことを期待している様子なのに気がついた。チストフが問いただすと、孫は主人公の浦島が竜宮城の竜といつ戦うのかを期待していることを明らかにした。ここに、自然との一体感を大切にする国民性と、対象との戦いに重点をおく国民性の差が如実に示されている。確立した自我意識にとって、自然はいかにしてそれと戦い克服していくかという対象となるのである。

自然との一体感をもう少し推しすすめると、死というものが案外親しみやすいものとなる。死はある意味では、人間が自然という全体性へと還ることとさえ考えられるからである。このためもあってか、リューティのいうように、「日本の昔話にとって悲劇と死はヨーロッパの場合よりもっと馴じみの深いものです」(19)ということになる。

彼は、「禁令の違反はヨーロッパの昔話の場合のように冒険をよびおこし、それによって主人公の身分が上がっていくということはまれで、ヨーロッパで言えばむしろ伝説の場合のように、すべてを失った無の状態に至るのです[20]」とも述べている。ここにリューティは明らかに、「すべてを失った無」を否定的に解釈している。しかし、「無」や「死」はそれほど否定的なものであろうか。日本人の心性はここにおいても、西洋人とはずいぶん異なっているのではなかろうか。

最後に、昔話における「結婚」の問題は極めて大きい問題である。西洋の昔話は王女と王子との結婚によってハッピー・エンドに終るのが多いのに対して、日本の昔話には、それが数少ないことはだれしも気づくことである[21]。西洋人にとって、最終目標ともされる「結合」が、日本人にとってはなぜ大切なことではないのか、それに対する一つの解答は、既に述べたことから得られる。つまり、明確に確立した自我は、その統合性のために失われたものと、再結合することを必要とする。それに対して、漠然とした全体性に生きるものとして、何かと結合するということは、ほとんど問題とならないのである。

このようにいっても、日本にも結婚を最終目的とする昔話もある。あるいは、その相手にしても動物であったり、動物が人間に変身したものであったり、いろいろである。しかも、これにアジアの諸国の昔話も考慮にいれると、ますます複雑なことになってくる。これは今後の研究に待つとして、当面は以上述べたような、日本人の意識構造との関連による考察にとどめておきたい。

注

(1) リューティ、小澤俊夫訳『ヨーロッパの昔話——その形式と本質』岩崎美術社、一九六九年。

(2) Friedrich von der Leyen, Traum und Märchen, in Wilhelm Laiblin (Hrsg.), "Märchenforschung und Tiefenpsychologie", Wissen-

schaftliche Buchgesellschaft Darmstadt, 1975.
(3) 河合隼雄「夢と昔話」、昔話研究懇話会編『昔話——研究と資料』第5号、三弥井書店、一九七六年。〔本書一九四頁〕
(4) ライエン、山室静訳『昔話とメルヘン』岩崎美術社、一九七一年。
(5) ベッテルハイム、波多野完治・乾侑美子訳『昔話の魔力』評論社、一九七八年。
(6) ベッテルハイム、河合隼雄対談「昔話と心の構造」、河合隼雄『人間の深層にひそむもの』大和書房、一九七九年。
(7) たとえば、C. G. Jung, The Structure of the Psyche, in The Collected Works of C. G. Jung, vol. 8, Pantheon Books, 1960.
(8) M.-L. von Franz, An Introduction to the Psychology of Fairy Tales, Spring Publications, 1970.
(9) von Franz, ibid.
(10) Hedwig von Beit, "Symbolik des Märchens". および Gegensatz und Erneuerung im Märchen, Franke Verlag, Bern, 1952, 1957.
(11) 河合隼雄『昔話の深層』福音館書店、一九七七年。〔本巻第I章〕
(12) ベッテルハイム、前掲書。
(13) フロム、外林大作訳『夢の精神分析』創元新社、一九六四年。
(14) 小澤俊夫『世界の民話』中公新書、一九七九年。小澤氏はあとがきの中で、残酷という点について、日本人と西洋人とでは受けとり方の異なることを示している。
(15) 小澤俊夫編『日本人と民話』ぎょうせい、一九七六年。
(16) 小澤俊夫、前掲書。
(17) 河合隼雄『母性社会日本の病理』中央公論社、一九七六年、参照。
(18) 小澤俊夫編、前掲書。
(19) 同右。
(20) 同右。
(21) この点に関連して、浦島太郎における乙姫の像について考察を試みたことがある。河合隼雄「浦島と乙姫——分析心理学的考察」、『母性社会日本の病理』中央公論社、一九七六年、所収。

夢と昔話

一　夢

　はじめに筆者は昔話研究の専門家でないことを、まず断っておかねばならない。筆者は心理療法を専門とするものであるが、スイスの精神医学者C・G・ユングの学派に属する分析家として治療を行っている。この際、われわれは人間の無意識的な心的過程を知るひとつの方法として、夢分析の技法を用いている。患者の報告する夢を分析することによって、その内界を知ろうとするわけであるが、その際に、夢に生じてくる多くの主題と古来から存在する昔話のそれとの高い類似性に注目せざるを得ないのである。このことはむしろ夢と昔話という限定をすべきではなく、個人の無意識的な心理活動の反映とわれわれが見なしている、夢、白日夢、空想、それに幻視や妄想などと、一方、個人を超えて集団の所有となっている神話、伝説、昔話などの類似性というべきであり、その点に人間の問題を解いてゆくひとつの鍵が存在すると考えるのである。

　抽象的な論議をする前に、ひとつの例をあげるのが話の展開を容易にすると思うので、筆者の分析例を次に示すことにしよう。夢を見た人はヨーロッパ人で、ある二十歳代の若い独身の女性である。治療をするにあたって夢を書いて持ってくるように告げると、彼女は夢に関心がないどころか、あまり見たことがない――このように言う人は非常に多い——と述べるが、ともかく夢を見たら書いてくるようにと念をおしておく。ところで、彼女は次のような夢を見て、自分ながら全く驚いてしまうのである。

夢　「最初の部分ははっきりとしなかった。私のボーイフレンドが誰かと協約をかわそうとしているというふうなことであった。私はその相手が魔法使いたちであることに気づいたので、彼にその協約をしないように言い、協約書を彼らに返すために会いに行った。私たちは町のなかの市場のようなところで会い、彼らのなかのひとりに協約書を手渡した。すると、その魔法使いがその書類に一種の白い粉のようなものをふりかけ出した。彼があざ笑うように私の方を見ているときに、私は突然彼が何か私をだまそうとしているのに気がついた。私は恐ろしくなって、ボーイフレンドといっしょに逃げ出そうとしたが、彼はどこにも見つからなかった。私は彼の身の上に何かが既に起こったのではないかと思ったので、びくびくしながら彼を探し始めた。そのうちに、魔法使いたちや周囲の人が立ち去り出した。魔法使いたちはまったくその外見を変えてしまったので、私はいったい誰が魔法使いで誰が普通の人か見分けられなくなってしまった。私は三人の人を追いかけ、追いついて彼らの顔を覗きこんだ。その人達はまったく無表情にちらっと私を見たが、私はそれが誰か解らなかった。そこで、私は白い粉をふりかけた男が返した協約書を見てみたが、内容はまったく変っていた。それはタイプライターで打った二枚の紙で、数個のパラグラフから成り立っていた。私は読み始めた。私はボーイフレンドをたずね、探し出さねばならぬことになっていた。その紙に何が書いてあったか正確には思い出せないが、それは私がボーイフレンドを探し出す上で、してはならないいろいろなことを禁止していた。その中で私の受けるべきひとつの罰を思い出すことができるが、それは大きい黒犬が私を追いかけて来て足に噛みついて引っぱるというのであった。その罰の絵がそこには描かれていて、大きい黒犬が逃げ出そうとしている人の足に噛みついている絵があった。私は道を歩きながら、読みつづけた。私は自分の足を失うことなくボーイフレンドを救い出す方法があるはずであり、それこそは私が見出さねばならぬことだと考えていると、突然、一人の男が自分もその書類を読みたいと言った。私はこれは秘密のことだからと断った。彼は固執した。私は注意深く彼の顔を見た。彼は青い目をしていて、赤みがかった顔で、陰気な表情をしていた。私は彼が悪魔であることに気づき、彼がボーイフレンドを見つけるのを助けてくれるかも知れないと思った。私は、彼がこのような『魔力』――私は紙の上を指し示した――を私に対して使うのではなく、魔法使いたちに向かって使用し、自分を援助してくれると約束するならば、その協約書を読んでもいいと彼に言った。そのように言いながら、彼が『虚言の父親』として、約束したことを守るなどとは保証されないのだから、彼と取り引きをすることなど賢明ではないだろうと思った。しかし、彼こそは私を助けてくれる唯一の人間であると思われたので、私はトライをしようと決心し、私の申込みを繰り返した。私が彼と話している間に彼の大きさが変化し続け、あるときは――話の始まりの頃は――彼は私よりずっと小さく、私は彼を見下ろさねばならず、その次には、彼は私よりずっと高くなったので、彼の顔を見るために見上げねばならなかった。すると、彼はまた小さくなり始め、そんなことが繰り返されているうちに、目覚まし時計が鳴って目が覚めてしまった。」

少し長い夢の全文を省略することなく示したが、この夢のもつ「昔話」的な特徴は一見して誰にとっても明らかであろう。これは夢を見た本人にとっても同様のことであったが、このような夢を見たことに対する本人の驚きは大きかった。彼女は現実的な人であったので、昔話のような「荒唐無稽」なことにおよそ関心をもっていなかったからである。ところで、この夢から昔話によく出てくる主題をひろいあげるならば、主なものだけでも相当数を指摘できる。まず「協約」とか約束とかは昔話のお得意の主題であり、それもこの夢と同様に、相手の素生を知らずに約束を結んだために後で困惑するというのが多い。彼らが出会った「市場」という空間は、多種多様の人たちの「出会う」空間として極めて象徴性の高い場所である。そこで、われわれは多くの人に会い、それが魔法使いか普通の人か見分けもせずにすごしているが、その「見分け」をすることも昔話によくある主題である。恋人を失ってそれを探し求めること、それに伴うあがないの主題は、このことのために全世界にどれほどの昔話があるか計り知れぬものがあろう。彼女が魔法使いを探し求める間にちらっと出現する「三人の人」というのも、追求すれば際限のないほどの話題を提供するであろう。こころみにグリム童話を一見してみても、そこに、三人というタイトルが多くあるのを見出すことであろう。恋人を助けるために現われてくる悪魔。それに賭けるか賭けないかという迷いと決意。そして、最後になって、相手の大きさが自在に変化するという主題も現われる。ただ残念なことに、昔話と違って、この「お話」は目覚まし時計というものによって中断させられる。

ここでは夢の解釈が問題ではないので、この夢によって、夢と昔話の類似性をまず実感して貰ったことで満足し、このような夢がいかにして成立するのかを、昔話の問題と関連せしめつつ論じてみることにしよう。

二　補償機能

ここにひとつの例を示したが、このような昔話的な要素が強く劇的なものは数が少ないことを断っておかねばならない。これはユングの言う「初回夢」に相当するもので[1]、初回夢のときには、多くの人が劇的な夢を見、そこには昔話的な主題がよく出現する。この点は後で触れるとして、日常的な夢の典型的なものを示すと、次のようなのがある。ある中学生の夢で「うっかり朝寝坊して九時まで起きなかった。学校におくれたとあわてて食堂に行くと、母親がにっこりと笑って「まあよく眠ってたわね。眠ることは健康にいいよ」という」。ここで彼は母親の反応が普通のときとまったく逆にまるで朝寝坊を奨励しているかのように見えるので驚いてしまう。このような夢であれば一般の人も見ることが多く、自分のこととして納得されるであろう。

人間の行う行為なり、それを取り巻く事象なりは本来極めて多義的である。朝寝坊ということにしろ、それは遅刻ということを引き起こす悪事としても見られるが、「健康にいい」といった見方も可能かも知れぬ。それに何よりもこの少年の感情は朝寝坊を肯定したがっている。にもかかわらず、人間が社会生活をいとなむ上で、われわれは何らかの統一された規範を必要とし、ある面を切りすてることによってそれを守り抜こうとしている。ここで、もしこの中学生の意識が完全にこの規範を取り入れているとき、少なくとも彼の意識内においては問題を生じない。しかしながら、彼の意識しない心の働きとして、それを補償する傾向が生じる。すなわち、一人の人間の心のうちに意識・無意識を含めて、より全体的な統合を志向する働きが生じるのである。このとき、無意識の心の動きが睡眠中に意識の統制の弱まったときに、意識化されたものの断片が夢であると考えられる。

一人の中学生の夢として生じた、彼の意識を補償する働きは、他の中学生にも通じるものがある。それは他の中学生も彼とよく似た意識の状態にあるからである。そこで、彼が自分の夢を同級生に語るとき、多くの同級生はそれに興味を抱くであろう。「朝寝坊を奨励するお母さん」のイメージが、少年達の心をなごませる。このとき、この「お話」は伝説に一歩近づいている。すなわち、A君の母親は……という固有名詞と結びつき、中学生たちの忘れ難いお話になってゆく。朝寝坊という簡単なことが、どれほど人の心を打つかは、次の「マザー・グースの歌」に反映されている。(2)

エルシー・マーリィ　いいみぶん

ぶたにえさなど　やりませぬ
八じ九じまで　あさねぼう
のらくらエルシー・マーリィ

ただこれだけのうたが、二百年という年数をこえて多数の人に歌いつづけられてきたという事実は何を意味するだろう。人々は実際には毎日朝早く起きて働きつつ、このうたを、心のどこかに訴えかけてくるものとして感じつつ、愛好するのである。ここにうたいこめられているエルシー・マーリィがどんな人であろうなどとは、一般の人は考えても見ない。エルシー・マーリィは、もはや時代や場所によって規定し得る人物としてではなく、すべての人の心の内に存在するひとつの傾向性を代表するものとなってくる。人間の心のうちに定位されるものは、時間・空間の制約を超えている。とすると、「昔々、あるところに」という昔話に共通の話し方は、そのようなことを表現するのにもっとも当を得ていると言わざるを得ない。このように考えると、朝寝坊などということ以上の「怠けもの」の話が、昔話に多く存在することもうなずけるのである。そして、それは怠け者の面白さだけではなく、怠け者が成功する話にまで発展する。昔話における怠け者の意味については他に論じたので、(3)省略するが、このような話は昔話のもつ補償機能を十分に示していると考えられる。

夢が個人の意識を補償する機能をもつように、昔話は集団としての人間がもつ文化や規範を補償する機能をもつ。このような観点からすると、昔話がそれが作られる時代や、その文化と深い関連をもつことも当然のことと考えられる。たとえば、日本の昔話に「貧乏神」というのがある。(4)この話のなかで、殿さまが下へ下へと言ってお通りになるので、その駕籠のなかをめがけて、おうこ(天秤棒)でなぐりこめ、そうすると金持になれるというところがある。実際に殿さまを思い切ってなぐると駕籠のなかから小判がでてくるという話である。この話を筆者がスイスのユング研究所で報告したとき、昔話の研究家であるフォン・フランツ女史は、そのような類の昔話はスイスでは見出すことができないと述べた。領主に対して反抗することや、民主的な運動などはスイスのむしろ表通りの話として存在するので、そのような補償を昔話によってする必要がないというのである。このような観点から昔話をみることも興味深いことと思われる。しかしながら、ここに注意すべきことは、補償機能ということを、あまりにも機械的に考えないことである。すなわち、あるひとつの傾向がある文化の表通りに存在するならば、その逆のものが必ず昔話にあるはずといった単純な見方をしてはならない。というのは、そのような逆の傾向が存在するにしろ、それを如何に取りあげるかは、やはりその表通りの文化の制約を何らかの形で受けるはずだからである。夢にしても、それはあくまで「意識されたもの」であり、意識の存在をあまりにも脅かすものは記憶することさえ、なかなか難しいことである。

従って昔話は、それが出来あがる時代や文化の制約を受けつつ、なおそれに対する補償性をもって存在するわけである。このため、同じ物語が時代の変遷に伴って少しずつその内容に変化を受けたり、同一の主題の話でも文化の異なる国では、その展開の仕方に差が生じたりする。このような点を研究することも興味深いことであるが、また一方では、そのような変化を受けつつも、昔話が長い生命力をもって生きつづけている事実に対して、どのように考えるかという問題が生じてくる。

三　普遍的無意識

先に例として述べた中学生の夢の中に朝寝坊を奨励する母親の像が見られた。それに対して朝寝坊の「マザー・グースの歌」を紹介したように、このようなイメージは時代や文化を超えて相当な普遍性をもっている。

はじめにあげた夢の例の場合にも、恋人を見失って、それを見出し救出するために苦労するという主題は非常に普遍性が高いと述べた。ユングは多くの人の幻視、妄想、夢などを研究しているうちに、それらの主題が神話、伝説、昔話などのそれと余りにも共通することが多いのに気づき、結局、人間の無意識の深層には人類に共通な普遍的無意識が存在すると仮定するようになった。もちろん、ここで問題を逆に考えて、多くの人は子供の頃に昔話をよく聞くので、それを夢に見るのではないかという疑問が生じるのも当然である。そして、ある人が夢を見たとき、その人がそれに関連した昔話を聞いたことがないと立証することはほとんど不可能である。この点については詳論することができないが、ユングは注意深く、先行経験を否定できる例を示して反論を試みている(5)。

はじめの夢の例について考えてみよう。この夢を見た女性は実際は、このボーイフレンドと同棲していたのである。彼女は結婚などという拘束を受けることはする気がなく、好きな男性があれば同棲し、愛がさめた場合は別れるのが一番いいと考え、それを実行していた。理論的に考える場合、そのことはそれ自体としては何も問題はない。しかし、彼女の無意識はこのような夢というメッセージを送ってきたのである。すなわち、彼女はボーイフレンドを見失っており、それを救出するためには相当な危険を犯してでも、力をつくさねばならない。その危険は彼女の足を黒犬に噛み切られることや、悪魔との契約の可能性なども含まれている。これ程の犠牲を払ってまで彼女が救出しようとする恋人のイメージは彼女の心のなかの何を表わしているのであろうか。現実的には彼女の恋人は別に何の危険にもさらされていないし、たとえ別れることになっても、さっぱり別れるといいと彼女は思っているのである。

人間にとって異性とは、自分と異なるものでありながら、それと合一したいという強い欲望が感じられ、その合一によってこそ新しいものが生まれ、種族が保存されるというものである。永遠に不可解でなおかつ抗し難い魅力を感じさせるものとしての異性の像は、古来から人間の魂と呼ばれているものを表わすものとして最も適切であったとユングは言う。対立物の合一という主題は人間にとっての永遠の課題である。ところで、この夢を見た彼女の自我、すなわち彼女が意識し知るかぎりにおいての彼女自身は、既に述べたように男女関係について、いわゆる割り切った考え方をもち、それについて疑問を抱いてはいない。これに対して、彼女の無意識の方は、彼女はその恋人を既に見失ってしまっていることを告げている。つまり、現実のボーイフレンドではなく、彼女の心のなかの彼を、彼女の魂の像としてみるとき、夢は彼女が自分の魂を見失った危険な状態にあると告げているのである。ここで、魂という表現になじめない人に対しては、彼女の自我はその心の深層との接触を失っているという言い方をしてもいい。しかし、これは何を意味するのか。

われわれは、安心して生きてゆくためには、自分自身という存在を何らかの意味で確認しておくことが必要である。自分の存在を確かめるため、われわれはまず外界とのかかわりを考える。どこに生まれたか、今どこに居るか、次にどこへ行くかなどなど、外界との関係で時間・空間というものによって自分を定位して安心する。しかし、実のところ、われわれは自分の内界に対しても定位されねばならない。われわれがいったいどこから来てどこへ行くのかというのは永遠の問いであり、これに対して、われわれは母親の胎内から生まれ、墓場にゆくという答えだけでは満足できない。これに対する答えは、すなわち自分というものを自分の内界に対して定位することであり、そこにおいては時間・空間という物差しは使用できないのである。近代人はあまりにも外的な文化の発達に心を奪われてしまったため、後者のような存在の確かめがおろそかになっている。つまり、その自我は魂と切れた存在となっているのであり、そのことをこそ、彼女の夢は指摘しているものと考えられる。彼女は近代合理主義と協約を結んで生活してきたのであるが、夢は、合理主義というものこそ魔法使いではないかと皮肉を言っているような気がする。

先に、内界と外界を一応分離して述べたが、実はこの両者は計り知れない結びつきをもっている。故郷の家の庭に大きい松の木が生えていたが、ある日帰郷するとそれが切られているのを知ったとすると、その人は何らかのショックを受けるはずである。庭にある松の木は、その人の存在の確かめのためにひとつの役割を荷なっていたのである。あるいは、恋人のほほえみは、それを見る人の内界にも大きい動きをもたらす。ところで、ここで恋人のほほえみについてそれを他人に伝えるということを考える場合、どんな方法があるだろうか。まったく外的に記述することを考えるならば、彼女のほほえみによって生じる顔の筋肉の弛緩度を測定したり、目じりに生じるしわを数えることもできるであろう。ところで、外的のみならず、そのほほえみを見た人の内的な経験もそこに折り込んで表現するとするならば、われわれはそれを記述するのではなく「物語る」ことをしなければならなくなる。「物語り」とは、それを語る人間の内的真実の方に重みづけがなされた伝達法である。われわれは恋人の接吻が何分間続いたのか、圧力がどのくらいであるかという記述よりは、ひとつの接吻によって百年の間眠っていたものがすべて目覚めるという物語りの方に、より真実が語られていると感じる。ただここで残念に思うのは、物語りというものは本来それを語る語り手を抜きにしては考えられないものであったろうということである。語り手の全人格がこめられてこそ、そこに内的な生命力も直接に感じられたことであろうが、現在では活字を読むことによって「物語り」を知る機会の方がはるかに多いのであるから、昔話の心が伝わりにくいのも当然のことかも知れない。

内的な真実を物語るものとしての話は、あるときある人の自我を自分の内界に対して定位することに役立つ。

そして、その話がその人の内界の深層と関係するものであればあるほど、それは他人に対しても普遍性をもってくる。普遍性をもったものほど時間・空間を超えた存在意義をもつ。かくて、その話は「昔々あるところに……」という時間・空間による定位を拒否した表現形式にすっぽりとはまりこみ、時代の波にもまれても消え去ることなく存在しつづけるのではないだろうか。それは、単に意識に対する補償などということを超えて、われわれ人間の自我がより深い普遍的無意識というものに根づいて、いかにその存在を確かめ得るかという体験を物語るものなのである。

四　夢と昔話

今まで述べてきた点から、夢と昔話の類似性の高さが示されたと思うが、これに対して非常によくある反論として、「自分はそんな夢を見たことがない」ということが言われるので、その点について少し言及しておきたい。ユングが人間のタイプとして内向と外向とを分類したように、「内的な真実」などという言葉さえ頭から否定したいような外向的な人も存在することは事実であり、やはり夢に対して心の開かれている人と開かれていない人があることは仕方のないことである。しかし、この点は仕方がないとしても、一般に夢というものは覚えにくいものであることを指摘しておかねばならない。そもそもそれは何らかの意味でその人の自我とは相容れぬ性質をもっているのだから当然のことである。そのとき、そこに分析家という一個の人格が存在し、無意識の世界の探索を共に行おうと決意することによって事態が変るのである。そのような決意によって、多くの場合、その人のそれまでの過去に無意識内に積みあげられてあったことが、その時の状態に照らしてひとつのまとまった内容として意識化されると共に、将来の展望をさえ含んだものとして、劇的な夢として生じてくる。それが既に述べた初回夢である。しかし、このような夢は数が少なく、大体は日常生活と関連した断片的な夢をみるわけである。ユングは非近代社会の人がしばしば大きい夢と小さい夢とを区別していることを指摘している。大きい夢とは普遍的無意識に根ざした内容をもつものであり、それは夢を見た人にとって表現し難い深い感情体験を伴うことによって区別することができる。しかし、小さい夢でも注意深く観察すれば、その底に普遍的なイメージが存在していることに気づくこともある。たとえば、朝寝坊を奨励する母親の夢にしろ、これを「息子の目覚めを欲しない母」「人間を永遠の眠りに誘う母」というふうに言いかえてみると、その普遍性は相当なひろがりをもってくるはずである。

夢の機能として、自我の存在の確かめということを述べたが、このような点から言えば、むしろそれは神話の方に類似性が高いと思われる。神話はひとつの国家や民族がその統一体としての存在を確かめるために役立つ。神話は普遍的無意識に根ざす内容を含んでいるが、一国家や民族の同一性の確立という目的のため相当な意識的な彫琢を加えられたものである。従ってその国家や文化が衰微するとき、本来の目的を失ってそれは解体されるが、普遍性をもった断片が昔話となって残るということは起り得るであろう。あるいは逆に普遍的無意識に根ざしたひとつの昔話が、あるときに、ある文化なり国家なりの興隆と結びついて神話として装いを与えられることも考えられる。その点、伝説はある場所やある人物などと結びついて、外的現実との見かけのきずなを切れないままで、機能としては、やはり昔話や神話などと同様のはたらきをなしている。それは、国や文化などというのではなく、もっとローカルなひとつの豪族の存在の確立に関係したり、ときには一本の木やひとつの石の存在に関係して語られたりする。しかし、このような木や石も何らかの意味で、ある集団としての人間の存在の確立と関連し合っていることは既に述べてきたとおりである。

フォン・フランツが例証しているように、(6) ある個人の夢の体験がある民族の祭礼へと発展したり、伝説が昔話に、あるいは昔話が伝説にと移行することは、これらの素材の人類一般に対する普遍性からみて、むしろ当然のことであろう。この間には話の伝播の問題も生じてくるが、以上の論議から考えて、類似の話を見出したときに、それは必ずしも伝播によるものとは断定できないことも理解されるであろう。特に昔話は神話や伝説と異なり外界との関連がうすいので、より普遍性が強くなると考えられる。このような点から、特に昔話を普遍的無意識の働きの反映として、われわれは見てゆこうとするのであるが、このことは昔話に対する他の側面からの研究と何ら相容れぬものではないと思われる。たとえば昔話のひとつの内容なり主題なり外的な事実と関連させて研究することと、われわれのようにその内的な意味を考えようとすることは、相補う関係にはあっても相反するものではないと思われるからである。

むしろ、われわれの研究法における大きい問題は、語り手や聞き手の内的真実ということを取りあげつつ、それを如何にして「学問」にし得るかということにあるようである。昔話について、その成立年代について考証したり、類話を探し求めたり、伝播経路を探ったりする研究は、何らかの外的事実と結びついている。近代の学問というものが客観的な事実を基礎として論理実証主義という衣をまとって、その形態をととのえることに意義を見出しているとき、外的事実と結びつかぬことは「学問」として成立せしめることが難しいのである。さりとて、客観的事実のみを追い求める方法では、昔話の折角の「物語り性」を殺してしまうことになってしまう。ここに昔話研究のジレンマが存在する。「研究」としては、あくまで外的事実を重視する論理実証主義の線を守りつつ、心秘《ひそ》かにそこに感じられる物語りとしての真実を楽しむ方法をとるのか、物語りの内的真実の方を中心として「研究」しようとし、研究者としての道を踏みはずす危険におちこんでゆくのか。最初にあげた夢のなかで、主人公の女性が魔法使いから恋人を取り返すために、悪魔の助けを借りようとするところがある。この悪魔はあるいは分析家を意味しているのではないかと思われる。外的事実を大切にし合理的に生きてきたこの女性にとって、夢を大切にしようとする人間、分析家などは悪魔に等しく、まさに「虚言の父親」と思えるのかも知れない。近代合理主義が魔法使いなら、分析家は悪魔なのである。そして、この悪魔の姿が大小に変化して定まらぬことは、彼女にとっていかにその実態が明確に把握できぬものであるかを如実に示している。「時間・空間を超えて心の中に定位する」などという表現を既に用いたが、いったい、時間・空間という尺度を用いずに何かを定位する、大きさを確認することが出来るのであろうか。彼女の夢の最後の部分はそのような迷いを見事に反映し、しかもそれに対する解答は与えられないままで夢は中断される。この問題は昔話を心の問題と関連して「研究」しようとするものにとっての非常に大きい問題であろうと思うが、筆者もこのような大きいジレンマの存在を指摘するだけで、この問題を未解決のままで稿を終ろうと思う。

注

（1）初回夢の重要性については、C. G. Jung, "The Practical Use of Dream-Analysis", in The Collected Works of C. G. Jung, vol. 16, Pantheon Books, 1958. 参照。
（2）谷川俊太郎訳『マザー・グースのうた』草思社。
（3）拙稿「怠けと創造(昔話の深層4)」『子どもの館』一九七五年一〇月号、福音館書店。〔本書五三頁〕
（4）関敬吾編『一寸法師・さるかに合戦・浦島太郎――日本の昔ばなし(Ⅲ)――』岩波文庫、一九五七年。
（5）たとえば、C. G. Jung, "The Structure of the Psyche", in The Collected Works of C. G. Jung, vol. 8 Pantheon Books, 1960 を参照。
（6）M.L. von Franz, "An Introduction to the Psychology of Fairy Tales", Spring Publications, 1970.

昔話の残酷性について

何が残酷なのか

昔話には洋の東西を問わず、そのなかに、いわゆる「残酷なシーン」が語られるものが多い。グリムの昔話を少し覗いてみるだけで、すぐに残酷な場面を探し出すことができる。たとえば「赤頭巾」では、赤頭巾ちゃんが狼に呑みこまれてしまうし、「手無し娘」では、父親が自分の娘の両腕を切ってしまう。「ヘンゼルとグレーテル」では、両親が飢えに困って子どもを棄てる。この際、母親は継母ということになっているが、もともとの話は実母だったのを、グリム兄弟が書き直したものなのである(この点については、拙著『昔話の深層』福音館書店〈本巻第I章〉を参照されたい)。

西洋に劣らず東洋の話も残酷に満ちている。「かちかち山」の狸は、お婆さんを殺すだけでなく、婆汁をつくってお爺さんに食べさせたりするのである。これはあまり残酷なので「かちかち山」の絵本などでは、この点はカットされることが多い。ところが、「かちかち山」の原話のなかには、爺さんが婆汁を喰ったというところで話がおしまいになり、兎による仇討など語られないのもある。つまり、話の力点は婆汁におかれているので、ここを省略してしまうと話は成立しないのである。「猿蟹合戦」にしても、蟹が猿に殺されたり、仇討をする子蟹は猿の首をチョン切ったり、随分と残酷な戦いが行われる。

こんなふうに例をあげてゆけば切りがないが、このような昔話の残酷性に疑問を感じる人は、子どもに与えるときに話をつくりかえることになる。そもそも、グリム兄弟が、「ヘンゼルとグレーテル」や「白雪姫」などの実母を継母に言いかえた事実があるが、わが国で市販されている絵本などをみると、あまりにも安易な言いかえがあって驚いてしまうのである。首をチョン切られるはずの猿は泣いてあやまって許され、「平和共存」という結末になることが多い。この「書きかえ」の問題については、後に論ずることにして、ここではまず「残酷」とはいったい何かについて考えてみることにしよう。安直な「平和」を念頭に粗雑な絵本をつくった人は、それを読まされ聞かされている子どもたちの魂が、退屈で窒息しそうになっているのを御存知だろうか。面白くもない読物を、「ためになる」からと読み聞かせる母親は、だまして婆汁を飲ませる狸とあまり変わらないことをやっているのではなかろうか。大人たちは知らず知らずのうちに、どれほど残酷なことを子どもたちに対してやっているかを自覚しなくてはならない。

昔話が心の深い層に生じる真実を語っていると考えてみると、昔話に語られる「残酷」なことは、むしろ日常茶飯事に生じていることが解るのである。娘が他の人々と交際するのを厳しく禁じている父親は、娘の「両手を切っている」と言えないだろうか。子どもを「喰いもの」にしている親など沢山いるし、「ガラスの棺」に閉じこめられている女の子も存在する。それに、子どもたちは成長してゆくためには、内面的には「母殺し」や「父殺し」をやり遂げる必要があるとさえ言えないものだろうか。このように考えると、大人は多くの「残酷」なことを日常的にやりながら、それについての話を禁止したり、言いかえたりしてみても、わが国の戦時中の検閲のように、いくら厳しくしても最後には、もっと馬鹿げた形で馬脚を現わしてしまうことになる、と思われるのである。

子どもたちは知っている

既に述べたようなことを、子どもたちは実のところ、よくよく知っているのである。しかし、ここに「知る」と述べたことに関しては、少し注釈しておかねばならない。大人が一般に「知る」と言うときは、どうしても知能のはたらきの関連が強すぎるのである。自分のもっている知識体系にそれをいかに組み込むか、いかに照合させるか、によって「知る」ことが生じる。狸というと、それは動物であること、猫ぐらいの大きさであること、山里に住んでいることなどという知識との照合の上で「知っている」と言う。しかし、子どもたちは違っている。狸ということに対して、彼らは全人的に反応する。彼らは狸が単なる動物であって化けものでないことを知っているが、それと同時に、それはずるい奴であり、だます奴であること、それは山里のみではなく都会にも自分の心のなかにも住んでいることを、頭ではなく、何となく感じとっているのである。子どもたちの「知」は全人的である。それは生きた知である。

可愛い赤頭巾ちゃんの前に狼が正体を現わし、丸呑みにしてしまうとき、子どもたちは自分の経験に照らして、それを「よくあること」として体験しているのだ。「婆汁」なんてものが、多くの家庭でよく夕飯に出されていることを、彼らはちゃんと深い知恵として知っているのである。そして、もっと素晴らしいことに、それは外的現実としては起こり得ないことも、ちゃんと知っているのだ。かちかち山の話を聞いて、お婆さんの味噌汁をつくろうとした子どもが、かっていただろうか。猿蟹合戦の話を聞いて、自分の同級生の首を鋏《はさみ》でちょん切ろうとした子どもがいただろうか。このような点に関しては、大人たちは、もっと安心して、子どもたちの知恵に信頼を置いていいのである。不安の強い大人ほど、子どもを信頼することができない。「子どもたちのために」残酷な話をマイルドな形に書きかえている大人たちは、内的真実に直面することによって生じる自分の不安を軽くするために、そうしていることに気づいていない人が多い。いくらごまかしてみても、子どもたちは知っているのだ。

残酷な話をしたからと言って、子どもが残酷にならないということは既に述べたが、それでは、残酷な話を一切しなかったら、子どもはどうなるであろうか。その反応として、まず考えられることは、子どもが自ら残酷な話をつくり出すということである。実はこれは極めて健康な反応なのだが、大人の方でこのような経験をもったことを覚えておられる人もあろう。親があまりにも「衛生無害」の話のみを与えるとき、子どもは残酷な話を空想したり、どこか他人のところで、そのような残酷な話を探し求めてきたりする。子どもたちの魂は限りない自由を欲している。

親があまりにも「衛生無害」の話のみを与え、子どもがそれに反発する力ももたず、人工的な「いい子」がつくりあげられるとき、その子は思春期頃になると、急激に反転現象を起こし、親に対して「残酷」な暴力をふるったりすることは、最近急増してきた家庭内暴力の事件によって、皆さんよく御承知のことと思う。子どもたちは「残酷」な話を聞きながら、それを内面的に知り、その意味を自分のものとしてゆくので、やたらと残酷なことをする必要がなくなるのである。残酷さに対して何らの免疫もない子が、残酷さの犠牲になるのである。

物語ることの意味

昔話のなかの残酷さを肯定することは、残酷さそのものを肯定しているのではない。しかし、既に述べたことであるが、昔話のなかの残酷さが、子どもの残酷性を刺激することは、まったくないことだろうか。この点に関しては、やはり、物語ること、および、その語り手の重要性を指摘しておかねばならない。外的真実は書物によっても伝えやすいが、内的真実は人から人へと、あるいは、人の魂から魂へと直接に語りかける方が伝わりやすいものである。従って、昔話は「物語」られるときにこそ、最大限の効果を発揮し、語り手が既に述べたような残酷性の意味を明確に知っているときは、いくら残酷な話をしても問題はないというべきである。ここでも「知る」ということは全人的な意味で言っているが。

昔話が人から人へと物語られるとき、それは内的真実を伝えるものとなる。子どもたちはその話のなかの残酷さや怖さに、キャーと叫んだりしながらも、そこに存在する人間関係を土台として、その体験を消化し自分のものとしてゆくのである。それでは、昔話が書物になっている場合はどうであろうか。昔話は本来語られるものであって、読まれるものではない。しかし、子どもがそれまでに自分の存在を支えるよき人間関係を獲得しているとき、子どもたちは自分で読みながら、「語りかける声を聞く」体験をしているものと思われる。昔話というものが長い年月を経て出来あがったものだけに、極めて普遍性の高いものであり、どこかで心の深みと響き合う性質をもっているからである。しかし、このような人間関係の基盤の弱い子が、昔話を読むときは、強い不安に襲われたりして悪影響を受けることも考えられる。

書物でも少し難しいのに、これが絵本やテレビとなると極めて難しいこととなる。それは、子どもが話を聞いて、自己の内的現実としてのイメージをつくりあげる前に、外から映像を与えてしまうからである。それは、ひとつの外的現実として与えられてしまうことになる。したがって、昔話の絵本を作るためには、相当な配慮と技術が必要となってくる。おきまりのイメージを子どもにおしつけるのではなく、子どもの持つイメージを、より豊かなものへと広げてゆくような絵本が望まれるのだ。果たして、昔話の絵本を作る人に、それだけの自覚を持つ人がどれだけあるだろうか。

テレビはテレビ向きの素材をいくらでも持っているし、新しい時代にふさわしい物語はいくらでもつくれるであろう。昔話など映像化する必要など何もないし、子どもたちがせっかくつくりあげる個性的な世界を壊してしまうだけになろう。テレビで昔話の残酷なシーンなど見せても害があるだけだと思われる。それにしても、昔話のなかの残酷さを真に意味あることとして、子どもに「語りかける」ことのできる語り手は、現在どのくらいいるのだろうか。

グリムの昔話における「殺害」について

一　昔話における「殺害」

昔話のなかには、「殺害」のテーマがよく生じてくる。殺そうとする、あるいは、実際に殺してしまう、という話がよく語られるものである。グリムの昔話においても、日本でもよく知られている、「赤頭巾」「白雪姫」「ヘンゼルとグレーテル」「狼と七匹の子やぎ」など、どれにも殺しということが重要なテーマとして語られるのである。

「教育者」的発想をする人のなかには、昔話のなかの殺害を「残酷」であると感じ、このために、昔話を子どもたちにするのはよくないと断定したり、話をつくり替えることを主張したりする人もある。これは後述するように、まったくナンセンスな議論であるが、もし、グリムの昔話で「殺害」のテーマのあるものを除外したら、それは成立しなくなってしまうだろう。実際の「殺害」が語られる話――殺害の意図のみでなく――だけでも、ざっと数えて、約四分の一に達するのだから、相当なものなのである。しかし、どうして昔話にはこれほどまで「殺害」が語られるのだろうか、あるいは、グリムの昔話のなかの「殺害」は何か特徴的な様相をもっているのだろうか。このような点について概観的に見てゆこうとするのが、本論の趣旨なのである。

1　グリムと日本の昔話

昔話における殺害ということについて考える端緒となったのは、実のところ、日本の昔話についての考察である。日本の昔話を通じて日本人の心の在り方を探ろうとする試みを、長年にわたって行ってきて、その結果は一応まとまった形で発表したが[1]、その後もそこで取りあげなかった問題について考え続けてきた。そのなかで、「殺害」ということが重要なこととして浮かびあがってきたのである。

日本と世界の昔話を比較するとき、異類婚ということが極めて重要な鍵となると考えられる。この点については、小澤俊夫が画期的な研究を発表し[2]、筆者もその線に沿って考えてきた。そのなかで、非常に注目すべきことは、「猿聟入」(『日本昔話大成[3]』一〇三)などの異類聟の話において、しばしば異類聟は殺されてしまうのである。しかも、その動物である聟が何か悪いことをしたと言うのではなく、動物であるということのために、時には極めて陰険とも言える方法によって殺されてしまう。なお参考までに、異類女房の方をみると、「鶴女房」(『大成』一一五)の例などのように、殺されることなく、その場を立ち去ってしまうのである。従って、異類聟が殺されるということは、日本昔話の際立った特徴を示しているのである。

「猿聟入」をグリム童話の「蛙の王様」(『グリム童話集[4]』一)と比較すると、彼我の差は歴然としてくる。「蛙の王様」も一種の異類婚であるが、姫が蛙を嫌って壁に投げつけると——ここにも「殺害」のモチーフが認められるのだが——、蛙は王子様に変容し、王子と姫との結婚というハッピー・エンドが生じる。これは、計略によって聟である猿が殺されてしまう、という日本の昔話と著しいコントラストを示しているのである。

「殺害」という点について、日本の昔話に注目すべき話がある。「殺害」を広義に解釈すると、自殺ということも含まれると思うが、日本の昔話には次のようなショッキングな話がある。それは、「鬼の子小綱」(『大成』二四七A)として分類されているものの類話のひとつであるが、「片子」と題されるのもある。鬼が人妻をさらってゆき、自分の妻とする。そこで夫は妻を探しにゆき、一〇年目に鬼ヶ島に行くが、そこには、鬼と人間の妻との間に生まれた子が居て、「片子」と名のる。人間の夫と妻は再会し、片子の助けもあってうまく人間世界に帰ってくる。しかし、片子は半分鬼、半分人間という存在であるために皆に相手にされず、居づらくなったので、大木から身を投げて自殺してしまうのである。これは極めてショッキングな話である。親の幸福のため一所懸命につくした子どもが、「片子」であるという負い目のため、とうとう自殺してしまうのだ。(これについては次章に論じる。)

この話を読んだとき、これは日本的特性をもつ話であると感じ、前述した異類聟の問題と共に、いろいろと考えてみた。しかし、実際にグリム童話と比較してみて、グリムにはこのような話が「絶対に」無いと言えるのか、と考えはじめると少し不安になってきた。グリムはよく読んだけれども、それほど詳細に覚えていないし、まさかと思うような話が存在しているところが、昔話の特徴とも言えるのだ。そこで、「殺害」という点に注目し、グリムの昔話を再読し、すべての話について、殺害(自殺も含めて)の表をつくってみたのである。

もともと、日本の昔話に端を発したことであるが、こうして一覧表を作って眺めていると、またそれなりに面白いことが思い浮かんでくる。そこで、本論においては、グリムの昔話における「殺害」について、時に日本のそれと比較したりしながら、思いついたことを述べてみようと思う。

2 「殺害」の意味

殺人の夢を見て非常に驚かれた人があった。夢は「願望の充足」などということを聞き知っていたりしたので、余計に驚きがひどかったのであろう。筆者はそこでその人に、「自分の生き方で、何かを殺して生きてきた、というと思い当ることはありませんか」と質問した。そうすると、その人にとって思い当ることがあり、そこから夢の分析がすすんでいった。つまり「殺す」という言葉は象徴的には非常に広い意味をもっているのだ。日常的に言っても、「息を殺す」「味を殺す」などの表現があるし、スポーツでも「球を殺す」ということがある。『広辞苑』を見ると、「①生命を絶つ」という意味の他に、「②おさえつけて勢いをそぐ。おさえて活動させない。③勝負事で、相手の攻撃力を押えこむ。④野球で、アウトにする。⑤(俗語)質に入れる。⑥相手を悩殺する」などの意味が記されている。これは、英語の kill を見ても、ほぼ同様の意味が見られるであろう。従って、象徴言語として、夢や昔話に語られる「殺す」ことは、必ずしも、文字どおりに「生命を絶つ」こととしてではなく、ここに示したような広い意味で読みとることも必要であろう。昔話のなかの殺しは、文字通りの殺人ではない。そのことを、心の奥深くで感じとっている子どもたちは、昔話を聞いても、それほど驚いたり、怖がったりしないのである。

殺害の象徴性を考えるとき、これはまったく逆のことも考えられる。つまり、ある人が単に何かを押さえている、勢いをそいでいる、とのみ考えているとき、それは実は、ひとつの殺しである、という場合も考えられるのである。たとえば、中学生の子どもが野球部にはいりたいと言ったとき、野球はやってもいいが野球部には入ってはならない、練習が長すぎて、勉強ができないから、と父親が言ったとき、それが子どもの強い希望をおさえただけと思い勝ちであるが、時には、それが、子どもの魂を殺すことにもなるのである。このように考えると、自分の子を殺したり、それどころか、「食いもの」にしている親さえ多いのではないかと思わされる。

子どもを「甘言」でおだて、「わがもの」にしたり、「食いもの」にしたりしている親と、お菓子の家で子どもをおびきよせ、食べてしまう、「ヘンゼルとグレーテル」の魔女と、それほどの違いはないように思われる。人間の実社会における、さまざまの「残酷さ」、特に大人が子どもに対して行う残酷さに気づくならば、昔話の残酷さだけを取りあげて、どうこう言う必要のないことが解るであろう。

人間は空想の段階で、「あの人を殺して」とまで考えぬにしても、「あの人が居なかったら」とか、「あの人がもし死んだなら」と考えることなど絶対にないと言える人は、極めて少ないと思われる。それに、空想の段階が深くなるとき、「殺害」の意味はますます深くなる。どれほど親密な親子関係においても、子どもは成長してゆく過程において、親に対して強い対抗心をもたねばならない。対抗とか反抗というよりは、それは一時的な全否定につながるほどの強力なものとなるであろう。そのような強い否定を経ないと、子どもは大人として成長し、親との間に適切な距離をとって自立してゆくことが難しいのである。このことを端的に言えば、子どもは「父殺し」や「母殺し」を象徴的なレベルにおいて経験しなくてはならないのである。

子どもの成長に伴う象徴的な親殺しの問題は、昔話の意味を考える上で重要なものであり、その点については既に他に論じてきた[5]。しかし、本論においてもそれは重要な点となるので、ごく簡単に触れておく。フロイトは父と息子の間の心理的葛藤に注目し、すべての男性は子どものときに、父親を殺して母親と結婚したいという欲求をもつが、それは抑圧され、エディプス・コンプレックスとして無意識内に留まると考えた。これに対して、ユングは神話や昔話などによく見られる親殺しのモチーフを、実際の親子関係の問題として見るよりも、個人の普遍的無意識内に存在する、父なるもの、母なるもの、とでも呼びたい普遍的なイメージの基本的なパターンとの関係として見るべきであると考えた。

ユングの考えをさらにすすめて、彼の弟子のエーリッヒ・ノイマンは、西洋近代における自我確立の過程を、親殺しの象徴性に関連づけて論じた。(6) ノイマンによると、西洋近代に確立された自我は、世界においても特異的なものであり、その確立の過程は、典型的な英雄物語によって象徴的に示され、英雄の誕生、英雄による怪物(竜)退治、怪物によって捕われていた乙女と英雄の結婚の段階によって記述される。英雄の誕生は自我の誕生であり、怪物退治は、自我が母なるもの、父なるものの束縛を切り離し、一個の独立した存在となることであり、次の乙女との結婚は、そのような独立した自我が再び世界との関係を結び直すことであると考えた。

このような考えは、「ひとつ」の極めて有効な考え方であるが、これが唯一の正しい考えというのではない。その上、これは西洋の物語の解釈にはなかなか有効であるが、たとえば、わが国の物語の場合にはそれほど有効とは限らないのである。しかし、今後、グリムの昔話について考えてゆく上において、一応は念頭においておくべきことと思われる。と言っても、すべての殺害の話をノイマンの考えで割り切ってしまうつもりはない。今まで殺害について述べてきたことすべてを念頭におきつつ、実際にグリムの昔話について考察してゆきたい。

二　現実の認識

死はいかなる人間にとっても避け難いことである。それは苦い現実の代名詞とさえ考えられる。また、殺人は悪であることが明白であるが、既に述べたように、われわれの心の奥深くでは、それが存在していることを認識させられることもある。それもひとつの現実なのである。殺すことや殺されることの物語は、何らかの意味で厳しい現実と関連することが多いものである。

1　猫とねずみ

「猫とねずみのおつき合い」(『グリム』二)は、動物の話であるが恐ろしい話である。猫とねずみが一緒に住んでいる。冬の食糧のためにヘットを一壺、教会の神壇の下に隠しておく。しかし、猫は名づけ親をたのまれたとうそを言って外出し、ヘットをなめてくる。ねずみはそれとも知らず、赤ちゃんにどんな名前をつけてきたかを尋ねる。猫は「皮なめ」と名づけたという。このような調子で、「はんぶんぺろり」「みんなぺろり」と名づけたと言って、結局は猫はヘットを全部なめてしまう。冬になって、ねずみは猫と壺を見にゆき、猫の悪事を知る。ねずみが抗議すると、「猫は一足跳びにとびかかって、ねずみをひっつかみ、ぐうっと、鵜呑みにしてしまいました。どうです、世の中はこんなものですよ」ということで話は終る。

無茶苦茶な話だと憤慨してみても、「世の中はこんなもの」なのだから仕方がないのである。昔から、猫はねずみを食うことになっているが、ねずみは猫を食えないのだから、何とも致し方がない。まさにそのとおりであって、何とも動かし難い事実について語ることを、昔話の研究家フォン・フランツは、昔話に示される、just-so-ness と呼んだが、なかなか適切な表現である。

このような昔話は西洋よりもむしろ日本の方に多く、グリムにこのような昔話があるのは、例外的である。事実、この昔話と殆ど差のない話が『日本昔話大成』に「猫と鼠」(『大成』六)として、収録されている。あまりにも似ている話なので伝播ということも考えられるし、その際は話の性格から考えて、日本の昔話の方がオリジナルかと思ったりするが、この話は岩手県紫波郡において採集されただけで、他に類話が存在しないので、日本固有のものとも言いかねる。今後の研究が待たれる問題である。

なお話の結末において、グリムでは「どうです、世の中はこんなものですよ」という教訓めいた言葉が語られるが、日本の方は、「それから、猫と鼠の仲が今のような具合になったということである」という、猫と鼠の関係の起源を語る形になっている点が注目される。これだけで、どちらの方が古いかなど断定することは出来ないが、西洋ではこのような類の話が少ないので、何か一言つけ加える必要が感じられたのだろう。最後の一句はグリム兄弟がつけたのかどうか、それも解っていない。

2 皆殺し

昔話のなかで「皆殺し」的で、人間がばたばたと殺されるところがある。たとえば、「水のみ百姓」(『グリム』六七)は途方もない話である。その筋を簡単に紹介しよう。お金持の百姓ばかり住んでいる村に、一人だけ貧乏な百姓がおり、「水のみ百姓」と呼ばれていた。牛一頭買う金もなかったので、指物師に頼んで、木で牛をつくって貰う。牛飼いがそれを本物とまちがったところをうまく利用して、百姓は本当の牛を一頭せしめることになる。その牛をつぶして、牛の皮を町に売りに出るが、途中、雨がはげしくなり、水車ごやのある粉ひきの家に一晩泊めて貰う。粉ひきのおかみさんは亭主の留守に、なまぐさ坊主を引き込み御馳走を食べようとする。そこへ急に亭主が帰ってきたので、おかみさんは料理や坊さんをあちこちに隠す。これを見ていた水のみ百姓は、易者になりすまし、おかみさんの悪事をあばき、三〇〇ターレルの金をせしめる。

水のみ百姓が牛皮を三〇〇ターレルで売ってきたと宣伝したので、村の人たちは牛を殺して皮を売りにゆくが、三ターレルにしか売れず、皆が怒って水のみ百姓を樽に入れて川に沈めようとする。そこで、百姓はまた奸計を用い、羊飼いを身代りにしてしまい、自分は何食わぬ顔で、羊を引きつれて村へ帰ってくる。村人たちは大いに驚きわけを聞く。水のみ百姓は、川の底まで沈んでゆくと川底に草原があり、そこに沢山の羊がいて、その一群を連れてきたが、まだまだ沢山残っていると言う。村長を先頭に村人一同は先を争って川へ飛びこみ、村じゅう死にたえてしまう。水のみ百姓はたった一人のあととりとして、お金持になる。

これは初版本には「すぐに金持になった仕立屋の話」という同様の話が収録されていたが、第二版から「水のみ百姓」にかえられた(7)。仕立屋の話の方が簡単だがよく似ていて、特に村人全員が溺れ死ぬところは同じである。どちらにしろ、まったくありそうもない話で、なぜこれが現実の認識かと言われそうであるが、その点について考えてみよう。

この話の主人公は、まがうことのないトリックスターである。トリックスターについては説明を省略するが、ともかく、うそをついたり、いたずらしたり、随分と危険なことをし、神出鬼没、変幻自在、というところがある。それは低級なときは単なるいたずら者であるが、高級になると英雄に近くなる。たとえば、「いさましいちびっこのしたてやさん」(『グリム』二〇)の主人公などは英雄に近いトリックスターと言っていいであろう。(仕立屋というのは、トリックスターとして選ばれやすいようである。)

ところで、このようなトリックスター物語について、グリムと日本の昔話を比較すると、圧倒的に日本の方が多いのである。日本の神話をとってみても、日本の英雄はどこかにトリックスター性を残していると言っていいほどである。アフリカやアメリカ・インディアンの話になると、トリックスターの宝庫と言っていいだろう。これは何を意味するのだろう。これは、トリックスターのはたらきは「自然」そのもののはたらきを映し出しているようだ。「自然」は変幻自在、神出鬼没と言えないだろうか。それは人間るように思われることと関連しているようだ。自然はまさに「いたずらもの」である。自然を少し人間の方にひきつけに思いがけない幸福や不幸をもたらす。

ると、それはトリックスター像になるとも言える。

欲につられて、村じゅうの人間が死ぬということも、自然との関連でなら起こりそうなことである。「水のみ百姓」の結末も、そんな風に考えてみると、まんざら、まったくありそうもない、などと言えなくなってくる。トリックスターと自然との結びつきという点から考えると、わが国の昔話に比して、グリムのそれの方が少ないことが了解できる。『日本昔話大成』には、「狡猾者譚」という分類のもとに、実に多くのトリックスター物語が収録されている。そのなかで、「大むく助と小むく助」(『大成』六一六)がグリムの「水のみ百姓」と相当に類似した話である。ただ、「大むく助と小むく助」が日本固有のものかについて疑問が呈されているが、その点については、ここに論じないことにする。

「水のみ百姓」ほどではないが、「背嚢《はいのう》と帽子と角ぶえ」(『グリム』五九)および「犬と雀」(『グリム』六四)の主人公(といっても、後者は雀だが)は、トリックスターであり、やはり途方もない殺人が行われる話である。トリックスターの話では、「皆殺し」が行われたりして、それは既に述べたように自然を描いたものとも言えるのだが、トリックスター特有のおかしさや、非日常性がはいりこんできて、殺人に伴う恐怖とか罪悪感とかが薄められてしまう効果をもっている。古代の人は、自然の恐ろしさを重々承知しつつ、このような話によって、むしろそれを和らげようとしたのかも知れない。

同じトリックスターでも「忠臣ヨハネス」(『グリム』六)のヨハネスは、むしろ救済者のイメージに近い。これについては他に詳しく論じたので[8]、ここでは省略するが、ヨハネスの物語では、死が生じても、むしろ死と再生のモチーフにつながってゆくのも、他のトリックスター物語における「殺害」と比較して興味深い。この点は後で触れる。

3　感　情

トリックスター的な物語では、皆殺しなどのように、バタバタと殺人が行われるが、そこには既に述べたように、あんがい、恐怖とか残酷などといった感情ははたらかないものである。昔話はそもそも登場人物の感情については、あまり語らないものであり、マックス・リューティなどはそれを昔話の特徴のひとつにしているほどである。話のなかには何らの感情も語られないが、話を聞く方にとっては強い感情体験を強いられるような話もある。

「トルーデおばさん」(『グリム』四八)の話については、既に他で詳しく論じたので簡単に述べるが、これは極めて衝撃的な話である、「わがままで、こなまいき」な小娘が、「トルーデおばさん」のところには行ってはならないという両親の禁止を破って、会いにゆく。娘はトルーデおばさんが魔女であることがわかり恐ろしくなるが、もう既におそかった。魔女は娘を丸太ん棒にして、火の中にほうりこみ、それで体を暖めながら、「どうだい、おっそろしくあかるいじゃあないか」と言うところで話は終る。

これは既に述べた「猫とねずみのおつき合い」を上回るショッキングな結末である。両親の言いつけをきかぬ娘と言っても、魔女の暖をとる目的のために一瞬にして灰にされてしまうのは、あまりにもひどいと思わされる。しかし、「現実」には、これよりももっとショッキングなことが起っている。しかも、われわれはそのような事件に慣らされて、それを新聞記事として読んだときは、何らの感情も伴わずに読みすてていることが多い。その点、このように「物語」として語られると、われわれは戦慄の体験をし、心を動かされるのである。「現実」のもつ恐ろしさをつくづくと感じさせられるのである。

「ふくろう」(『グリム』一九四)は、ふくろうが殺される話である。ある町で、大きなふくろうが森から迷い出てきて、夜中に納屋にはいりこんでしまった。下男が朝になって納屋へやってきて、ふくろうをばけものと思い込んで逃げてきたので騒ぎが大きくなった。だんだんと町中の人がやってきて、ふくろうを退治しようとするが怖くて果せない。最後には武装した勇者が槍をもって立ち向かうが、これも怖くなって逃げてくる。とうとう町長が町の財政からその納屋の一切のものを持主から買いとり、その後で納屋ごとばけものを燃やしてしまおうと提案する。そこで、「みんな、町長さんの言うことに賛成しました。それで、納屋の四隅へ火がかけられて、納屋といっしょに、ふくろうは、あわれ無慙に焼きころされました」ということになる。

これは、ふくろう一羽に驚いてしまって、誰も退治できないところが詳しく語られていて、「勇者」が逃げ出してくるところなどがおかしく、ひとつの喜劇とも考えられるが、喜劇と悲劇は紙一重で、これはふくろうの方を中心に考えると大変な悲劇になる。何の罪もないふくろうが、人間たちの誤解によって殺される。しかも、納屋もろともに焼き殺すという残酷な方法で殺されるのである。納屋もろともに焼くということは、その中にあるいろいろなものも燃やしてしまうので、人間の方の払う犠牲も大きいと言わねばならない。

この話は「なん百年か前でしょう、今日にくらべると、人間どもが知恵もなく、すれてもいなかったころ」のお話として語られている。しかし、このような馬鹿げたことは現代でも行われていると言えないだろうか。この話を読んで、多くの現代人はナチスによるユダヤ人の殺害を想起するのではなかろうか。何の罪もないユダヤ人を「ばけもの」と断定することにより、納屋ごと焼き殺すよりももっとひどい方法で殺してしまったのは、つい最近のことである。何もナチスに限定することはない。人間というものは、誰か一人が「ふくろう」を「ばけもの」だと言うと、恐怖心が伝播してしまって、「ふくろう」を殺すためには、相当な犠牲を払っても止むを得ないなどと考えはじめるのではなかろうか。

人間の行っている「現実」に対して、ともするとわれわれは目を閉ざし勝ちになるか、それに伴う感情を抑圧して知的な議論によって割切ろうとするか、どちらかになるが、このような話は、情況を生き生きと物語ることによって、人間の感情を呼び起こし、現実の恐ろしさを知らしめてくれる。

このような類の話は、グリムの話には比較的少ないことも、つけ加えておきたい。「トルーデおばさん」や「ふくろう」に類似の話は、グリムのなかに見出すことはできない。また、それだけに貴重な話であると言うべきであろう。

三　殺すものと殺されるもの

「ふくろう」の例に示されるように、昔話において殺されるのは、必ずしも悪者とは限らない。殺すものも殺されるものも相当なバラエティーがあって、簡単に分類したり、意味づけしたりすることを許さない。しかし、一般的には、昔話において悪者役を背負わされているものが殺されることが多いようである。この傾向はグリムの方が日本の昔話より強いように感じられる。それではどのような存在が悪者役を背負わされているか、ということになるが、そのような点にも注目しつつ、殺すものと殺されるものとの関係や在り方について考察してみることにしよう。

1　積極性と受動性

昔話のなかであっても、「殺す」ということはそれ相応の理由や動機がなくてはならない。また、殺しに到る過程もさまざまであり、そこにいろいろなパターンが示されることになる。ここでは、殺害を行うときにそれが積極的になされたか、せっぱつまって止むを得ずという受動的な形でなされたかについて考えてみよう。

男性の主人公が大男などの「悪者」を退治する物語では、殺害が極めて積極的になされる。これは非常に了解しやすいパターンである。このパターンは相当に多いが、そのひとつとして「地もぐり一寸ぼうし」(『グリム』一〇四)をとりあげてみよう。この物語では主人公の「阿呆のハンス」は竜を退治して、それに捕われていたお姫さまを救い出すのである。ハンスは後でこの姫と結婚してハッピー・エンドになるのも、おきまりの筋である。ただ、ここで主人公のハンスの性格を示す興味深いエピソードがあるので紹介しておこう。ハンスは実は他の二人と共に、三人で旅をしていた猟人《かりうど》なのであるが、ある御殿につき、一人が留守をして、二人が出かけている間に一人の小人がやってきてパンを一つねだる。パンをやると小人はそれを落して、パンをひろってくれという。ハンス以外の二人は小人の言うとおり、パンをひろおうと身をかがめると、その途端に小人が杖で頭をなぐりつける。二人は親切にしながら痛い目に合わされるのだが、ハンスの反応は二人とは異なるものだった。ハンスの場合も小人にパンをやろうとしたが、小人がパンを落してひろってくれと言ったときに、ハンスは自分で自分のものがひろえないのかと怒って、小人をこっぴどくひっぱたくのである。小人はそこであやまって、姫のいるところを教えてくれ、山刀をもっていって竜の首を切れなどと忠告を与えてくれるのである。

この主人公ハンスは、竜の退治をするような積極的な男性であることは明らかであるが、小人に対しても、自分のパンくらいは自分でひろえ、といかにも男性的な親切を発揮するところが興味深い。パンをやるのまではいいが、相手の言うとおりパンまでひろってやるのはやりすぎなのである。

若い娘が殺される側にまわることが多いのも特徴的である。白雪姫などその典型であるが、娘を殺そうとするのは多くの場合、魔女か継母である。魔女や継母は極めて積極的に殺害の行為に及ぶ。これに対して娘は徹底的に受動的で、何とか逃げようとしたり、耐えていたりする。そしてそこに適切な援助者が現われ、結局は魔女が殺される形になることが多い。しかし、「ヘンゼルとグレーテル」(『グリム』一七)では、少女のグレーテル自身が魔女を退治する。この話では始めのうちは受動的、消極的だった少女のグレーテルがだんだんと強くなってきて、最後には相当積極的になる変化の過程が印象的である。

若い女性が――自ら手を下すのではないが――積極的に殺害に加担するタイプの話がある。それは若い女性が求婚者に対して何らかの困難な課題を与え、それに失敗したときは死刑にしてしまうという話である。たとえば、「あめふらし」(『グリム』二一三)では、「気ぐらいが高く、ひとの下につくことが大きらい、ほんとうの一人天下でいようとする」王女が、求婚者の首をつぎつぎにはねさせ、「お城の前には、死人の首ののってる杭が、もう九十七本たちならびました」という状態なのである。この王女はこのような類のヒロインの典型であるが、グリムのみならず西洋の昔話には、このような女性の物語がよくでてくる。結局は難題を解決する男性が現われ、結婚によってハッピー・エンドになるのだが、このような物語に示される乙女の積極的な殺害への姿勢は注目に値する。乙女が男性的な要素をうまく受容できず、強烈な拒否の段階にいる状態をこれらの物語は示しているものと思われる。

わが国の昔話では、「難題を解いて聟になった話」(『大成』一二七)というのが類似性の高いものである。これには類話も多く、主人公が動物に助けを借りて難題を解決するところも「あめふらし」と似ているが、あくまで「聟取り」の話として語られ、難題を出すのが若い女性自身ではなく「家」として提出しているように感じられる。それに、求婚者で失敗したものに対する「死刑」の存在も漠然としている。このあたりに西洋と日本との差が出ているように思われる。

2 誰が殺されるか

グリムの昔話において誰が殺されるか、という点で言えば、まず第一にあげられるのは継母、魔女であろう。「兄と妹」(『グリム』一三)や、おなじみの「白雪姫」(『グリム』五八)、「恋人ローランド」(『グリム』六二)などでは、継母が魔女であったと書いてあるので、両者は内的には同様のことを示す存在と考えられるであろう。特に注目すべきことは、「ヘンゼルとグレーテル」や「白雪姫」の物語は、もともと実母の話であったのを、グリム兄弟が一八四〇年の限定版のときに継母に変更したという事実である。グリム兄弟は、実の母親が嫉妬で自分の娘を殺そうとしたり、飢えのために自分の子どもを捨てようとしたりするのはあまりにも非人間的と考えて、このような変更をしたらしい。常識的に考える限り、これも許容できることだが、人間の心の深層まで考慮するときは、別にこのような配慮は不要だったとも言うことができる。人間の心の奥深くまで考えるなら、すべての母親の心に——あるいはすべての人間の心に——このように子どもを殺そうとする傾向は内在していると思うからである。それに、継母というものにこれほどの悪いイメージを背負わされると、継母にならざるを得ない運命の人はたまらないであろう。

母性には肯定的、否定的の両面があり、前者は「産み、育てる」ということに表現され、後者は、「呑みこみ、殺す」ということに表現される。このことについてはユング派の分析家がつとに指摘しているところである。そして、一般的には母というと、絶対的と言っていいほどの肯定的なイメージと結びつくので、その反対の側面は昔話のなかで、継母や魔女のイメージに結びついてゆくことになる。しかし、本当は実の母がこのような面をもっているということなのである。自分の子を「お菓子で誘惑」したり、「食いもの」にしたりしている母親はたくさんいるはずである。しかし、考えてみると、母と娘との間の殺し合いも、それほど否定的な意味ばかりを持っているのではなさそうである。

このような話の典型である「恋人ローランド」を取りあげてみよう。魔女に二人の娘があり、一人は実の娘で醜く、他の一人は継子で器量よしの子であった。継娘のもっている美しい前掛けを、もう一人の娘が欲しがるので、母親は継子をねているうちに殺そうとする。これをひそかに知った継子は寝るところを実子といれ替えたので、母親はそれとは知らず実子を殺してしまう。そこで、継子は恋人のローランドのところにゆき、二人で逃げ出そうとするのを、継母の魔女が追いかけてくる。詳細は略するが、若い二人のカップルはとうとう魔女を殺してしまう。この後も話は続くがそれには触れずに、ここまでのところで考えてみよう。

ここで「身代り」の娘が殺され、続いてその娘の母(魔女)も殺されるのだが、それは何を意味しているのだろう。魔女は自分の娘が何かを欲しがるとき、それはどんな手段を用いても手に入れてやろうとするのだから、この母＝娘関係は極めて密接である。とすると、この物語の言わんとするところは、若い乙女が恋人を得て、結婚に至ろうとするとき、密接な母＝娘関係の終り(死)を体験しなくてはならないことを意味しているのではなかろうか。乙女にとって結婚はひとつの死の体験であり、乙女は死んで妻として再生しなくてはならない。それと共に、そのような乙女と対をなしていた母親も死を体験しなくてはならないのであろう。

母親の否定的側面を示すものとして、「狼」をあげることができる。「狼と七ひきの子やぎ」(『グリム』五)や「赤頭巾」(『グリム』二九)に登場する狼は、「呑みこむ」存在として、母親の否定的な側面を表わしていると思われる。なお、「赤頭巾」の狼を男性像として解釈する学者——特にフロイト派の分析家——もいるが、この点については既に他に論じたので、ここには繰り返さない(9)。

否定的な母親像を示すものの殺害が、グリム童話のなかでは圧倒的に多い。これに次ぐものとしては、大男、魔法使いなどの恐ろしい男性像である。この場合は、男性のヒーローがこのような恐ろしい存在を退治するという展開になることが多い。そして、ほとんどの場合、ヒーローは素晴らしい女性と結婚することになっている。「いさましいちびっこのしたてやさん」(『グリム』二〇)は、主人公は相当なトリックスター性をもっているが、大男を退治したりして、最後は王女と結婚する。「こわいものなしの王子」(『グリム』一二一)も、主人公の王子は大入道を殺し、後に王女と結婚している。これらは主人公の男性的な強さを強調するものであり、「父親殺し」のテーマに関連するものと思われる。男性にとって、父親は自分よりはるかに強く、恐ろしいものであるが、それを超えてこそ自分を確立できるのである。

殺される者を父親像や母親像と結びつけて考えることが難しいものもある。しかし、母親、父親の否定的側面との関連で考えられるものが、グリムのなかで大半を占めていると言っても過言ではないであろう。西洋における自我の確立の過程において、象徴的な母親殺しや父親殺しがいかに重要であるかを、如実に示しているものと思われる。

両親像との関連で解釈することの困難な例としては、「雪白と薔薇紅」(『グリム』一六一)をあげることができる。この物語では雪白と薔薇紅という二人の乙女が、冬に家を訪れてきた熊に親切にしてやる。春になって熊は帰ってゆく。その後、二人の乙女は困っている一寸法師を助けてやるが、そのたびに一寸法師に逆恨みをされ文句を言われる。ところが、とうとう例の熊が現われ、一撃のもとに一寸法師を殺してしまう。熊はそこで王子に変身し、二人の乙女はその王子と弟とそれぞれ結婚してハッピー・エンドになる。

この物語で、二人の乙女が同じように親切にしても、熊の方は喜び、後で恩がえしをすることになるが、小人の方は親切にすればするほどつけ上がる、というところがある。最後は殺してしまうより仕方のない存在なのである。おそらく、このことは無意識の内容(熊や一寸法師で現わされる)には、注目すべきものと、注目を払うべきでないものとがあることを意味しているのであろう。ともかく、実生活においても、親切にすればするほど結果はマイナスになることを、われわれは経験することがある。「殺し」が意味をもつときも、いろいろな場合があるように思われる。

3　男性と女性

親と子の関係ではなく、男性と女性との間においても「殺害」のモチーフは生じてくる。既に述べたように、女性が与えた課題に失敗した求婚者を殺す、というのはよくある物語である。これに対して、男性が女性を殺す物語があるだろうか。それは、いわゆる「青ひげ」型の物語である。このような類のものとしては、「強盗のおむこさん」(『グリム』四五)、「まっしろ白鳥」[10](『グリム』五二)があるが、ここでは後者の方を取りあげてみよう。

「まっしろ白鳥」では魔法使いが三人姉妹の一番上の娘をかどわかしてきて、自分の家に連れ帰り、そこでは娘の欲しいものは何でも与える。二、三日後に魔法使いは旅に出るが、彼の家中のどの部屋を見てもいいが一部屋だけは見てはならない、と娘に言いつけて出てゆく。娘が禁を破って部屋を見ると沢山の女性の死体であふれていた。娘が禁を破ったことは魔法使いにすぐわかり、彼女は殺される。二番目の娘も同様の運命をたどる。三番目の娘は禁を犯したが、うまくやったので魔法使いにばれなかった。そこで二人は結婚することになり、娘は沢山の財宝をもらって帰り、この魔法使いが結婚式のために家にやってきたときに、計略によって焼き殺してしまうのである。

この話で特徴的なところは、男性が女性を数多く殺してきたのだが、とうとうヒロインの女性の知恵によって逆に殺されることと、話が結婚によるハッピー・エンドで終らないことである。このパターンは「強盗のおむこさん」でも同様であり、グリムの初版本には掲載されていたが後に取り去られた「青ひげ」の物語でも同様である。

この「青ひげ」や「まっしろ白鳥」の話は、男性が女性に対して「見るなの禁」を科すという点で、わが国の「うぐいすの里」(『大成』一九六A)と対照的で興味深い話である。「うぐいすの里」においては、女性が男性に対して「見るなの禁」を科し、男性がそれを犯すのだが、彼女は男性をことさら罰しようとしない。この点、グリムでは明白に「死刑」という最上の罰が与えられるのである。このように禁を破ったものに対する罰の相違は、あきらかに日本と西洋の差を示している。この点についても他に詳細に論じた(11)ので、ここでは省略する。

これらの物語に登場する魔法使いや強盗の聟などは、女性の心の深層に存在する男性的な傾向のなかで、否定的な側面を表わしているものと思われる。ユングは女性の心の深層に存在する男性像の元型をアニムスと呼んだが、これらは否定的なアニムスの典型と言えるであろう。アニムスは女性を魅了する。その上で、「――してはいけない」という禁止を科すが、それとてもそれを破らせることをひそかに願ってのことなのだ。これはアニムスの挑発である。アニムスの挑発にうっかり乗った女性は命を失うことになってしまう。アニムスは女性にとって大切なものである。しかし、その誘惑にうっかり乗るのではなく、その否定的な面に対しては強い拒否をすることが必要であることを、これらの物語は示しているようだ。

4　自　殺

自殺は、いわば自分で自分を「殺害」するとも言えるので、「殺害」のモチーフのなかに入れておいてもいいであろう。既に述べたように、そもそもこのようなモチーフについて考えてみようとした端緒は、日本の昔話における「片子」の自殺の話である。ところで、グリムを全部調べても、「片子」のように主人公または重要人物の「自殺」について語る話は存在していない。これから見ても、「片子」の話の特異性がわかるであろう。

昔話で「自殺」が語られることは少ないと思われるが、それでもスティス・トムソンのモチーフ・インデックスの「自殺」の項を見ると、割に多く例が載せられている。これを見ると、なるほどそのような昔話もあるだろうと思わされるが、この点から考えると、グリムには「自殺」の話が少ないのかなとも思う。このようなことは正確な「統計」を取りようがないので、簡単に結論づけはできないことであるが。

ともかく、グリムのなかで「自殺」がでてくる話を紹介しておこう。自殺のことが少しでも語られる話は、グリムのなかに三話ある。「子どもたちが屠殺ごっこをした話」(『グリム』二二五)は、一八一二年版に収められていた(番号二二)が、その後は棄却されて代りに「なぞ」が採用された。おそらく話があまりに陰惨なのと、構成も昔話らしくないためであろうと思われる。この題名のもとには似たような話が二話採用されているが、自殺が語られるのは第二話の方である。話は短いものであるが、次のようなものである。父親が豚を殺すのをみていた兄弟が、豚の「屠殺ごっこ」をしようとして、兄が小刀で弟の咽喉を突く。母親は二階で赤ちゃんに湯をつかわせていたが、子どもの叫び声に驚いてかけおりてゆくと、兄が弟を殺している。母親は腹立ちまぎれに、小刀をとって兄を殺してしまう。そして、二階へ行くと、赤ちゃんは湯のなかで溺死していた。母親はこのためにやけになってしまって、召使いたちがいろいろ慰めてくれるのに、首を吊って死んでしまう。父親は帰宅してこれを見て、すっかり陰気になり、それから間もなく死んでしまった。

読者はおそらく、グリムのなかにこれほど陰惨な話があるのに驚かれることであろう。昔話というものは、民衆の間で語られていた「お話」であり、ここに示したような類の話も相当に語られていたのではなかろうか。この話がグリムによって削除された事実が示しているように、このような話は現代のわれわれが心に描いている「昔話」からは除外されていったのではないかと思われるが、もちろん、推論の域を出ない。つまり、この種のお話は現在の新聞記事を少し修正するとできあがりそうなものであり、敢えて「むかし、むかし……」と言わなくとも類似のものができあがるので、昔話としての価値が低いとも考えられるのである。もちろん、このような点については、もっと実証的研究ができるので、そのような研究をする必要があると思われる。

次にもう一点考えねばならぬことは、わが国の昔話にこのような話がないことである。一見すると、このような類のものは日本に有りそうに思うのだが、なかなか見つからない。筆者が寡聞のためかとも思うが、この点について御存知の方があれば御教示願いたい。この話では、子どもの遊びが端緒になって、結局は家族全員が死んでしまうので、ある意味においては、すべてが「無」にかえる話とも言うことができる。そのような点からみると、日本の昔話において「無」ということが大切であることを筆者はこれまでに論じたことがあるが、それとはまったく異なったものと言わねばならない。ここに詳論することは避けるが、たとえば日本の昔話「うぐいすの里」における「無」は、まさに「無」が生じたと言うべきであり、話全体を通じて「無」ということが語られる仕組みになっている。これに対して、グリムのこの話では、はじめに存在した家族が、終りにはすべて死んでしまうので、有→無という図式によって「無」が示されている。日本の昔話の「無」は、別に有と対立させては語られないのである。このような点を深く考えてゆくと、この話は日本と西洋の昔話の比較の上で興味深いものと思われるが、そのためにはもう少し多くの資料に丹念にあたってみることがまず必要である。ここでは一応試論のかたちで述べておいた。

自殺が生じる話としては次に、「お墓へはいったかわいそうなこぞう」(『グリム』二〇七)について述べる。孤児が金持の家にあずけられるが、金持は強欲で情知らず、この子を虐待する。その様子がいろいろ詳しく語られるがその点については省略する。「こぞう」は嘆き悲しんで主人に殺されるくらいなら自分で死ぬほうがましだと、おかみさんが寝台の下にいつも隠している毒入りの壺を出し、毒を飲む。ところが実はこれはおかみさんがうそを言って、蜂蜜を隠していたものだったので、こぞうは蜜をなめてしまうことになる。ともかくこれでは死ねないので、次にだんなが蠅取りの毒だと言って隠しているフラスコから「毒」を飲むと、これがハンガリー産のぶどう酒であった。これも味はよかったがふらふらしてきたので、どうも死にそうだから墓を探そうと墓地にゆく。そして掘ったばかりの墓穴に横になると、ぶどう酒の熱と夜の冷たい露に命を奪われて死んでしまう。こぞうの死を知った主人は裁判所に引き出されないかと心配で目をまわしてしまう。おかみは鍋にあぶらを一杯入れて、かまどの傍らに立っていたが驚いて亭主のところにかけつける。この間にあぶらに火がまわり家は焼けてしまう。夫妻はその後貧乏になってしまった。

この話も暗い話である。毒だと思って飲んだものが実は蜂蜜であったり、ぶどう酒であったりするところでは、わが国にも類似のものがある笑話の類かと思わされるが、結局のところ、かわいそうな少年は死んでしまうのである。その後で、彼を虐待した夫婦も災難にあって貧乏になる、というところで因果応報的に話がすすめられているが、それでもこの少年に対する気持がそれほど和らげられるものではない。この話を孤児が大活躍して、しまいには王女と結婚するようなその他の昔話と比較すると、その特徴が歴然としてくるであろう。

「お墓へはいったかわいそうなこぞう」も、一種の just-so-ness 物語とも言えるが、その他の要素もはいりこんでいるために、インパクトはそれほど強くない。わが国にはこのようなタイプの昔話は無いようであるが、先の「子どもたちが屠殺ごっこをした話」同様、今後の詳細な比較研究が必要であろう。

最後に自殺が語られる話として、「熊の皮をきた男」(『グリム』一一四)をあげる。これは多様なモチーフをもち簡単には解釈し難い話であるが、話の概要を極めて簡略化して述べてみる。一人の兵隊が解雇されて困っていると、悪魔があらわれ、兵隊が熊を打ち殺して勇気のあるのを見とどけてから、七年間からだを洗わず、髪もとかず爪も切らず、熊の皮をはいでつくった外套を着て暮らすことを約束させた上で、お金が好きなだけ出てくる上衣をくれる。兵隊はそのお金で困っている老人を助け、老人はその礼に三人の娘のなかの一人を嫁にやると言う。上の二人は「熊の皮を着た男」を嫌って結婚を承諾しないが、三人目の娘は父親の難儀を救ってくれた人だからと結婚を約束する。男は喜んで指輪を二つに折り、片方を娘に渡し、暫く待つようにと頼む。悪魔との約束の七年の経過後、男は素晴らしい身なりで、例の親と娘たちを訪ねる。上の二人の娘は是非とも彼と結婚したいと思うが、男は半分の指輪をもっている三番目の娘と結婚すると言う。姉たち二人は、気ちがいのように怒って外にかけ出し、一人は井戸に身を投げ、一人は木で首をくくり死んでしまう。夜になって悪魔がやってきて、男に「おまえの魂一つのかわりに、二つの魂がおれのものになったぞ」と言う。

これは「恋人ローランド」のときに論じたように、乙女の結婚に伴う死のモチーフとも考えられるが、ここで二人の姉が自殺し、しかも、悪魔が男性の主人公の魂の代りとして、それら二つの魂を手に入れたと言うあたりは、簡単に解釈し難い感じがする。ともかく、ここでは、グリムにおける数少ない自殺の話のひとつとして紹介することにとどめておく。

四　変容への希求

これまで述べてきたように、グリムの昔話には多くの殺害が語られる。そのなかで、これから示すように、死んだ後に再生する話が、もっともよくグリムの昔話の特性を示しているように思われる。死んで再生することは、象徴的には急激な人格の変容を示していると思われる。人間はそのライフサイクルのなかで、急激な変化を体験しなくてはならぬ節目があり、そこでは象徴的な死と再生を体験するとも言うことができる。多くのイニシエーションの儀式において、死と再生のモチーフが重要視されることは、文化人類学者の指摘しているところである。そのような点を反映して、昔話には殺され再生するというモチーフがよく生じるものと思われる。このような類の話について次に考察してみたい。

1　死と再生

死と再生の典型的な話としては、「白雪姫」をあげることができる。継母である魔女によって姫は殺されるが、小人たちは姫をガラスの棺に入れておく。ところが、ある王子が死んでいる姫にほれこんで、その棺を運んでゆくとき、ふとしたはずみから白雪姫は毒のりんごを吐き出して再生する。そこで、この二人は結婚するのだが、この話は乙女が結婚に至る以前に、ある種の死の期間——それもガラスの棺や小人たちに守られて——を経過しなくてはならぬことを示しているようである。それを経験してこそ、素晴らしい花嫁となることができる。これとまったく同じことが、百年の眠りという形で示されているのが、「いばら姫」(ペローでは「眠りの森の美女」)であろう。女の子が乙女となってから、花嫁として開花するまでに、「守られた死」を経験しなくてはならない、などという古い知恵は現在ではあまり通用しないかも知れない。乙女たちは棺の守りなど突き破って、もっと積極的に行動し、王子さまを自らの力で見つけようと努力する。しかし、あまり好奇心を強くもちすぎて、トルーデさんの犠牲にならぬように用心が必要であろう。

乙女から花嫁になるときの死と再生について、女性が子どもを産んだときの死と再生の物語も相当に存在している。たとえば、「兄と妹」(『グリム』一一)、「森のなかの三人一寸ぼうし」(『グリム』一五)などである。話の詳細は略すが、ヒロインはいずれも継母あるいは魔女に迫害された後に、幸運にも王様と結婚する。子どもができたときに継母(魔女)が現われてヒロインを殺し、自分の娘を妃のように見せかけて寝台に寝かしておく。しかし、殺された妃が夜にあらわれ、子どもに乳を与えるのを王様が知り、結局は妃が再生し、継母とその娘は処罰されて殺されてしまう。いずれも、妻が母になるという変容に伴う、死と再生の体験について語っていると思われる。なおこの過程において、「兄と妹」の方では、鹿に変身させられていた兄が、もとの人間になるところがある。また、「森のなかの三人一寸ぼうし」の方では、殺された妃が鴨の姿で子どものところに現われ、王様が鴨の願いによって、その頭の上で三度刀をふりまわすことによって、もとの妃の姿に戻っている。これらの動物から人間への変身は、女性が子どもを産んで母になる過程において、実に深い生理的なレベルにおける変容が生じていることを、反映するものであろう。

死と再生によって、一般には肯定的な変化が生じるのであるが、時にはマイナスの変化を生ぜしめることを示す例が一例あり、注目に値する。それは「三まいの蛇の葉」(『グリム』一六)である。興味深い話なので簡単に紹介してみよう。ある勇敢な青年が武功をあげ、王女と結婚することになる。ところが、王女はもし結婚すると、本当に愛し合っている限り片方が死ぬと他方は生きている意味がないはずだから、どちらが先に死んでも片方はそれと共に死ぬべきだと主張する。男はそれを承知する。暫くして、この若い妃は病で死ぬので、若い王は約束どおり妃と共に墓にはいる。ところがそこで蛇の用いている再生のための葉を見つけ、それによって妃を再生させる。二人はそこでめでたくこの世に戻ってくるが、「おきさきは、一ぺん死んで生きかえってみたら、心がまるでかわっていて、夫への愛情というものがあとかたもなくなってしまったようでした」という変化が生じる。暫く後に、若い王が自分の父を訪ねるため夫婦で航海をすることになったとき、妃は船頭と恋に陥り、王が眠っている間に船頭と二人で海へ投げ入れてしまう。ところが、王は例の「蛇の葉」によって再生し、後に王妃と船頭は処刑されて殺される。

これは再生によって望ましくない人格変化が生じている話である。特に女性の再生を助けたのは、彼女と共に死のうとした夫であり、その夫を裏切るようになるのだから、この変化は驚くべきことである。もっとも、この話は、もともと別であった二つの話をグリムが一つにしたものらしいし、このような話はグリムのなかでただ一つしかないので、昔話のなかの傾向として語るのは慎重にした方がいいと思われる。むしろ、既に述べたように「白雪姫」の実母を継母に言いかえたりするような配慮を示したグリム兄弟が、二つの話を結合させて、このような話をつくった意図について考えてみる方が面白いかも知れない。

死と再生を体験したものよりは、それにかかわったものの人格の変化を示すような物語もある。「忠臣ヨハネス」(『グリム』六)では、王子と王女との結婚のためにつくした忠臣ヨハネスが石化して石像となってしまう。それをもとに返したいと若いカップルは心を痛める。ある日、石像のヨハネスが王さまに、その王子たち(双子)の首を切り、その血を塗ると石像が甦るという。王は暫くためらうが子どもたちの首を切って、ヨハネスを甦らせる。すると、ヨハネスはまた、王子たちの首をつないで再生させるのである。

ここに、ヨハネスおよび、王子たちの死と再生が語られるが、話の展開から見て、強い人格変化を体験したのは、それにかかわった若い王さまの方であるのは明白である。

2　殺害の依頼

殺されることによって、そこに変身が生じる場合がある。一般によく知られている「蛙の王さま」(『グリム』一)がそれである。王様の末娘が黄金のまりを泉のなかに落としてしまう。そのまりをひろってくれれば、一緒に暮らすという条件で、蛙に依頼する。蛙がまさかお城までやってくるはずがない、と姫は安易に考えていたのだが、蛙はちゃんとやってくるし、父親の王様は約束を守るべきだと厳しく言う。姫は仕方なく蛙と食事をしたりするが、寝室まで押しかけてこられ、たまらなくなって蛙を壁にぶちつけると、蛙は王子様になった。

この話で、姫が蛙を壁に投げつけるところが極めて重要である。ずっと逃げ腰だった彼女が、ここで積極的対決の姿勢を示すのである。積極性と受動性ということについては既に論じたが、それまでは蛙に迫って来られ、父親の命令に従い、とあくまで受動的だった女性が、ここで極めて積極的な姿勢に反転するところが印象的である。全存在をかけての対決が変身を生ぜしめたのであろう。

この蛙はもともと王子であったのが、魔法によって蛙に変身させられていたものであり、ここに姫との対決によってもとの姿に返ったのである。このような変身のモチーフは、特に結婚話との関連で、わが国の昔話にも存在している。「鶴女房」(『大成』一一五)で代表されるように、わが国の昔話では、もともと動物であったのが人間に変身して結婚し、結婚後にまた動物にかえり、離婚してゆくのだから、グリムの昔話とはあらゆる点で対照的である。これらの意味についても他に詳述した[12]ので、ここでは触れずにおく。

死によって変身が生じるのであれば、当の本人が殺害されることを望む場合もあるはずである。「黄金の鳥」(『グリム』六二)では、常に主人公を援助し続けた狐が、最後になって「わたくしを射ち殺して、わたくしの首と四肢をちょんぎってください」と主人公に頼むところがある。このように言われても、なかなかその気になれず、主人公は断ってしまう。しかし、再度頼まれて、とうとうそれに従うと狐は立派な人間に変身する。

確かに自分を助けてくれた恩人を殺すことなど、思いもよらぬことである。既に紹介した「三まいの蛇の葉」では、自分を再生させてくれた恩人を殺そうとして、自分が不幸になってしまう話である。しかし、人生のことは簡単なルールによって事が運ぶのではなく、一見矛盾したようなことも、場合によっては真実なのである。昔話はそのことを実によく知らせてくれる。「黄金の鳥」の場合は、恩人を殺すことに意味があったのである。確かに、人生には恩人を「殺す」ことが必要なときもあるように思われる。そのような決意を通じてのみ、二人の関係は新しい関係へと発展するのである。

注

(1) 拙著『昔話と日本人の心』岩波書店、一九八二年。〔本著作集第八巻所収〕
(2) 小澤俊夫『世界の民話――ひとと動物との婚姻譚』中央公論社、一九七九年。
(3) 関敬吾他編『日本昔話大成』全一二巻、角川書店、一九七八―八〇年。以後『大成』と略す。その後に示す番号は、同書の分類番号である。
(4) 金田鬼一訳『グリム童話集』全五巻、岩波書店、一九七九年。以後『グリム』と略記する。番号は同書の番号に従っている。この訳書は初版本に掲載されていて、後に棄却されたようなものもすべて訳してあるので便利であるが、この番号は一般に用いられている KHM の番号とは少しずれているので、その点注意されたい。
(5) 拙著『昔話の深層』福音館書店、一九七七年〔本巻第Ⅰ章〕。同書においてはグリムの昔話を素材として、人間の成長に伴う諸段階について述べた。
(6) ノイマン、林道義訳『意識の起源史』(上・下)、紀伊國屋書店、一九八四—八五年。
(7) J. Bolte und G. Polívka, "Anmerkungen zu den Kinder- und Hausmärchen der Brüder Grimm", 5 Bde., Leipzig, 1913-32 による。以下、グリムの話に関するいきさつについて述べているところはすべて、この注釈書によるものである。
(8) 前掲(注5)。
(9) 河合隼雄「昔話の心理学的研究」〔本書一七九頁〕、関敬吾他編『日本昔話大成』全一二巻、角川書店、一九七九年、所収。
(10) 一般には、「フィッチャの小鳥」と訳されている。
(11) 前掲(注1)。
(12) 前掲(注1)。

猫、その深層世界
——昔話のなかの猫

この世界には、実にいろいろな動物が生きている。われわれ人間はその「世界」の一部としての動物たちと、いろいろなかかわりをもちつつ、それらの動物についてそれなりのイメージをもっている。たとえば、狐について、われわれはその形態や習性などについてある程度のことを知っていると共に、狐は化けるとか化かすとか、あるいは、ずる賢いなどというイメージをもっている。狐の方からすれば、まさに人間の勝手としか言いようのないことだろうし、今時、狐が本当に人を化かすことなど信じている人も少ないだろうが、さりとて、そのようなイメージはなかなか消し難いのである。

われわれがここに取りあげる猫についても、同様のことが言えそうである。猫は極めて身近な家畜として、われわれはその実態をよく知っている一方で、猫に関するイメージとしては、どこか現実ばなれをしたものを多く抱いているのである。それは、われわれの「世界」を構成する要素として重要な役割を担っている。つまり、人間のもつ猫のイメージは、その世界観をどこかで反映するものとなっているのである。この世界が思いの他に重層性をもつように、猫も重層的なイメージをもって人間の「世界」のなかに存在しているのである。

おそれおののくこと

猫は人間にとってまったく珍しくない動物である。エジプト時代より家畜として飼われていたようであるし、現在においても、猫を見たことのない人というのは、極めて稀であろう。(最近の子どものなかには、馬を見たことがない、というのが大分居るとのことだが。)よほどのことがない限り、猫を恐ろしいと言う人もないだろうし、われわれは猫の習性についても相当に知っているつもりである。しかし、そのことは必ずしも「猫を知っている」ことを意味するとはかぎらないようである。

次に、ある現代人の見た猫に関する夢を示すことにしよう。これは、アメリカにおけるユング派の分析家ホイットモントが報告したものである(1)。夢を見た人は既婚の女性で、彼女は幻聴で自分の一人息子をナイフで刺し殺せ、と命令する「声」を聞き、恐ろしさのあまり分析治療を受けにきた人である。

彼女の夢は次のようであった。彼女は美術館のなかに居た。そこにあった石像の猫が生命を吹きかえし、彼女が何を探しているか尋ねた。彼女は古代の秘密を知りたいのだと答える。猫は彼女を地下室へと導き、そこで彼女は、たいまつをもった古代の人々に会う。彼らは彼女が彼らの仲間に本当に入りたいのかと尋ね、彼女は、はいと答える。そこで、彼女はそれに続くイニシエーションの儀式に自分を捧げることを誓う。

ホイットモントは、この婦人がこの夢を見たときに感じた、深いおそれの感情を重視している。石像の猫に導かれて、地下の世界で行われるイニシエーションに参加しようとするとき、彼女はそれがどのようなものであるかを知らない。彼女は何も知らないままに、おそれおののきつつ、それを信じようとする。このことこそ、われわれ現代人にもっとも不足していることではないか、とホイットモントは指摘するのである。

日常の世界において、猫がもちろん話をするはずはないし、石像が生命をもつこともない。おそらく、われわれは生きているうちに、そのようなことを体験することはなかろう。猫はものを言わないし、石像は自ら動きはしない。それは確かなことである。しかし、いったいそのように確信している自分、自分という存在はどれほど確かなものであろうか。われわれは自分自身について、どれほどのことを知っているのか。そもそも、われわれは、自分がどこから来てどこへ行くのかを知らないのである。このような不確かさの次元において世界を見るとき、今まで確実で明白と思っていたことも、そうでないことを思い知らされるのである。

美術館に陳列されていた猫は、エジプトの神バスト(Bast)の像でもあったのだろうか。エジプトの神バストは、猫の体や頭をもった、月の神である。おそらく、この夢を見た女性の心のなかで、ながらく「石化」されたままであった部分が、生命をふきかえし、彼女を心のより深い層へと導くことを成したのであろう。われわれ現代人は、この世のすべての現象を知りつくしているかのように錯覚し、何かをおそれることなどが極めて少なくなっている。そのときに、彼女はまったく思いもかけなかった「息子殺し」の可能性について知らされ、続いて石化した猫が自ら動き、問いかけてくることを経験したのである。彼女がおそれおののいたのも当然であるし、そのことこそがわれわれ現代人にとって必要なことではなかろうか。

このような目で猫を見るとき、それは「おそるべきもの」として、人間の前に顕現してくる。その様相は人間の生み出す多くの文学・芸術作品のなかに描き出されているが、ここでは主として、昔話のなかに示される猫の像を取りあげることによって、明らかにしてゆくことにしたい。昔話はものごとの深層に存在するものを把握し、記銘し続けてきた民衆の知恵による記録なのである。

深層の露呈

わが国には猫に関する伝説や昔話が多い。そのなかで、まず「猫の踊」(『日本昔話大成』二五五)[2]を取りあげよう。爺さん婆さんが猫を飼っている。爺さんが外出し婆さんが留守をしているときに、猫が踊っている(歌を歌う)のを発見する。猫は婆さんにこのことを誰にも言うなと口止めする。爺さんが帰ってきたとき、婆さんが猫のことを話すや否や、猫は婆さんに食いつき殺してしまう。この昔話は、最初に猫が歌ったり踊ったりしているところを婆さんに見つけられて、何だかユーモラスな感じを抱かせるが、結末はあっけなく、また凄まじいものである。秘密を口外した婆さんは、あっと言う間に食い殺されてしまうのである。

現実は時にその深層を露呈する。しかし、それを知ったものはその秘密を抱きつづける強さをもたねばならない。それに耐えられないとき、踊る存在は殺人者に一変する。それは同一の存在なのである。それにしても、猫というイメージは、この両面をそなえたものとして、ふさわしいものではなかろうか。

人間の心の深層にひそむ、おどろおどろしいものの顕現として、猫が登場するわが国の昔話としては、「猫と釜蓋」(『大成』二五三ＡＢ)、「猫と南瓜」(『大成』二五四)などをあげることができる。前者では、猫が狩人をそれとなく見ていて、弾(あるいは矢)をいくつ作るか数えているところが、不気味である。後者では、殺された猫の死体から南瓜ができて、それが毒をもつ話である。どちらも、人間の知恵が猫のそれを上まわって害を未然に防ぐ話となっているが、いずれにしろ、猫のもつおそろしさをよく反映している物語である。うらみは死んでからも残るのである。

深層にひそむ存在を、人間は男性よりも女性に投影することが多いようである。先に示した物語にしても、どれも猫と女性の結びつきを暗示しているものが多い。紙数の都合でその点の考察は省略せざるを得ないが、興味のある方は前掲の昔話とその多くの類話について、この点を確かめて頂きたい。女性と猫の結びつきという点で言えば、女性についての秘儀として有名な、エリューシスの秘儀においても、女性の顕現として猫が用いられることがあるという事実も、うなずけるのである。猫はここでは母であり乙女であるのだ。

今までにあげた昔話が、どちらかと言えば女性の否定的な面を描いているとすると、昔話のなかに、猫が女性の肯定的な面を描いているものも、あってよさそうに思われる。実際そのような昔話も数多く存在しているが、その典型例と思われるものは、むしろ、西洋の方に多いので、ここにグリムの昔話のなかの「かわいそうな粉屋の若い衆と小猫」を取りあげることにしよう。

この昔話の冒頭は年老いた粉屋の爺さんと三人の若い衆が登場し、グリムの昔話によく現われる、女性を欠いた四人の男性の布置を示している。三人の若い衆は爺さんの言いつけで馬を探しに出かけるのだが、年上の二人に出し抜かれてしまった一番年下の間抜けのハンスは、三毛猫に出合う。ハンスはそこで三毛猫に言われて七年の間、下男奉公をする。話の詳細は略すが、結局はこの三毛猫が美しいお姫様となり、ハンスは彼女と結婚して、話はめでたく終わるのである。

この物語に出てくる愛らしい小猫と、前述した日本の昔話に出てくる不気味な猫を比べると、極めて対照的に感じられる。この小猫はやはり女性像を示しているが、フォン・バイトの指摘を待つまでもなく、(3) これはユングの言うアニマ像である。フォン・バイトが述べているように、西洋の昔話においても、猫はグレートマザーの顕現として語られることが多いのだが、一方では、このような魅力に富んだアニマ像としても顕現する。それは心の深層にあって、おどろおどろした世界よりも、より霊《スピリチュアル》的な世界へと、われわれを導いてくれるものである。

アニマ像を示す猫の昔話は、むしろ西洋の方に多いと述べたが、日本の昔話には、「猫女房」(『大成』一一七)というのがある。猫が最後は人間に変身し、幸福な結婚が生じるという、わが国の話としては極めて特異なものである。[4] ただ、この話は類話が非常に少なく、果たしてわが国に古来から伝わってきた話かどうか疑わしいほどのもので、その点については今後の詳細な研究が望まれる。

トリックスター

猫は女性像のみを示すものではない。日本の昔話「猫檀家」(『大成』二三〇)では、主人公の猫の性別が明らかではない。多分、雄猫であろうと思うが、この際、その性別はあまり大切ではない。「猫檀家」の昔話は、福田晃の丹念な調査によって、多くの類話が見出されているので、[5] 細部にわたって考察すると興味深いが、ここでは残念ながらエッセンスのみにとどめておかねばならない。「猫檀家」は類話によってパターンが少し異なるが、ここで取りあげるのは、貧乏寺の和尚に飼われていた猫が報恩を約し、長者の娘が死んだとき、その棺桶を吊り上げて皆を驚かし、他の僧がお経を唱えても何の効果もなかったのに、例の和尚がお経を唱えると棺が降りてきて、その後その寺には檀家が増えた、という話である。この猫は虎猫で、和尚の唱えるお経の文句に「トラヤーヤー」とか「トラヤトラヤ」とかいうところがあって、何ともユーモラスなのである。

この猫がどんな仕掛け、あるいは、呪術を使って棺を吊り上げたのか、物語のなかには明らかにされていないが、何らかのトリックを使って、昔の飼主に報恩したのは事実である。このことによって、貧乏な和尚が裕福になるし、同時に、「トラヤーヤー」のお経の句に示されるように、お経というものが有難そうでありながら、有難くもないことを示し、明白な価値の顚倒を引き起こしている。このように見ると、この虎猫はトリックスターであることは明らかで、前節に述べた猫とはまたその機能を異にするものである。神出鬼没の活躍とトリックで、思いがけない事件を引き起こし、日常的な世界の秩序に衝撃を与えるものである。

トリックスターとしての猫の典型としては、ペローの「長靴をはいた猫」をあげることができる。これはグリムの昔話にも収録されており、わが国においてもよく知られている話である。ここでは考察を省略するが、トリックにつぐトリックによって大活躍をする、長靴をはいた猫は、まさにトリックスターの典型と言っていいだろう。この猫は明らかに雄猫である。一般にトリックスターは男性であるが、わが国の場合は、そもそもあまり性別にこだわらないので、推察するより仕方がない。

日本の昔話「猫と鼠」(『大成』六)は、それとほとんど同じ話が、グリムにも「猫と鼠のおつき合い」として収録されている点で注目すべきものである。この話が果たして独立発生的に存在したものか、伝播によるものかは興味のある問題であるが、それはこの際不問にして、その内容の方を見てみよう。これは、猫と鼠が仲間になって、大切に隠していた食物を、猫が鼠に断らずに少しずつ食べてしまう。それを知った鼠が猫に抗議をすると、猫は鼠をペロリと食べてしまった、という話である。

何ともあっけない話であるし、悪いことをしている猫はどんな罰を受けるのだろうと期待していた人にとっては、驚くべき結果と言わねばならない。そんなことがあっていいのだろうか、と言ってみても、ともかく猫は鼠を食べるし、鼠は猫を食べないのだから、仕方がないのである。このように当然のことを当然として語る昔話は、悪いものは罰せられるのが当然と考えている人に、強い衝撃を与えるものである。それに、考えてみると、猫が鼠を食って何が悪いのだろうか。それを悪いという人は、いったい何を食べて生きているのかを考えてみるとよいだろう。人間が牛や鶏に対してしている仕打ちは、この物語の猫が鼠にしていることよりも、もっと悪質ではないだろうか。

猫の深層について知ろうとすることは、人間について、その世界についての深層を知ることになる。単層的できまりきった様相を見せている日常世界が、一匹の猫の存在によって打ち破られ、思いがけない深層を露呈することは、計り知れないものがあると言わねばならない。

注

（1） Edward Whitmont, "Jungian Analysis Today", Psychology Today, Dec. 1972, pp. 63-72.

（2） 関敬吾他編『日本昔話大成』全一二巻、角川書店、一九七八―八〇年。以後は『大成』と略す。番号は分類番号を示す。

（3） Hedwig von Beit, "Symbolik des Märchens", Franke Verlag, 1952, pp. 355-357.

（4） 猫女房について、これが日本の昔話において極めて特異であることは、他の異類婚の昔話と比較して既に論じた。拙著『昔話と日本人の心』岩波書店、一九八二年、参照。〔本著作集第八巻所収〕

（5） 福田晃「『猫檀家』の伝承・伝播」『昔話の伝播』弘文堂、一九七六年、所収。

昔話と現代——イタリアの民話から

昔話というのは不思議な存在である。そもそも誰がそれを作ったのか解らない。作られた時代も場所もあまり明確ではない。文字によって記録されたわけでもなく、それを保存することを何らかの公権力が命令したわけでもないし、誰か特定の人間が保存に尽力したのでもない。まったくのないないづくしにもかかわらず、それは現代まで伝えられてきている。これは人間の個々の差や時代の差を超えるような本質を、それがもっているためであろう。あるいは、まったく異なった文化に極めて類似のものがあったりするから、文化差を超えるほどの普遍性をもっていると思われる。

とは言っても、それが言語によって表現されるものであるだけに、昔話が伝えられてきた文化の特性がそこに相当に反映されていることも事実である。たとえば、グリムの昔話と日本の昔話を比較してみると、そこに明白な差が存在することは誰にも認められることである。それらは文化差を反映しつつ、深いところでは人間にとって普遍的なものにつながっている。このために、ある昔話が文化や時代を超えて、そのまま通じることが生じたり、その文化にとって自明のこととされている考えに、異なった角度から思わぬ衝撃を与え、それを解体してしまうほどの力を発揮することさえ生じるのである。

筆者はこのような観点から日本の昔話を主としてグリムの昔話と比較し、それを通じて日本人の心の在り方を明らかにする作業を続けてきて、その成果は『昔話と日本人の心』として発表した。それはわが国においては比較的よく受けいれられたので、外国においてどのくらい通用するかと思い、欧米でも発表してきたが、思いの外に受け入れられることがわかった。そして、それは単に日本人の考え方を知るというだけではなく、むしろ、それによって自分たちの考え方、文化の在り方に強い刺激を与え、深く再考してみるという受けとめ方をされるようであった。ところで、この四月にもアメリカで日本の昔話を素材として講演を行い、なかなか好評だったのであるが、あちらの友人の一人が、イタリアの昔話は、日本と異なるのは当然だがグリムとも大分異なっている、それについて考えてみてはどうか、とわざわざイタロ・カルヴィーノの『イタリア民話集』の英訳本を贈ってくれた。もっともこれは岩波文庫に日本語訳があるのだが、せっかくだから頂いて、あちらにいる間にちょこちょこと目を通していたら、確かにグリムとは味が違って面白いのである。

もちろん、日本人から見ればグリムに類似のものも多いが、やっぱり明らかに異なるのがある。それがどのように異なり、日本のものと比べればどうなるかなどという一般論はいつかの機会に譲るとして、ここではその中で、日本の現代にかかわるものとして、読んではっとさせられたものを取りあげ、ちょっとコメントをしてみよう。

カルヴィーノ、河島英昭編訳『イタリア民話集 上』(岩波文庫、一九八四年)から話を取りあげる。引用はすべて同書による。

最初の「恐いものなしのジョヴァンニン」も驚くべき話である。主人公のジョヴァンニンは何も恐いものがない。旅先で誰もが恐がって死んでしまうという屋敷に宿ることになる。内容は本文を見て頂くとして、ともかくジョヴァンニンはつぎつぎ生じる恐いことに平然として応待し、そのために金貨を得る。ところでこの話のおしまいは次のようになる。

「恐いものなしのジョヴァンニンは、あの金貨で大金持になり、仕合せにその屋敷で暮らした。そしてある日のこと、振り向きざまに、自分の影を見て怯え、そのまま死んでしまった。」

これは「恐いものなし」の状態にひそむ危険性について、まさにぴたりの記述をしている話である。私はすぐに現代の多くの「恐いものなし」の若者たちのことを思った。自分の影の自覚のないものは、本当に恐いものなしの状態で居られるものだ。どんな人間でも影の部分というものをもっている。自分にはそんな点はないと排除したり拒否したりしたいことなのだが、よく考えてみると自分もそれを持っていることを認めざるを得ない暗い部分。その存在を徐々に自覚することによって、われわれは他人の悲しみや苦しみを共感することができるし、自己中心性をこえることができる。ところで、影の存在をまったく無視すると、その人は恐いものなしだし、「新人類だ」などと威張ることも可能かも知れない。しかし、ふとあるとき、己の影に直面したときは死ぬより仕方ないだろう。恐いものなしか、何かのことですぐに自殺するか、あまり感心した二者択一ではないが、何か現代の日本の状況に通じてくる思いがするのである。あるいは、この恐いもの知らずに経済大国日本の姿を重ね合わせて見る人も居ることだろう。

「満ち足りた男のシャツ」も極めて現代的な話である。ある王様の一粒種の息子が居て、王様は王子をできるかぎり大切にした。欲しいものは何でも与えていたのに、息子はいつも満たされぬ心をかかえ、不幸だった。それに王子は何が不足なのか自分自身でもわからないのである。好きな女性が居るというのでもないし、王様の試みるダンス・パーティーとか何とかの催しも、すべて王子の心をまぎらわすことができず、王子は日毎に弱っていった。

これこそ現代のステューデント・アパシーと言われている学生の無気力症そのものである。息子のために両親は何でも買ってくれる。しかし、息子は何もする気がしないし、何となく満たされぬ感じに悩まされるのである。さて、昔話の方ではよい処方が学者から提出される。それは完全に満ち足りた心の男を探し出し、その男のシャツを王子に着せてやるというのであった。

王様はさっそく「完全に満ち足りた心の男」を世界中から探し出そうとした。このあたりの苦労話も面白いが省略しよう。とうとう王様は、ぶどう畑で枝を刈りこみながら歌を唄っている若者に会った。その男こそ「完全に満ち足りた心の男」と知り王様は天にも昇るほど大喜びする。王様は王子を連れてきて男のシャツを脱がそうとしたが、力なく両腕を垂れてしまった。「男はシャツを着ていなかった」のである。

これを読んでもわれわれは無気力学生を簡単に治す方法を見出すことはできない。しかし、無気力な学生に、完全に満ち足りたなどという「お仕着せ」を与えようとするような愚は避けることができるであろう。

わずかに二例のみを示したが、他国の昔話がこんなふうにしてわが国の現代にかかわってくるのである。

柳田國男とユング

はじめに

編集者から与えられた課題は、まことに興味をそそられるものであったが、あまりにも大きいものであり、短時日のうちには準備し難いものだったので、何度も辞退を申し入れた。しかし、編集者からの要請の強さと、この課題に対する筆者の関心の高さのために、試論の形ではあるが、卑見を述べさせて頂くことにした。

分析心理学を創始したカール・グスタフ・ユングは、その生涯をかけて人間の無意識の世界を探究した人である。彼は精神障害者の治療という実際的な問題から出発して、人間の無意識界に関心をもち、患者の夢や妄想内容を研究しているうちに、その内容との類似性から民族のもつ神話や伝説、昔話に対してまで、その関心を発展させていったのである。ユングはもっぱら個人の内的世界に注目しつつも、個人の無意識界に、個人的体験を超え、その個人の属する集団に普遍的な無意識層が存在すると考えるようになった。そこで、彼は普遍的(集団的)無意識の存在を提唱して、その研究の一環として、神話、伝説、昔話などの研究に力をつくしたのである。

柳田國男(一八七五―一九六二)は、奇しくもユングと同年の生まれであり、没年は一年の差はあるが、まさしく同時代を生きた人である。彼は最初、文学に強い関心を示したが、大学卒業後、農商務省の官吏として、日本の農政のために力をつくす。文学と農政と一見相反するものが彼の心のなかに存在し、彼はともかく社会に出るにあたって、後者の方を選んだわけである。彼もユングと同じく極めて実際的な関心から出発するわけだが、ユングが個人の病気の治療に関心をもったのに対して、柳田は日本の農業という集団的な対象に関心をもったわけである。そして、柳田は日本の農政はいかにあるべきかを考えるために、日本国中を調査に歩き、そこから彼は個に対する興味を発展させてくる。農政というのは、ユングとの対比で言うなら、日本の国の農業のもつ病いをいかに治療するかを考えることになろう。その実際的な問題を解決しようとして、柳田は農業をしている人々の生活の「背後にあるもの」に目を向けることになってくる。これは、ユングが個人の治療ということから普遍的無意識の研究へと向かうプロセスと似たところがあると言えないだろうか。

しかし、両者の異なるところは、柳田が徹底的に感覚と結びついた体験的な事実によって研究をすすめてゆくのに対して、ユングは患者の夢、妄想あるいは、神話や昔話などのなかに共通に認められると思われる不可知の元型に対して言及することである。この両者の相違点は、それぞれの性格の差――ユング派の用語で言えばタイプの差――としても把握されようが、日本人とヨーロッパ人の差としてみることも可能な部分をもっており、この点について考えてみたいと思う。

論をすすめる前にもう一点だけ、柳田とユングの共通点をあげておこう。橋川文三『柳田国男――その人間と思想――』(講談社学術文庫、一九七三年)は、教えられるところが多く、本論を書くにあたって大いに参考にさせて頂いたが、橋川は、柳田の自伝のなかのなぞとして、柳田が経験した幾つもの大事件、日清・日露両戦争をはじめとする多くの社会的大事件に関する記事がほとんどあらわれてこないことをあげている。これは、ユングの

『自伝』において、第一次・第二次世界大戦などの記述がほとんどないことに、まったく対応している。これはもちろん、両者ともに「背後にあるもの」に対する関心が強すぎたため、と説明できるかも知れない。それはユングの場合はあてはまるとして、柳田の「感覚と結びついた体験的事実」の尊重とどう関係しているのであろうか。この点も配慮しつつ、考察をすすめてゆきたい。ただ、はじめにお断りしたように準備不足でもあり、舌足らずのものとなるかも知れぬが、諸賢の御批判を受け、今後も追究してゆきたい課題と思っている。

「影」への関心

柳田が青年期に文学への関心をもっていたことは既に述べた。既述の橋川文三が、柳田の当時の作品のなかで、「影」を特に取りあげているのは卓見と言わねばならない。これは柳田が大峰古日のペンネームで、『文学界』に明治三〇年にのせたものである。「夢がたり」という散文詩風の作品で、六つの短い文から成り立っているもののなかのひとつである。ある野原で、人が泣くとその人の影が主を離れてそこに留まり、いつまでも消えないという。失恋をした若い男の影がそこに留まり、年を経て後に、また別の失恋をした少女の影もそこに留まることになる。何時からか、二人の影は恋し合うようになり、恋は成就する。二人は手をとりかわして恋を楽しみ、幾十年も過ぎる。「唯憫《あはれ》むべきは此影の主なり、彼等は終にうち解くる日もなくて、各其歎《なげき》を歎きつゝ、共に苔の下に入りき、其墓所さへもたち隔りつつ」という物語である。

柳田がハイネを好きだったことは多くの人が指摘している。この物語は、ハイネの詩「ドッペルゲンガー」の影響を受けてできたものかも知れない。一人の人間存在の背後に「もう一人の私」が存在している。柳田の物語では、背後にある存在の方は永久の愛を楽しんでいるのに、元の主の方は居場所さえ隔てられて、永遠の歎きを悲しんでいるというのである。この短い物語に示された、柳田の「背後にあるもの」への強い関心と、それの永続性の確信のようなものは、彼がその後に発展させていった民俗学の支柱となるものと言えるのではなかろうか。元の主は消え去っても影の方は残っているという考えは、彼が民俗学を通じて探し求めようとしたものを暗示しているように思われる。

柳田は『山の人生』のなかで、神隠しの現象について論じ、自分自身の体験を述べているのは、注目すべきことである。彼は同書の「神隠しに遭ひ易き気質あるかと思ふ事」という節において、「私自身なども、隠され易い方の子供であつたかと考へる」と述べ、自分の体験を述べている。四歳のときに神戸に叔母さんが居ると思い、それを訪ねてゆこうと家を出て、「家から二十何町離れた松林の道傍で」見つけられるまで、一人歩きを続けたらしい。これについて柳田は「外部の者にも諒解し得ず、自身も後には記憶せぬ衝動があつて、斯んな幼い者に意外なことをさせた」のだと思うと言っている。彼はまた、「神に隠されたといふ少年青年に、注意して見れば何か共通の特徴がありさうだ」と指摘し、「さかしいとか賢こいとかいふ古い時代の日本語には、……何等か稍〻宗教的ともいふべき傾向をもつて居ることを、包含して居たのでは無いかとも考へる。物狂ひといふ語なども、時代によつて其意味は是と略〻同じでなかつたかと思ふ」と、興味深い発言をしている。つまり、柳田は幼いときから、「宗教的ともいふべき傾向」を強くもっていたのである。

外部の者には了解し得ない内からの衝動に従って、「一人歩き」する子どもの姿は、まさに後世の柳田の姿を予示しているものと言うことができる。理解者というものをほとんどもたないままで、柳田は日本国中を「一人歩き」したのである。神隠しや「物狂ひ」などという語のなかに、宗教的傾向が内在することを指摘する柳田の姿勢は、精神障害者の内面にある宗教性を重視しようとしたユングのそれと、まったく類似のものと言うことができる。そして、両者ともに、「宗教性」を重視しつつも、何らかの宗教を「信じる」方向にすすむ前に、まず事実を知ろうとした点も、よく似ているのである。ただ彼らが知ろうとしたものの対象の把握の方法に差が存在しているのである。つまり、ユングは精神障害者の夢や妄想などから、宗教的なイメージ、教義などの構造を問題とするのに対して、柳田は民俗的な事実の方に関心を示すのである。しかしながら、柳田は実際に「外的事実」のみを重視したのであろうか。

昭和一六年に、東大で行った講演において、柳田は「……文字には録せられず、ただ多数人の気持や挙動の中に、しかも殆ど無意識に含まれているもの」を研究することが、民俗学なのであると言っている。つまり、彼は人々の気持や行動の背後の「無意識」にあるものを問題としているのである。しかし、彼はユングのように「無意識」について直接語ろうとはしない。ここに大きい問題点が存在していると思われる。

科学としての民俗学

柳田が「物の背後にあるもの」に関心をもちつつ、それについて直接的な言明を避けるのには、二つの理由が考えられる。まず第一は、彼の性格(タイプ)によるものであり、第二は、彼の創始した民俗学を、ひとつの学問として市民権をもたせねばならぬという使命感によるものである。後者の方が解りやすいので、まずそちらの方に触れることにしよう。民俗学が市民権をもつためには、当時としては、それがひとつの「科学」であることを主張するのが一番よい方法であった。主観的、思弁的なところを排して、できるかぎり客観的事実について述べること。これが「自然科学」であるための条件であった。従って、民俗学はその方法論として、客観的な資料の集積をとることになったのである。

ところが、柳田は単なる事実の記述をしていたのではない。これは宮田登が、「柳田さんの書物を読むと、救われるようなところがある」と述べている点に端的に示されている(宮田登・谷川健一「柳田国男と現代の民俗学」『フォクロア』第四号)。つまり、彼は彼が感得した「宗教的」なもの、「物の背後にあるもの」を、外的事実の記述を通して描き出しているのである。

ここに、「宗教的」なものに「科学」の衣を着せるジレンマがあったと言ってもよいし、やはり、柳田の性格傾向として考えられる点が生じてくる。ユング派の用語を用いていうならば、柳田は内向的感覚型の人なのであろう。彼は内向型の人として、己の内面に見たものを「感覚的事実」を通じて語るのである。従って、われわれが柳田の著作を読んで、その事実の記載を超えた、あるものを感得するときは「救われた」ように感じるし、時には、それが感じとれぬときは、何か物足らない、大切なことが隠されているような感じがするのである。彼が「内向的感覚型」である点は、彼が事実を述べるにしても、何もかもを述べるのではなく、彼の内面のルールに従っていることによって示されるであろう。既述の橋川文三は、柳田が彼自身の経歴を語るときに、しばしば年代的要素を無造作に混乱させていることが多いと指摘しているが、それはまさに前記の点に関連することである。柳田は自分の内的なルールによって経歴を述べているのだが、外的な規範から見ると、それは「混乱」としか言いようがないのである。

ついでながら、ユングは内向的直観型であり、内向的な点で柳田と共通であるが、彼は直観的に把握した、彼の言う元型的イメージについて語るのである。従って、感覚型の人から見れば、ユングの言うところは、「まやかし」あるいは「つくりごと」として見えるし、ユング派から見れば、柳田は大切なところに気づきながら、一番中心となるところに言及していない、ということになろう。

「まやかし」あるいは「つくりごと」という表現をしたが、このことは大きい問題を含んでいる。西洋に発達した自然科学の体系も実のところ、ひとつの「つくりごと」である。自然科学こそが本物であり、他のものは偽物、あるいは、まやかしだなどと、現在のわれわれは思っていない。そのような点から言えば、柳田は自分が「物の背後にあるもの」として見たものを、感覚的事実に即して語ったが、「つくりごと」として提出すること、つまり、体系として示すことはできなかったのではないか、とも言うことができるのである。従って、民俗学の学者たちは、宮田と谷川の前掲の対談のなかで論じられているように、本質抜きの事実の収集におちいることになり勝ちとなったのではなかろうか。

宮田は先に示したように、柳田の書物には救われるようなところがあると指摘した後に、「一般の民俗学者の本を見たって精神が救われたということはないでしょう」と述べており、谷川はそれを受けて、「今の民俗学には、幸もなければ不幸もない、無味乾燥な感じを受ける」と言っている。彼らは柳田以後の民俗学が「自然科学」という狭い枠に縛られて、本質を見失いそうになることを警告しているのだが、そのようになってゆく原因のひとつとして、柳田自身の学説の提出の仕方があるように、筆者には感じられるのである。

この点は、西洋人と日本人の差として、見ることができるようにも思われる。柳田を内向的感覚型とし、内面に見たものを感覚的事物を通して語るなどと言ったのは、西洋的な(つまり、ユングのタイプ論を借りての)見方であり、もっと日本的に表現するならば、柳田にとって、外的感覚的事実は即内界の事実であり、それは不即不離のリアリティーなのである。彼はただそのリアリティーをそのまま語ったのであり、そこに「つくりごと」などを必要としないのである。そのように考えると、柳田の学問は極めて日本的であるということになってくる。外界と内界、主観と客観などを明確に分離した見方に立つ西洋においてこそ、そこに「つくりごと」としての自然科学の体系が必要であったし、また、それをつくりあげることが可能であったと言えるのである。

このように考えると、柳田とよく対比される南方熊楠の体系を、鶴見和子が「曼陀羅」として把握しているのは極めて示唆的である(鶴見和子『南方熊楠』講談社学術文庫、一九八一年)。南方は柳田より西洋に近い人として、科学モデルをもつことはないにしろ、曼陀羅という、一種のモデルをもち得たのであろう。これは西洋人にしては東洋に近いユングが曼陀羅を重視することと軌を一にしていて興味深いことである。

柳田が「つくりごと」の構築を放棄する心理的背景として、生活史的に言えば、恋への憧れを棄てて、極めて実利的な養子縁組をとったことも関連してくるように、筆者には思えてくるのである。これは唐突に思えるかも知れないが、ユング流に言えば、すべての「つくりごと」を生み出すための媒介者としてのアニマの死の現象として、それが感じられるからである。与えられた紙数も丁度ここで終わりとなったので、このことはまた稿を改めて論じたいと思う。

日本昔話の心理学的解明――「蛇婿入り」と「蛇女房」を中心に

異類との結婚

ここでは、昔話、しかも「蛇婿入りと蛇女房」という人間と蛇の結婚の話を取りあげてみようと思います。これはどうも現代社会とはぜんぜん関係ないようですが、実は深い関係があると私は思っています。私は心理療法を専門にしていますが、その私が昔話の研究をしますのは、心理学の応用とか、片手間にやっているのではなく、私の仕事と切っても切れない、同じことをやっていると言ってもいいぐらいの話なのです。実際に皆さんが生きていかれる上でいろんな悩み、子どもがどうしたとか、離婚だとか、嫁と姑とか、そういう相談を私が受けておりますことと昔話は密接に関係があるわけです。たとえば、皆さんご存知の「ヘンゼルとグレーテル」の話の中に、お菓子の家というのがあります。こんなお菓子の家なんか昔話のことであって、別に現在と関係ないと思うかも知れませんが、いまの子どもたちはお菓子の家に住んでいるみたいなもので、何でも好きなものが食べられる、甘やかされていると考えますと、非常にぴったりなのです。

しかもお菓子の家を食って喜んでいるうちに、自分はおばあさんに食われそうになる。実際、子どもを「食いもの」にしている人なんかいっぱいいるのですから、そういうふうに考えますと「ヘンゼルとグレーテル」の話はがぜん現在の話になってくるのです。

ただし、ここではそういう西洋の話ではなくて日本の「お話」を取りあげます。「蛇婿入りと蛇女房」は、日本全国に非常にたくさん分布している「お話」です。細かいところはずいぶんちがうのですが、「蛇婿入り」のほうはおだまき型と水乞型の二つの型に分けられております。おだまき型は夜な夜な女のところに男がしのび込んでくる。素姓がわからないので何とかしようというわけで、糸のついた針をさしておく。その男が帰ったあと、糸をつけていくとそれが蛇なのです。蛇は苦しんでいて、話し声が聞えるので盗み聞きしますと、蛇は頭に針を刺されて死ぬのだが、あの女が自分の子どもを宿しているから、その子が生まれて仇をとってくれるだろうと言っている。そうすると親の蛇がそれでも五月の節句に菖蒲湯に入れると子どもは全部死んでしまうのだ、そういうことを人間がやったら困るじゃないかと言う。それを立ち聞きして帰って、その女の人は五月の菖蒲湯に入ると、蛇の子どもがおりて、全部死んでしまった。だからそれ以後、五月に菖蒲湯に入るようになったという「お話」なのです。これだって、蛇の子がおりるとか言ってますが、妊娠中絶と言いますと、現在の現象と重なってくる感じもします。

この話を聞いて、素姓のまったくわからぬ男と結婚することなどもう日本にはないと皆さん思われるでしょう。しかし、これを少しちがうレベルで考えていきますと、われわれのところに相談に来る方で、結婚して二、三年たってどうしても離婚したいと言う人があります。そんな方がよく言われるセリフに、うちの主人があんな人であるとは思わなかったというセリフがあります。結婚して三年ぐらいたったときに、ご主人が前とちがって自分を顧みない。酒は飲んでくる、殴ったり蹴ったりする。離婚のために相手方の家族と交渉すると目茶苦茶なことを言う。そこで、「あんな家族はほんとに素姓が知れん」と、こういうことを言われるのです。これは類いがちがうのではないか、あれは「蛇族ではないか」と言いたいのでしょう。つまり、素姓のわからぬ人と結婚していたことになります。このように言いますと、この「蛇婿入り」の話は非常に迫真力をもって現在のことになってくるのです。

次に「蛇女房」を見てみますと、この話の典型的な例は、非常に美しい女性がやってきまして、こういう話の特徴はみんな女性のほうからプロポーズします。男はそれを承知して結婚します。その後いろいろあるのですが、よくあるのは、蛇は自分が子どもを産むところを見ないようにして欲しいと言うのです。あるいは「蛇女房」と似たような類いで皆さんよくご存知なのは「鶴女房」というのがあります。鶴は子どもを産むときではなくて、自分が機を織るところを見ないようにして欲しいと言う。ともかくある秘密を見ないで欲しいという禁止のタブーがある。ところが、見ないようにして欲しいと言うと、見たくなるのが人情で、だいたいが見ることになっています。

それはともかく、主人は外へ出ていったようなフリをしてそっと覗くと、「妻は、主人が出かけていったので、一人だと思ってのうのうと部屋いっぱいに大蛇になって寝ころんだ」ということです。こんな人、私はいっぱいいるような気がするのです(笑)。

あるいはもうちょっと深刻になりますと、こういう異類女房で「狐女房」というのがあります。そこでは、子どもが母親の尻っぽを見つけて父親にそれを告げるのです。これなんかでもそういう深刻な例をわれわれはよく知っています。たとえば、子どもが忘れ物をして学校から急に帰ったら、お母さんがよその男と寝ていたという話があります。そこでもちろん離婚の話に発展します。そんなふうに考えますと、狐女房であれ蛇女房であれ、何も昔の話ではないと思うのです。

メルヘンと自然科学

ただし、私がいま言いましたのは非常に浅いレベルで話をしているので、もっと深く考えることができます。もう少し深く考えるために外国のものと日本のものと比較しようと思います。日本の「蛇婿入り」のおだまき型のほうを先に言いましたが、「蛇婿入り」の水乞型というのがあります。父親のお百姓さんが田を見にいくと水がなくなっている。田に水を入れてくれるものには、うちの娘をやるんだけどと言うのです。ところが、蛇が水を入れてくれて、娘を欲しいと言う。お百姓さんには娘さんが三人いて、一番上の娘も二番目もいやだと言う。三番目が、お父さんが助けてもらったんだからわたしはお嫁にいくと言う。その娘さんがお嫁にいくときにお父さんに頼んで瓢簞《ひょうたん》と針をもっていく。たくさんの瓢簞に針をつけて水に浮かべまして、蛇にこの瓢簞を沈めてくれと言うと、蛇が死に物狂いになって沈めているうちに、針に刺されて死んでしまった。そして蛇を退治して、めでたしめでたし。これが日本の「蛇婿入り」の水乞型の一つの典型例なのです。

この話と非常によく似たパターンで後のほうがちがってくる西洋の有名な話があります。皆さんもだいたい感づかれたかも知れませんが、「美女と野獣」というタイプです。つまり三人の娘と父親がいる。ふつうよくある話では、娘がお土産に欲しいと言ったので、父親がある城でバラの花をとったら獣が出てきて、このバラの花をとったからにはおまえを殺すか、そうでなかったら娘を寄こせと言う。父親は娘に獣のところへお嫁にいってくれと頼むが、一番目はいかない、二番目もいかない、三番目がいく。このへんは日本の話と同じです。

ところが、西洋の話と日本の話と決定的にちがうところは、娘が獣のところへいき、彼女の愛によって獣が王子様に変身するということです。話の展開の仕方にはいろいろありますが、娘が一度里へ帰ってくる話が多い。

里へ帰るときに、獣は一週間で帰ってきてくれなどと娘に約束させるのです。ところが娘さんのほうは、帰ってきてお父さんが病気になったり、別れるのが悲しいと姉さんに言われたりして日を延ばされる。それでも獣のことが忘れられずに帰ってきて、やっぱりあなたが好きですと言ったとたんに王子様になる。

獣は魔法によって獣にされているんだけれども、その魔法が解けて人間になって、最後は結婚して、めでたしめでたしと終りますが、日本のは、蛇は蛇であって殺されてめでたしということになるのです。このちがいについて考えてみたいと思います。

日本の昔話と西洋の昔話を小澤俊夫さんという方がずいぶん比較研究しておられまして、『世界の民話』(中公新書、一九七九年)という本も書いておられますし、外国の学者と討論した本も書いておられます。小澤さんによると、ヨーロッパにくらべると日本の昔話には結婚の話が非常に少ないのです。そして、日本の昔話には魔法ということがないのです。つまり蛇は話をしたり結婚したりするところは人間的なんだけれども、殺されるあたりはがぜんもとの蛇のままなのですね。あるいは蛇の子どもを産みそうになっても、こんなものはおろしてしまわなければ困るという現実感覚みたいなものが、日本にはあるのです。

ところで、西洋の昔話では、魔法によってパッと変ったり、魔法によって空を飛んだりします。そういうわけで、真面目な学校の先生の中には、昔話を子どもにするのはよくないのではないか。なぜかと言うと、途方もない空想的なことが書いてあって、子どもたちが現実から遊離するのではないか。たとえば、試験を魔法でパッと受からんかなとか、こんなバカなことを思いだすと、教育上よくない、だから子どもには昔話をしないほうがいいなんて言われる先生があるのですが、それは非常に浅はかな考えでして、だいたい真面目な人には浅はかな人が多いんですけれども(笑)、私はそれはファンタジーとかリアリティーに対する考えが浅はかすぎると思います。

その反論の一つとして私が言いたいのは、こういう魔法のメルヘンを非常にたくさんもっていたヨーロッパのほうが、自然科学が発達しているという事実です。蛇は蛇として、殺してめでたいと思っている国には科学が発達しなかったというのは、非常に大事なことだと私は思います。どうしてヨーロッパの国だけに自然科学が発達して、しかもヨーロッパの国に発達した自然科学を日本人だけがどうしていち早く取り入れることができたのかということは重要な問題です。これは日本人の生き方に関連してきます。現在、われわれはけっこう西洋流に生きているのですが、人間関係とか、生き方の根本ではまだまだ日本的なところがあります。そういうことを反省する上において、いま私が言いました魔法とかファンタジーというものをたくさんもっていた国ともたない国の差、あるいは、メルヘンの中で結婚ということを非常に大事にした国と、そういうことはあまり大事にしなかった国との差はどうなんだろうかということが問題となってきます。

その結婚の問題はあとで考えることにしまして、もういちど蛇に返りますが、この蛇を、蛇は蛇だから殺してしまえという考え方と、これは変身して王子様になるという考え方があるのは、蛇のもつ二面性をよく表わしています。恐ろしい面と、素晴らしい面とがある。この二面性は日本の昔話にも実はよく出ているのです。これもご存知の方が多いと思いますが、実は「蛇婿入り」のおだまき型のいちばんもととして考えられるのに日本の神話があります。

『古事記』の中の崇神天皇の項目の中に三輪の大物主という話があります。名前は省略しますが、あるきれいな娘さんのところへ男が通ってくる。そして針と糸を裾につけておいて、ずっとつけていきますと、これは大物主神という神様であることがわかるのです。そして、生まれた子どもは非常に素晴らしい子どもだから、またこんど素晴らしい人と結婚するという話になるのです。この場合は西欧の話にちょっと似ているのですが、相手が蛇であるということは言わないのですが、穴から通ったりしますし、他にも似たような話がありますから、蛇を連想させられるのです。その正体が神様だから畏れかしこむのですが、正体までは見ていません。だから変身ということはないのです。しかし、非常に素晴らしい神聖なものだという考えは明白に出ています。その点に注目しますと、これは柳田國男が言っているのですが、おそらく「蛇婿入り」の蛇婿は神様だったのではないか。ところが、そういう神話的な考え方がだんだん衰退してきて、妙な現実感が出てきて、蛇は恐ろしいから殺してしまえというふうになったのではないか。だから、もともとは神との結婚という素晴らしい話だったのが衰退して、「蛇婿入り」の話になってきたのではないかというように柳田國男は言うのです。それにしては私が言いました「蛇婿入り」の昔話が、日本中にあまりにもたくさん分布しています。つまり日本人の心を打ったからでしょう。そんな面白くないものだったら、みんな忘れてしまうと思うのですが、未だに各地に残っていることは、やはり日本人の心性に合ったわけでしょう。

そして蛇は蛇として殺してしまえと言うのと、何か神聖であると言うのとの中間として、『平家物語』にも出てくる緒方三郎伝説などがあります。それはやはり蛇の子を宿し、蛇は死んでしまうのですが、生まれてきた子どもは英雄になるのです。これは昔話の類話の中にもあります。それはやはり蛇の子を英雄として見るというので、蛇を高く評価している。ただしこの場合大事なことは、子どもは大事なのだけれども、蛇は死んでしまう。だから父親になる人、夫になる人は消え去って子どもが残るというタイプなのです。

立ち去るものの哀れさ

こういうふうに考えますと、私はこの「蛇婿入り」の話について、現代における具体的なこととの比較からだんだん次元を変えてきましたが、ここでもう一段と次元を変えますと、女性が男性的なものをどこまで受けいれるかという問題に関連づけられると思います。女性にとって男性的なものはやはり恐ろしいものでしょう。あまり受けいれるとつまはじきされるようになるかも知れない。しかし、女性がその内面において男性的なものをある程度身につけることは非常に強力なことで、現在の日本の女性の中にはそういう男性的なものを身につけている方はたくさんおられますし、身につけるために文化講演を聞きにくる人もおられます。だから女性が男性をどこまで受けいれるかという点から考えると、西洋の場合は、獣がまったく変身して王子となって受けいれられるということが起っている。日本人の場合、そこは非常にアンビバレントになっているというか、迷いがあるわけで、神聖なものでそれは受けいれられないが、せめてその子どもぐらいは大切にする。夫のほうはちょっとおいておいて、生まれてきた子どもの男性性は受けいれる。そうでなければいっそのこと殺してしまう。つまり自分は女として生きるのであって、男性的なものは受けつけないということになる。

こういうふうな話のバラエティーは、日本人の女性の生き方のタイプを言っているような気がします。日本の女の人で男性性はまったくご免というので殺してしまって、めでたしめでたしで生きている人と、ちょっと受けいれている人と、ご主人はともかくとして、息子は素晴らしいと思っている人とか、いろいろあるでしょう。そういうふうに考えてもいいし、これを内面的に言うならば、自分の心の中の男性性をいかに生きるかという問題に変えて考えることもできると思います。

そういう見方で「蛇女房」のほうを見てみようと思います。「蛇女房」は蛇が女性に変身して、プロポーズして、結婚して、しばらくたって男が何かタブーを犯す。見られてはならないものを見られてその蛇は立ち去っていく。立ち去っていくところが非常に哀れなのですね。特に立ち去る女性の哀れさが美しく描かれているのは、皆さんご存知の「鶴女房」です。鶴が自分の羽を抜いて機を織る。ところがそれを見られたために去っていく。こういう消え去る女性は、この「蛇女房」だけではなくて「鶴女房」もあれば、「狐女房」もあり、いろいろあるのです。これは非常に面白くて、女房になれる動物と、なれない動物があるみたいです。「狸女房」というのはありそうな気もしますが、あまりないみたいですね。関敬吾先生が日本の昔話をたくさん集めて分類しておられる『日本昔話大成』(角川書店、一九七八―八〇年)という本があります。これを見ますと、「異類女房」に分類されているのは、蛇女房、蛙女房、蛤女房、魚女房、竜宮女房、鶴女房、狐女房、猫女房、天人女房とか笛吹き女房とありますが、これらの話のほとんど全部、最後は男女の別れになります。

その中で一つだけ、猫が人間になって結婚して、めでたしめでたしというのがあります。ところが、この「猫女房」は類話は一つしかありません。だから日本にほとんどないわけで、この「猫女房」というのは誰か新しがり屋がつくったのではないか、これはちょっと特別ではないかと思います。

こういうのを見ますと、日本人というのは、男性と女性の結合による完成よりは、完成するはずのものが別れて立ち去っていくところに美しさを見出そうとしたのではないかという気がします。この立ち去る、消え去ることの美しさというのが、日本人にとっては美意識と結びつくのではないかと思います。

ところが、立ち去っていくものの、立ち去るほうも何とも言えませんから、立ち去った女性に恨みが残ることもある。その恨みが残る話もわりあいあります。「蛇女房」の類話の中には、蛇が去っていくときに子どものために目玉をおいていくのです。その宝物を殿様が欲しいと言ってとってしまったり、村人が目玉をとってしまったりする。そこで蛇が怒って大洪水を起して村人は全部流れてしまったという話がある。こういう点を見ますと、日本人を動かしている非常に大きい原動力は、立ち去るものの哀れさと、立ち去ったものの恨みであるとさえ言うことができます。日本の文学の中でこの二つは重要な役割を果たしているように思います。

しかし、そういうことと別に、先ほど言いましたように、男性でありながら女性性を受けいれる、あるいは女性でありながら男性性を受けいれるという考え方をしますと、日本人は、男性なり、女性なり、異性を真に受けいれることによって統合する、そういう方向には向かわなかったのではないかと思われます。

ここでもう少しつけ加えますと、男性と女性が結合するのは、ただ性的に結合して子どもが生まれるというだけでしたら、これはすべての動物がやっていることですから、何も別に大したことではないのです。だから、それは別に大きい意味をもちません。ところが、そういう単なる肉体的結合ではなくて、私が言いましたような象徴的なレベルで、男性によって表わされるもの、女性によって表わされるもの、こういうものが統合するというふうに考えますと、これは非常に高い意味をもつのではないかと思うのです。そういうふうな意味を日本人はあまり大事にしなかったと考えられます。

日本人の心の在り方

これらのことは日本人の心の在り方ということにつながってくると思うのですが、こういういまのパターンをよく考えますと、日本の神話の中にも同じようなパターンの原型が見られるのではないかと思います。それは「蛇婿入り」のほうで言いますと、蛇婿という男が女の世界へ入ろうとする、女をとろうとするのだけれども、結局殺されてしまう、追い出されてしまう。こういう点に注目しますと、天照《あまてらす》という女性が君臨している高天原へ素戔嗚《すさのお》という男性が侵入し、つかまえられて放逐されるパターンと同じだと思います。ところが、面白いのは、はっきりは書いてありませんが、天照と素戔嗚のあいだにできた子どもと考えられるもの、これは二人が結婚してできたとは書いてありませんが、二人が誓約というのを取り交わしたときに出てきた子どもが、結局は日本の天皇家の先祖になるのですから、先ほどのパターンで言うと、女性のところへ男性が入ってきて、男性は追い出されるのだけれども、そこにできた子どもは非常に大事であるというパターンだと考えられます。

あるいは、見るなのタブーを犯す「蛇女房」のパターンは、伊弉諾《いざなぎ》・伊弉冉《いざなみ》の話に出てきます。死んで黄泉の国にいる妻の伊弉冉を伊弉諾が訪ねていく。そこで、伊弉冉は、自分をいま見てはならない、しばらく待ってくれと言う。それでも、伊弉諾は火をともして見てしまうのです。火をともすと、伊弉冉の体の腐っているのが見えてびっくりして逃げ出す。これを伊弉冉が怒って追いかける。この神話では見てはならないというのを見たということが非常に大きい問題になっています。

ここで何か女性にとって非常に大事なもの、女性にとって絶対的な秘密と言っていいもの、それは大事なものであるけれども醜いものであるかも知れないというふうなものを、男は見てはならないという非常に大事なテーマが出てくるのです。そしてそれを見てしまったためにどうもうまくいかない。そこで女性は立ち去っていくのですけれども、女性が恨みをもった場合は、その立ち去った女性の恨みが原動力になって日本の文化をいろいろ動かす母体になっているということが出てきます。

たとえば、先ほど三輪の大物主の話をしました。これは否定せずに神様の子だから大事にしようと言うのですが、この大物主はそもそも出雲系の神なのです。日本の神話は天照系、高天原系の神が主流であって、素戔嗚、あるいは大国主は反主流派なのです。その反主流派のほうに属する大物主が現われてきて、その子孫を大切にするということは、いちど追いやられた素戔嗚の系統がもういちどこっちへ返ってきたと考えることができます。

だから日本で非常に特徴的なのは、いちど外へ追いやって、その追いやられたものがまた入りこんで返ってくる。そして全体を活性化して、揺り動かして新しくする。こういうパターンがよく繰り返されております。何か相反するものとか、ちがうものが統合されて新しいものができるというふうなパターンではないと考えられます。

そういう点から、話をもう少し抽象的にしますと、さっきから言っています結婚ということが、象徴的な意味をもつのではないか。異類婚、つまり人間が蛇と結婚する、人間が獣と結婚するというふうに異類婚にしている点に意味がある。猫が猫と結婚する、犬が犬と結婚する、これはあたりまえの話です、自然現象なのです。そうではなくて、人間が異類と結婚するということは、男と女はちがうんだ、ものすごくちがうんだという認識がまず先行して、にもかかわらず、結婚することになる。動物が自然にやっている結婚ではなくて、われわれが本当に結婚しようと思うと、まず、結婚してから相手が蛇と気がついて離婚しようというのは非常に下手な方法で、まず蛇であるということを認識して、つまり異類であることを認識したのちに結婚しようという場合は、象徴性が非常に高いのではないかと思うのです。

異類婚と外婚制度

このことは、私は心理的なほうにばかり注目して話していますが、皆さんの中で社会学的な見方の好きな人は、これは族内婚と族外婚のことであるというふうに考えられる人もあると思います。つまり同族同士で結婚するのは非常に簡単です。ところが、そのグループをもう少し活性化しようと思うと、同族でないほかの族と結婚する。内婚ではなく、外婚制度です。そういうことによって社会はもっと発展する。そのようなイメージをもたれると、この異類婚の話を外婚制度のことと見てもいいかも知れませんし、その意味は、私が言っております心理的な次元と重なってくると思います。

ここで少しつけ加えますと、小澤俊夫さんがそういう研究をしておられて、私は非常に面白いと思ったのですが、ヨーロッパの話では魔法と変身があります。日本は、蛇と話をしたりするところでは人間らしいのですけれども、どこかのところで蛇は蛇だとか、猿は猿だというペースに変ってしまう。ところが、パプア・ニューギニアとか、あるいはアラスカとかの話では、トナカイと人間が平気で結婚してみたり、離れてみたり、何かまったくいっしょの感じなのです。別にちがうからどうのこうのということはないのです。だから動物と人間との連続性が非常に強い。西洋のほうはいま言いましたようにちがいます。

日本はちょうどその中間みたいな、非常に珍しいところにあるということを小澤さんは書いておられる。これは、私の考えでは、まず異類であることを認識してというのが西洋のやり方で、そしてそれとの結合を図る。ほかの東洋の国では、どうせ自然に行われているのだから、トナカイと結婚しようが、何と結婚しようが、別にかまわないというところでは、まだ結婚の問題を象徴的に見る目がないのではないか。日本は何かちょっとちがうという認識があるのだけれども、そこをもう一段変えるところまでいっていない。そして日本では、異類であることを認識して、次に結合ではなくてそれを拒否する、あるいは否定する。これは男性にとっても、女性にとっても両方言えるのですが、わかりやすいのでいま女性のほうだけに焦点を当てていきますが、つまり現在の皆さん、女性が自分の心の中にある男性的なものをどれだけ生きるか、それをどれだけ生かして受けいれるかという場合に、日本の文化はそういうことに気がつきながら、自分の心の中の男性的なものは瓢箪と針で殺してしまっているのではないか。ヨーロッパの場合はあえてそれを取り入れてやったのではないかと思うと、わかる気がするのです。そして次に面白いのは、まったく拒否したのではなくて、それは拒否したけれども、子ども、男の子は非常に大事にした。それは英雄になったという話があります。そうすると日本の文化は、そういう男性的なものをまったく拒否したのではない。大切にしてはいるのだけれども、どこを拒否したかというと、女と男というレベルにおける男性は拒否した。ところが、父と娘とか、母と息子というふうなタテに並んでいるほうの面では、男性性を受けいれるのではないか。こんなふうな言い方もできるのではないかと私は思うのです。

男性性、男性性と曖昧なことを言っておりますが、これを心理学的な言葉に換言しますと、たとえば、父親は母親とちがって非常に厳しい、あるいは強い、こういう面と、もう一つ男性の特徴は、少し抽象的になりますが、女性とちがって男は切るほうが得意です。女性はみんなを同じように包み込んでいく。男性的なものは、おまえとおれとはちがうとか、よいものと悪いものとはちがうとか、そういうふうにものごとをはっきり分けて考えていく。つまり、インディビデュアリティとか、はっきりものごとを分割するとか、分割したものを構築するとか、そういうふうな意味をもちます。このような意味の男性性が自然科学を生み出す要因の一つと思うのですが、日本人はそれをあまり身につけなかったのではないか。

しかし、他の東洋やアフリカの昔話と比較すると、既に言いましたように、まだしも男性的なものを受けいれるところがある。日本の文化の在り方と言ってもよろしいのですが、それはヨーロッパにどこかで近づいているところがありながら、またやはり東洋の国々とも近い。しかし、また東洋の国々とも、ヨーロッパの国ともちがうというふうなところが、こういう昔話の中にも反映されているのではないかと私は考えています。

男性性拒否の意味

最後に一言だけつけ加えておきますと、非常に興味深いのは、「蛇婿入り」の水乞型の類話にあるのですが、蛇を殺してしまった女性が歩いていると、殿様かなんかがやってきたりしてその殿様と結婚して、めでたしめでたしとなるのがあるのです。だから、私は結婚はほとんどないと言っていましたが、結婚する話も出てくるのです。

ただし、そのときの特徴は一回目は必ず夫である蛇を殺して、次に成功しているのです。だからこれは再婚することによって女性は幸福になるというテーマだと私は思うのです。結婚というものを考えてみると、はじめの結婚はだいたい相手は蛇で、その蛇をうまく殺したものが次に本当の結婚ができるのではないか。これは日本の話ですから蛇を殺してほかの人と結婚したというふうになっていますが、心理学的に考えれば、これは同一人物でもいいのです。つまり自分の相手の男性の正体を見きわめて、のちに、そこにひとつの変化が生じ本当の結婚ができる。このことは人生のこととして言いますと、本当の結婚は四十歳ぐらいになって完成するのではないか。それまでは蛇との結婚で、四十ぐらいになってから本当の結婚になる。そのときなるべく相手は同じほうが便利ですから、同じ人と離婚して再婚したほうがいいのではないかということになります。もう一つの考えとしては、男性性というのを非常に抽象的なレベルで考えると、ひょっとすると日本人は、男性性を拒否したあとでもういちど、またそれを身につけることを面白い形でやったのではないかとも考えられるのです。

『風土記』と昔話

1 はじめに

日本は昔話の豊富な国である。特に、先進国と呼ばれる国のなかで現在においても、実際に語りつがれてきた話を昔話の研究者が採集することによって、多くの資料を得られるのは、おそらく日本だけと言っていいだろう。昔話研究は最近になって急激に発展したので、実に多くの昔話の記録が整理されて出版されるようになった。われわれ深層心理学を学ぶ者は、その恩恵を受けて、日本人の心の深層構造を究明してゆくための資料として活用させていただいている。

深層心理学のなかでもユング派は特に昔話研究を重視するが、これまでヨーロッパの昔話を主としてなされてきた研究に対して、筆者は日本の昔話を素材として研究を行ない、それによって日本人の心性の在り方を明らかにすると同時に、人間の心の多様性を認めようとする考えを示してきた。つまり、ヨーロッパに生じた近代自我の在り方を唯一の正しい、人間の心の在り方と考えるのではなく、人間の心の在り方はもっと多様であり、そのなかのひとつとしての日本人の自我の特性を明らかにするとともに、それぞれが独自の在り様をもっていることを示そうとしたのである。これらのことは既に『昔話と日本人の心』(1)のなかに論じたところであるので、省略する。

このように、昔話の研究は日本人の心の研究を行なう上で重要なことのひとつであるが、そのような昔話として伝承されているものが、古来からの文書に神話や史実や伝説として、極めて類似した形で記録されているのである。たとえば、日本人に昔話として非常によく知られている「浦島太郎」の話と類似の話が、これから取りあげる『風土記』のなかに、丹後の国の話、「浦嶼子《うらしまこ》」として記載されている。実は「浦島太郎」の場合は、『風土記』をはじめとして、時代の変遷とともに、その話が変化してゆく様相が、いろいろな文書によって明らかにされるので、それを比較検討することは、時代精神の変化を究明することにもなって、実に興味深いのである。このことも既に前掲の著書に論じていることであるが、このような点から考えてみると、『風土記』のなかに、どれほど昔話の素材となると思われるものがあるかを調べておくことは、今後の昔話研究の上で、役立つところがあると考えられる。

昔話と類似の話は、中世の説話集のなかにも多く認められる。たとえば、「藁しべ長者」として知られている昔話と、ほとんど変らない話が『宇治拾遺物語』などに記載されている。このようなことを詳細に検討してゆくと、『風土記』にも説話集にもあるもの、あるいはその間に変化の著しいもの、『風土記』にはあるが説話集では消えているもの、などなど、多くのことが明らかになり、これは昔話そのものの研究としても興味深いのみならず、日本人の心の時代的変化を考える上でも示唆を与えてくれるところが大きい。

『風土記』は「和銅六年(七一三)の中央官命に基づいて、地方各国庁で筆録編述した所命事項の報告公文書」(2)である。この和銅六年というのは、「古事記の成った翌年、日本書紀の撰進せられた養老四年の七年前」だから、実に古い時代の文書と言わねばならない。仏教は既に伝来してきているのだが、『風土記』を中世の説話集と読み比べてみると、後者はもともと仏教説話を集めたものだけに、仏教の影響が強く出ているが、『風土記』に語られる話は、仏教の影響が少ないと思われるので、その点で日本人の古来の考えを知る上で貴重であると思われる。

『続日本紀』の和銅六年五月甲子の条に、『風土記』に記載されるべき項目として、次の五項目があげられている。[3]

(1)郡郷の名(地名)には好字(漢字二字の嘉き字)を著ける
(2)郡内の産物(農工以外の自然採取物)について色目(物産品目)を録する
(3)土地(農耕地または農耕可能地)の肥沃状態
(4)山川原野(自然地)の名称の由来
(5)古老の相伝する旧聞異事(伝承)

この項目中の(5)がわれわれの研究にかかわるところが大である。それは史実とも伝説ともつかぬ形で記載されているものではあるが、そのような話が特定の土地、人物、事物などを離れ、「昔々」という形で語られると、昔話になるわけである。ユング派の分析家フォン・フランツはスイスの田舎における例として、実際に生じた事象が、伝説、昔話として変容してゆく例をあげているが、[4]このような傾向は世界共通に生じることであろう。このような伝承が「神」のこととして語られると「神話」となるが、『風土記』は、伝説や神話の断片に満ちているとも言うことができる。

神話の断片、特異な事実などとして語られていることでも、それが「昔話」のなかに結実してゆくためには、それなりの条件が整う必要がある、と思われる。『風土記』のなかにも、昔話の主題となりそうではあるが、その後の日本昔話のなかにあまり展開されていないのもある。

逆に、日本昔話のなかの重要なテーマであるが、『風土記』には一切現われてないようなものもある。このことも注目すべきことと思われる。既に述べたように、日本人の心の在り方や思想について、時代による変化の様相がそれによってわかることもある、と思われるからである。もっとも、これには注意が必要である。『風土記』は現在まで残っているものの方が少ないので、そこから一般論を言うのは危険と思われるからである。この点を考慮して、あまり断定的にならぬように注意したいと思う。

『風土記』については既に中西進、山田慶兒とともに全体的な討論を行ない、他に発表したことがある。(5) そのとき昔話との関連においても考察したが、今回はもっと詳細に調査した結果を発表したい。このような記述が昔話の今後の研究に役立つと思われる。

2　昔話の主題

昔話の主題として考えられるものが、『風土記』には多く認められる。それらのなかには、日本の昔話として現在採集されたもののなかにあまり展開していかなかったものもあるが、ともかく『風土記』のなかで、昔話の主題となり得るものを次に項目別に列挙して、それについての簡単なコメントを付しておく。この項目の分け方は恣意的であるが、『風土記』に比較的よく認められ、昔話の主題としても重要と思われるものから述べてゆくことにする。

(1) 変身

変身の主題は全世界の昔話に認められる、と言っていいだろう。しかし、詳細に見ると文化により時代によって特徴があることが明らかになることもある。『風土記』にも多くの変身が語られる。そのなかで、白鳥が乙女に変身するもの、および蛇については特に重要でもあり、数も多いので、別に項目を立てて論じることにする。

男女が松の木に変身(『常陸国風土記』七三—七五頁)[6] 童子女《うなゐ》の松原という所で、若い男女が嬥歌《うたがき》のとき睦み合っているうちに、朝が来てしまって、二人はこれを愧《は》じて「松の樹《き》と化成《な》れり。郎子《いらつこ》を奈美松《なみまつ》と謂《い》ひ、嬢子《いらつめ》を古津《こつ》松《まつ》と称《い》ふ」。これは人が松になった話で、ギリシャ神話のダプネーが月桂樹になるように、人間が木に変身するのは割にある話である。ただここで若い二人が何を愧じたのか、嬥歌のときは朝まで二人で居るのがよくないのか、そのあたりは不明である。

神が鳥となる(『出雲国風土記』一二九頁) 神魂命《かむむすびのみこと》の御子《みこ》、宇武加比売命《うむかひめのみこと》が法吉鳥《ほほきどり》になって、「静まり坐《ま》しき」場所が法吉の郷と言われるという話。人や人の魂が鳥になる話は全世界に認められると言っていいほどである。ここで変身の経緯が語られぬのが残念だが、法吉鳥は鶯で、昔話の「鶯の里」の源流も、こんなところにあるのかも知れない。変身した神は女神であるが、やはり鶯に変身するのは女性なのであろう。

亀が人に変身(『丹後国風土記』逸文四七一—四七五頁) これは浦島太郎の源泉と考えられる「浦嶼子」の話である。水の江の浦嶼子という男が海で釣をしているうちに「五色《いついろ》の亀」を釣りあげる。亀は美女に変身して嶼子にプロポーズし、二人は蓬萊山《とこよのくに》に行く。もともとあったこのような変身の主題が時代とともに姿を消してしまい、亀姫の姿は亀と乙姫とに分離してくる。その上に、仏教説話の影響を受けて亀の報恩の主題がつけ加わってくるのである。

広い意味の変身と考えられるが、人の変身ではなく、ものの「変身」とでも言うべき話もある。そのなかには「石化」ということも生じる。それらを次に示す。

琴が樟になる(『肥前国風土記』三九一頁)　琴木《ことき》の岡の由来として語られる話で、景行天皇がもともと平原で岡のなかったところに「此の地《ところ》の形《かたち》は、必《かなら》ず岡《をか》あるべし」と言って岡をつくらせた。その岡で宴会をした後に琴をたてるとそれが樟《くすのき》になった。

人間の頭が島になる(『近江国風土記』逸文四五九頁)　ただしこれは「存疑」とされている。夷服《いぶき》の岳《たけ》(伊吹山)の神と、その姪(妹という説あり)の浅井の岡とが高さを競った。浅井の岡は一夜に高さを増したので、夷服の岳の神が怒って浅井比売《ひめ》を切り、その頭が湖におちて島となり竹生島《ちくぶしま》になったという。

鏡が石になる(『豊前国風土記』逸文五一一頁)　鏡山の由来として語られる。神功皇后が「天神《あまつかみ》も地祇《くにつかみ》も我《あ》が為《ため》に福《さきは》へたまへ」と言って鏡を安置すると、それが石となった。

鰐と鯨が石となる(『壱岐国風土記』逸文五二七頁)　昔に、鰐《わに》が鯨《いさ》を追いかけ、鯨が逃げてきて隠れた。このとき鰐も鯨も石となった。両者一里離れているという。

舟が石となる(『伊予国風土記』逸文四九七頁)　昔、熊野という船をつくり、それが石となった。よってそこを熊野という。

変身というよりは神の化身、または神の名とさえ考えられるような例がある。

神が白鹿となる(『尾張国風土記』逸文四四三頁)　川嶋の社《やしろ》。聖武天皇の世に、凡海部《おほしあまべ》の忍人《おしひと》が、神が白鹿となって時々現われると言ったので、詔《みことのり》があってその社を天社《あまつやしろ》とした。

大神、鷲となる（『摂津国風土記』逸文、参考資料四二八頁）「昔、大神あり、天津鰐《あまつわに》と云《い》ひき。鷲《わし》と化為《な》りて此の山に下《くだ》り止《とどま》りて」とある。これは神の化身としての鷲と考えられるが、この際は神の強さ、威光を表わすイメージとして鷲が選ばれたのであろう。

以上に述べた変身のなかで、「もの」の変身として、琴が樟になるのがあるが、琴も樟も古代にあってはヌミノースを感じさせる「もの」だったのであろう。『伊賀国風土記』逸文（四三一頁）には、神女が常に来て琴を奏していたが、人が見ると神女は琴を棄てて消え去った。その琴を神として祭った、という話がある。「参考」として記載されているものであるが、琴のもつヌミノースな力が示されている。琴はその後の日本の物語のなかでは、重要な役割を果すことがあるが、昔話の方にはあまりないようである。

樟は大木になるので、やはりヌミノースなイメージを提供するものと思われる。上総・下総の『風土記』逸文には「参考」としてながら、次のような話が記載されている（四五一頁）。長さ数百丈に及ぶ楠の大木があり、天皇がこれについて占わすと、「天下の大凶事也」という結果が出て、木を伐り倒した。上の枝を上総、下の枝を下総と言う。総は木の枝のことをいうと述べられている。また『播磨国風土記』逸文（四八三頁）には、一般にもよく知られている「速鳥《はやとり》」の話があるが、これも楠である。楠の大木を伐って「速鳥」という舟をつくった話である。これも楠の威力を示すひとつの話と考えられる。

速鳥との関連で、昔話の話型のひとつ「木魂聟入」（『日本昔話大成』話型一〇九）[7]に触れておきたい。この昔話でも大木が伐られて舟がつくられる。それがなかなか動かないのをある娘が進水させる話であるが、これなど、「速鳥」のモチーフとの関連を感じさせる。垂直軸に沿って上へ上へと伸びてゆく大木が伐り倒され、水平軸に沿って走る舟になるということは、古代の人にとっては凄い「変身」として受けとめられたのではなかろうか。

次に「もの」の変身として、鏡、鰐、鯨、舟などの石化が語られている。石化は神話・昔話において全世界にわたって生じる主題と言っていいであろう。石化はそのものの永続性のためというポジティブな面と、生気を失う、硬化するなどのネガティブな面とがあるが、これらの『風土記』の例は、むしろ永続性の方を示しているものと理解される。

(2) 白鳥の変身

白鳥が乙女に変身する話は、有名なロシアの「白鳥の湖」の話のように、全世界に広く分布しているものである。白い色、しなやかな身体、天から現われてくる、などの属性から清らかな乙女のイメージを描くのに適していたからであろう。わが国の昔話「天人女房」(『大成』一一八)も、白鳥の乙女の話型に属するものと考えていいだろう。

『風土記』には相当多くの白鳥についての記載がある。それが乙女になるものだけではなく、その他の話もともに次に列挙する。

『常陸国風土記』(七五―七七頁)　白鳥《しろとり》の里というところがある。白鳥が天より飛んできて乙女になり、「石《いし》を摘《ひろ》ひて池を造《つく》り、其《そ》が堤《つつみ》を築《つ》かむとして、徒《いたづら》に日月《ひつき》を積《つ》みて、築《つ》きては壊《く》えて、え作成《な》さざりき」とある。次に白鳥が歌った歌は難解でいろいろな読みがあるが、ここには触れない。ともかく白鳥は天に昇り、以後は来なくなったと言う。

『豊後国風土記』(三五七頁)　豊後、豊前は昔は合せて豊国と言った。そこを治めていた菟名手《うなで》が中臣《なかとみ》の村に行くと、白鳥が飛んできてそれが餅になった。その餅が里芋になる。菟名手は喜んでそれを天皇(景行天皇)に献上したところ、天皇は「天《あめ》の瑞物《しるしもの》、地《つち》の豊草《とよくさ》なり」というのでその国を豊国と名づけた。

『豊後国風土記』(三七三頁)　ある百姓が水田を開くと大いに収穫を得た。奢って餅を弓の的にしたところ、餅が白鳥となって南の方に飛び去ってしまった。その年の間に百姓は死に絶え、その地は荒れはててしまう。

『山城国風土記』逸文(四一九頁、「存疑」として記載される)　これは京都の伏見の稲荷神社の由来として語られている。餅を用いて的にしたところ、それが白鳥となり山の峯まで飛んで行き、そこに稲が生えた(伊禰奈利生《いねなりお》ひき)ので、社《やしろ》の名も「いなり」とした、という話である。

『近江国風土記』逸文(四五七―四五八頁、「存疑」として記載)　近江国の伊香《いかご》の小江《をうみ》に「天《あめ》の八女《やをとめ》、倶《とも》に白鳥《しらとり》と為《な》りて」天より降りてきて水浴をする。伊香刀美《いかとみ》という男がひそかに白犬を使って天羽衣を盗ませる。一番下の乙女のを盗んだので、七人の姉は飛び去るが末娘だけは残される。伊香刀美と白鳥の乙女は結婚して男二人、女二人の子を得る。その後、母親は天羽衣を捜し取って天に昇り、伊香刀美は、「独り空しき床を守りて、唫詠《ながめ》すること断《や》まざりき」という話である。

『豊後国風土記』逸文(五一四頁、「存疑」として記載)　球珠《くず》の郡《こほり》に広野があり、そこに田を作って住んだ人が、弓の的として餅を作ったところ、その餅が白鳥となって飛び去った。その後、そこは次第に衰えて荒野となってしまった。

以上が白鳥の変身にかかわる話である。まず白鳥が乙女となる話であるが、常陸国の話では白鳥が乙女となるだけの話であるのに対して近江国の話では、その乙女と男性の結婚、それに羽衣を盗む話まであって、昔話の「天人女房」と極めて類似した話となっている。もっとも昔話では、はじめから天女として語られ、白鳥が変身したのではない。むしろ鳥が女性に変身する昔話としては「鶴女房」(『大成』一一五)をあげねばならないであろう。
『近江国風土記』では、一度結婚して子どももつくるのだが、結局は女は羽衣を捜し出して消え去ってしまう。昔話の「天人女房」では消えた女性を男性が追い求めてゆき、再び結婚するのもあるが、日本の昔話においては、一度結婚しても「鶴女房」のように、女性が消え去るのが多い。西洋の昔話では結婚の成就をもってハッピー・エンドになるのに対して、日本の昔話は悲劇的結末になるのが多いことは内外の多くの学者の指摘しているところである。その点で、『丹後国風土記』逸文(四六六―四六八頁)の「奈具社」は白鳥は出て来ないが、天女の話で悲劇に終るものとして注目に値すると思われる。

丹後の国の比治《ひぢ》の里の真奈井《まなゐ》という井に天女が八人降りてきて水浴みをしていた。老夫婦がそれを見てひそかに一人の娘の衣裳を隠しておく。他の天女は天に舞いあがってゆくが、衣裳のない娘は残り老夫婦のたっての願いをいれて養女となる。十余歳になって、天女は酒をつくり、それが病を癒す力をもっているために高価に売れて、老夫婦はたちまち金持になる。金持になってしまうと夫婦は天女に対して、お前は自分たちの子ではないが、暫く仮に住まわせてやったのだから出て行けという。娘は天を仰いで哭《なげ》くが致し方なく家を出る。あちこち泣き泣き旅をして、「竹野《たかの》の郡《こほり》船木《ふなき》の里《さと》の奈具《なぐ》の村《むら》」まで来て、「我《わ》が心《こころ》なぐしく成《な》りぬ」と言う。なぐしとは心平静という意味の古語である。天女はその村に留まることになり、奈具《なぐ》の社におさまり、豊宇賀能売命《とようかのめのみこと》になった。

これは天女の恩を仇で返す人間のさもしさが語られている。昔話の「鶴女房」を木下順二が「夕鶴」として劇化するとき、男性の欲の深さが語られるが、そのような流れのもとは、この「奈具社」に認められるかも知れない。「夕鶴」が現代人に強くアピールするように、白鳥の乙女の物語は時代を超えた魅力をそなえている、と思われる。それが、『風土記』にはこのような形で姿をとどめているのは非常に興味深い。

次に白鳥が餅になったり、餅が白鳥になったりする話がある。これは餅も白鳥もどちらも白いところから連想されたのだろう。餅を的にすると白鳥になって飛んで行った話は、『日本昔話大成』補遺三二一「餅の的」(沖縄県宮古郡採集)として記載されている。他に類話がないし、『風土記』との関連をとやかくは論じ難い。ともかく、宮古郡で昔話として語られていた事実は注目すべきである。

豊国の名の由来になった話では、白鳥が餅になりそれが里芋となる、という不思議な変化が示されている。里芋は土の中から取れるものではあるが、天からの授かりものである点を強調したかったのかも知れない。

(3) 蛇の変身

白鳥とともに『風土記』のなかで変身が語られるものに、蛇がある。蛇も世界の多くの文化の昔話において活躍する動物である。白鳥がもっぱら女性像と結びつくのに対して、蛇は男性にも女性にもなるのが特徴的である。次に『風土記』のなかの蛇に関する話を列挙してみる。

夜刀の神としての蛇(『常陸国風土記』五五頁) ここでは蛇が恐るべき神として語られる。継体天皇の世に、箭《や》括《はず》の氏《うじ》の麻多智《またち》という人が葦原を拓いて新田をつくった。そのとき夜刀《やつ》の神が沢山現われてその妨害をした。「蛇を謂ひて夜刀の神と為す。其の形は、蛇の身にして頭に角あり。率引《ひきゐ》て難を免るる時、見る人あらば、家門を破滅《ほろぼ》し、子孫《うみのこ》継がず」と述べられているが、「逃げるときに見てはならない」というのは一種のタブーであろうか。ところで、麻多智は武器をとって蛇を殺したり追いやったりした後、「山口に至り、標の梲《つゑ》を堺の堀に置《た》て、夜刀の神に告げていひしく、『此より上は神の地と為すことを聴《ゆる》さむ。此より下は人の田と作《な》すべし。今より後、吾、神の祝《はふり》と為りて、永代《とこしへ》に敬ひ祭らむ。冀《ねが》はくは、な祟りそ、な恨みそ』」と言って社《やしろ》をつくり、祭ることにした。

これは恐るべき神に対する人間の対応の方法としてのひとつの典型を示すもので、ある「境界」を決めて互いに神と人との領域を明らかにし、人は神を祭る代りに神の方も人に害を与えないで欲しい、という一種の妥協を成立させるのである。ここで相手の危害を加える性質のみを強調すると、それは「悪」として徹底的に退治することが必要になるし、相手の神性のみを認めると、ただその命令に服従しなくてはならなくなる。日本の「神」は中間者であり、従って人間との間に妥協が成立するのである。昔話においては、鬼や山姥などを完全に駆逐するのではなく、追いやったり、境界を設定したりして難を逃れることが多いが、そのような考えの源は『風土記』に既に多く認められる。

避け隠れる「神《あや》しき蛇」(『常陸国風土記』前掲の続き)　先に述べた蛇の社の話の続きである。この蛇の社のあたりに孝徳天皇の世になって、池をつくることになった。すると夜刀《やつ》の神が池の傍の椎《しい》の木に登って立ち去らない。そこで「此の池を修《をさ》めしむるは、要《むね》は民を活《い》かすにあり。何《なに》の神《あまつかみ》、誰《いづれ》の祇《くにつかみ》ぞ、風化《おもむけ》に従はざる」と言い、何であろうと虫の類は打ち殺してしまえと役《えだち》の民に命令すると、「神《あや》しき蛇避けて隠りき」ということになる。これは「文明開化」の力が土着の神を追い払った話とも取れるし、あるいは、天皇族がそれに対敵する部族を駆逐した話とも取れる。ただ後者のときは、土蜘蛛などの呼称が用いられ、それが部族の呼称であることが明らかにされているが、「蛇」の場合は、むしろ動物の蛇のイメージが重なる語り方がされているのが特徴的である。

角の折れた蛇(『常陸国風土記』七七頁)　前項にもあったが『風土記』に現われる蛇には「角《つの》」があることがある。これは何を意味するのか、どのようなところから生じたのか不明である。その強さ恐ろしさを示すためのものではあろう。香島郡の「角折《つのをれ》の浜《はま》」の由来として語られる。「古《いにしへ》、大きなる蛇《へみ》あり。東《ひむがし》の海に通《いた》らむと欲《おも》ひて、浜を掘《ほ》りて穴を作るに、蛇《へみ》の角《つの》、折《を》れ落ちき。」よって「角折の浜」と名づけたと言う。この蛇の角の折れる話をどう解釈すべきか、筆者には適切な考えがまだ浮かんで来ない。これに続いて「或るひといへらく」として、倭武《やまとたける》の天皇《すめらみこと》(倭武は『風土記』のなかではよく天皇と呼ばれる)がこの浜に来たとき、料理のための水を得ようとして、鹿の角で土を掘ろうとしたが、角が折れたので「角折の浜」と名づけたという異説が紹介されている。この頃になると、人々は「蛇の角」の意味を了解しかねたのかも知れない。昔話には角のある蛇は登場しないと思う。

蛇聟の話(1)(『常陸国風土記』七九頁) 蛇が聟として登場する話は昔話に「蛇聟入」として記載され多くの類話をもっている。神話としても『古事記』の大三輪主の話として語られている。ここに記されている話はそれらとの関連で興味深いので、少し詳しく紹介する。

茨城《うばらき》の里に努賀毗古《ぬかびこ》と努賀毗咩《ぬかびめ》という兄妹がいた。ところが妹の室に毎夜訪ねてくる男性がいるが、名を名乗らない。努賀毗咩は妊娠して子どもを産む。小さい蛇の子であった。日中は何も言わないが、夜になると母親と話をする。努賀毗古と努賀毗咩は驚きあやしみ「神の子」だろうと思う。「浄《きよ》き杯《つき》」に蛇の子を入れておくと一夜のうちにそれに一杯の大きさになった。そこで大きい器に代えると、また大きくなり、三、四度とも同様で、とうとう入れる器がなくなった。そこで、「汝が器宇《うつはもの》を量るに、自ら神の子なるを知りぬ。我が属《うから》の勢は、養長《いた》すべからず、父の在するところに従《ゆ》きね。此にあるべからず」と言う。子どもは悲しんだが、母親の命には従わねばならない。ただ一人で行くのよりは、「矜《あはれ》みて一の小子《わらは》を副《そ》へたまへ」と答えた。母親はお前の母と伯父がいるだけだから誰も従って行く者は居ないと言うと、子どもは恨んでものを言わなくなった。別れるとき怒りのあまり伯父を殺して天に昇ろうとするが、母親が驚いて盆《ひらか》を投げつけたので子どもは昇ることができず、その峯に留まった。

兄と妹の組合せがあり、そこに妹の夫が現われ、夫と兄の間に葛藤が生じるのは、『古事記』のなかの有名な沙本毘古と沙本毘売の話を思わせる。これはおそらく母系の社会が父系に変化してゆくときに生じた問題を反映しているものと考えられる。昔話の「蛇聟」の話では、ほとんどの場合は蛇聟が殺されてしまうことになるが、おそらくそれは後代の話であり、原型は、蛇聟は『古事記』の大三輪の神のように「神」であり、その子どもは神性をそなえた人間として崇められるというものであったろう。その点で、この話は大三輪型の神話と、蛇聟型の昔話の中間に存在するものとして注目すべき話である。

ここで蛇の子を器に入れるとどんどん大きくなり、文字どおりそこの家の「器量」をこえた存在であることがわかる、というところは面白いが、これはおそらく昔話には見られないのではなかろうか。また蛇の子が家を立ち去るときに「一の小子《わらは》を副《そ》へたまへ」と言うところも、あまり類話がないように思う。いわゆる「小さ子」の主題は母親との関連で出てくるが、このようなかたちで言及されるのは珍しいのではなかろうか。今後研究すべき課題とも思われる。

蛇聟の話(2)（『肥前国風土記』三九七頁）　大伴の狭手彦《さでひこ》の連《むらじ》が任那に舟で渡ったとき、弟日姫子《おとひひめこ》が峯に登って褶《ひれ》を振った。そこでその峯を褶振《ひれふり》の峯というようになった。二人が別れて五日後、弟日姫子を夜毎たずねて共に寝、朝になると早く帰って行く男があった。顔は狭手彦によく似ていた。弟日姫子はあやしいと思い、ひそかに続麻《うみを》を男の衣の裾につけ、それを頼りに尋ねて行くと、峯のほとりの沼の傍に蛇が寝ていた。体は人間で沼の底に沈み、頭は蛇で沼の岸に寝ていた。それがたちまち人になって、

篠原《しのはら》の　弟姫《おとひめ》の子《こ》ぞ
さ一夜《ひとゆ》も　率寝《ゐね》てむ時《しだ》や
家《いへ》にくださむ

と言った。弟日姫子の従者は走り帰り、親族に告げ、そこへやってくると蛇も人も見えず、沼の底に人の屍《かばね》があったので峯の南の方に弟日姫子の墓をつくった。

この話は、続麻を用いて夫の居場所をつきとめるところが『古事記』の話と同様になっているが、結末は悲劇に終っている。

以上、蛇の変身の主題について見てきたが、蛇聟はあるが蛇女房の話はない。『風土記』はごく一部分のみしか現存していないので断定的なことは言えないが、おそらく母系の社会で男が妻を訪ねてゆく制度の間は、蛇聟の話はあっても蛇女房の話はなかったのではなかろうか。昔話の「蛇聟」と「蛇女房」とを比較するとき、前者の方が時代が古いという仮説をたててみてはどうなのか、と思っているが確たることは言えない。

以上で変身に関する考察を終り、次にその他の主題のなかで、特に「夢」に関するものが多いのでそれについてみることにする。

3　夢

夢は神話にも昔話にもよく語られる。中世の物語や説話のなかでも、夢は大切な話題である。『風土記』にも夢に関する話が多いので、それを順次取りあげてみよう。

夢のお告げ(1)(『出雲国風土記』一八三頁) 宇賀《うか》の郷の北の海辺に脳《なづき》の礒《いそ》というところがあり、礒の西に窟戸《いはやど》がありその奥は人も入ることができずその奥行きも不明である。夢にこの礒の窟のほとりに至ると必ず死ぬ。そこで人々は古より今に至るまで、黄泉《よみ》の坂・黄泉《よみ》の穴と名づけている。

夢のなかでその窟のほとりに居るのを見ると必ず死ぬので、その窟は「黄泉の坂」である、と考えられているという話である。「夢のお告げ」の分類に入れるのもどうかと思ったが広義に解釈してそうしておいた。

夢のお告げ(2)(『出雲国風土記』二二七頁) 三沢の郷の大穴持命《おほなもちのみこと》の子、阿遅須枳高日子命《あぢすきたかひこのみこと》は「御須髪八握《みひげやつか》に生《お》ふるまで、夜昼哭《よるひるな》きまして、み辞通《ことかよ》はざりき」という状態であった。そこで大穴持命が夢のなかで「子どもの哭く由を知りたい」と願うと、夢のなかでは子どもが話をしているのを見た。目覚めて子どもに問いかけてみると「御沢《みさは》」と答えた。

これも夢のなかで言葉を発していたのが現実のこととなったので広義に解釈して「夢のお告げ」とした。阿遅須枳高日子命が「御須髪八握《みひげやつか》に生《お》ふるまで」哭いてものを言わなかったという描写は、須佐男命や本牟智和気《ほむちわけ》との関連性を示している。

夢のお告げ(3)(『肥前国風土記』三八五頁) 姫社《ひめこそ》の郷の山道《やまぢ》川のほとりに荒ぶる神が居て通行する者の半数を殺した。どうして祟るのかを占うと、「筑前の国宗像《むなかた》の郡の人、珂是古《かぜこ》」に社を祭らせよということであった。珂是古は自分に祭って欲しいのであれば、それを示せと、幡《はた》を風のまにまに放つと、幡は「御原《みはら》の郡の姫社《ひめこそ》の社《もり》」におち、また飛び帰ってきて山道川のほとりにおちた。その夜珂是古は夢のなかで臥機《くつびき》(織機の一種)と絡垜《たたり》(四角い枠の糸繰り道具)とが舞い遊び、珂是古を押して目を覚まさせるのを見た。そこで、彼は神が女神であることを知り、社を立てて祭った。それ以後、祟りはなくて道行く人は殺されず、その郷の名を姫社《ひめこそ》と呼ぶようになった。

この話でも夢がお告げを与えてくれている。そこで、織物のための道具が出てきて、神が女性であると知らせるところが印象的である。天照大神も高天原で機織りをしていたが、このことは女性性の象徴としての意味を強くもっているのであろう。ギリシャ神話ではアテーネが機織りをしている。

夢のお告げ(4)(『尾張国風土記』逸文四四二頁) 垂仁天皇の皇子、品津別《ほむつわけ》は七歳になってもものを言わない。そのとき皇后の夢に神が出てきて「吾《あ》は多具《たく》の国の神、名を阿麻乃彌加都比女《あまのみかつひめ》と曰《い》ふ。吾《あれ》、未《いま》だ祝《はふり》を得ず。若《も》し吾《あ》が為《ため》に祝人《はふり》を宛《あ》てば、皇子《みこ》能言《あぎと》ひ、亦是《またこれ》、み壽考《いのちなが》からむ」と言う。それに従って社を立てた。

この話も夢のお告げによって、皇子がものを言わぬ由来がわかるもので、既に『出雲国風土記』の「夢のお告げ(2)」に紹介しているのと類似の話である。これらを『古事記』の本牟智和気《ほむちわけ》の話と比較すると興味深いと思うが、ここは本論と関係がないので省略する。

夢合《あわ》せ(夢野の鹿)の話(『摂津国風土記』逸文四二二—四二三頁) 雄伴《をとも》の郡の夢野というところがある。昔、刀我《とが》野《の》に牡鹿が居り、その本妻の牝鹿は夢野に居て、妾の牝鹿は淡路国の野嶋に居た。牡鹿はしばしば野嶋の牝鹿を訪ねていた。あるとき、牡鹿は本妻に向かって、「今夜の夢に、自分の背中に雪がふり、すすきが生えてくるというのを見た。これは何の前兆だろう」と尋ねた。妻の鹿は夫が妾のところに行くのを憎んで、「背中に草が生えるのは矢が背中にささるのであり、雪がふるのは、肉に食塩をまぶす(そのようにして人に食べられる)前兆である。お前が淡路の野嶋に行こうとすると必ず舟人に遭って射殺されるだろう」と言う。牡鹿はそれでも気持がおさえられずに淡路に行こうとして、実際に射殺されて死んだ。そこでその野を「夢野」と言うようになり、

「刀我野《とがの》に立てる真牡鹿《まをしか》も、夢相《いめあはせ》のまにまに」と言った。

この話は夢の直接的なお告げではなく、「夢相」つまり夢の解釈が重要であり、しかも解釈の仕様によってその結果も異なってくることを述べている、という点で非常に興味深い。夢を見てもそれをどう解釈するかによって結果が異なるということは、『宇治拾遺物語』の伴大納言の夢の話にも認められる。往時の人々はこのように「夢相」ということを重要視したのであろう。

以上、夢についての記載を列挙したが、ひとつを除いて他はすべて「夢のお告げ」についての話である。古代の人間が夢を大事にしていたことがこれによってわかる。多くは神が夢のなかで語っているのだが、『摂津国風土記』の「夢合せ」の話のように、神と無関係のもある。後者の場合は従って、夢合せということが大切になってくるのである。日本昔話で夢が主題となるものには、「夢見小僧」(『大成』一五六)と「夢買長者」(同一五八)がある。前者は子どもが見た大事な初夢を大人が聞きたがるのに頑固に言わずに頑張り、そのために迫害されるが、後に夢に見たとおりに成功する話。後者はよい夢を見た人がそれを友人に語り、その夢を買った人間が長者になる話である。いずれも、かるがるしく他人に夢を話してはならない、という教訓をもつものである。

夢を不用意に他人に話すべきではない。というのは、うっかり変な「夢合せ」を他人にされると大変なことになるという話にもつながってくるだろう。むしろ、このような夢買いなどの話は中世の説話の方によく認められる。おそらく、夢に関しては、神のお告げとしてそれに従う類の話があり、その後になって、夢をうっかり他人にもらすなとか、夢合せを問題にするような話がでてきたものと推察される。

4　その他の主題

以上に昔話によく現われる主題で『風土記』にも比較的よく記されているものについて論じてきたが、『風土記』のなかに単発的に見られる主題で、昔話と関連するもののうち興味あるものについて、次に取りあげてみたい。順は不同である。

酒泉（『播磨国風土記』二六七頁）　景行天皇の世に酒の涌き出る泉のある山があり、酒山と呼んだ。百姓が飲んで酔ってけんかをするので、埋めてしまった。天智朝九年（六七〇）に掘り出してみたら、未だ酒の気があった。昔話の「酒泉」（『大成』一五四）では発見者は酒屋になって金持になるが、こちらではけんかの元になるというので埋められてしまう。

来訪者(1)（『常陸国風土記』三九頁）　昔、神祖《みおや》の尊（誰を指すか不明）があちこちの神を訪ね、駿河の福慈《ふじ》の岳《やま》のところに来た。日が暮れてきたので宿りを乞うと、福慈の神は、新穀祭をしていて、ものいみをしているので宿は貸せないと断る。神祖の尊は恨んで、お前が住んでいる山は「生涯《いき》の極《きは》み、冬も夏も雪ふり霜《しも》おきて、冷寒《さむさ》重《し》襲《き》り、人民《ひと》登《のぼ》らず、飲食《をしもの》な尊《まつ》りそ」と言った。そして筑波の山へ行き宿りを乞うと、筑波の神は、今日は新穀祭だけれど、お受けしないわけにはゆかない、と言う。そこで神祖の尊は喜んで歌を歌ってほめたたえる。このため、福慈の山は常に雪が降って登ることができず、筑波の山の方は、人々が歌い舞いして楽しむことになった。

来訪者(2)（『備後国風土記』逸文四八八―四八九頁）　これはよく知られている「蘇民将来」の話である。武塔の神が日暮に宿を貸りようとする。兄の蘇民将来は貧しく、弟の蘇民将来は金持であるが、弟は断るのに対して兄の方は宿を貸してもてなす。数年後に武塔の神は兄の将来の娘に「茅《ち》の輪《わ》を腰の上につけさせ」て、それを目印とし、それ以外の人間をすべて殺してしまう。その後、疫病がはやるときに、蘇民将来の子孫であると言って茅の輪を腰につけていると難を逃れると伝えられる。

この二つの話は来訪者に対して親切にした者に福がもたらされる、あるいは、不親切にしたものに災いがもたらされる、という話である。昔話では「猿長者」(『大成』一九七)、「宝手拭」(『大成』一九八)などにそれが認められる。いわゆる弘法伝説にもよく認められる主題である。蘇民将来の方では、兄弟間の葛藤にまでは至っていないが、兄弟の生き方の対比ということも語られている。

逃竄譚(『播磨国風土記』三三七頁)　法太《はふだ》の里。讃伎日子《さぬきひこ》と建石命《たけいはのみこと》が相争い、讃伎日子が負けて逃げるとき「手《て》以《も》て匐《は》ひ去《い》にき」というので匐田《はふだ》と呼ばれるようになった。また、建石命は坂のところまで追いやって自分の「御冠《みかげ》」を坂に置き、これからはこの境界より入ってくるな、と言った。

境界を定める　昔話や神話によく示される逃竄譚は『風土記』にはあまり語られないが、それとの関連で語られる、境を定めて「悪」と思われるものの侵入を禁ずることは、多く語られる。ここに「悪」と表現したものは文字どおりの悪者の場合もあるが「荒ぶる神」に対してのときもある。もともと古代の日本では善悪としての「悪」の観念は明確ではなかったと思われる。ともかく恐るべき対象に対して「境界」をたてることによって共存をはかる態度が強かったと思われる。そのような例を次にあげる。

標の梲《つゑ》を立てる　これは既に夜刀《やつ》の神の話として紹介した(『常陸国風土記』)。

石でふさぐ(『出雲国風土記』二三一頁)　玉日女命《たまひめのみこと》を恋《した》って和爾《わに》が川をのぼってくる。そこで玉日女命は石で川をふさいだので、和爾は会うことができず恋うのみであった。そこを恋山《したひやま》と名づけた。

肉を串にかける（『出雲国風土記』一〇五頁）　これは娘を鰐に食い殺された父親が、怒ってその鰐を殺し、その後でその鰐を「串《くし》に挂《か》け、路《みち》の垂《ほとり》に立《た》て」たという話である。ここで串にさして路に立てたのは復讐の意味だけで、次からの侵入を防ぐ意図はなかったかも知れないが、昔話には時にこのような主題が見られるので記しておいた。

蘇生(1)（『播磨国風土記』二七九頁）　継《つぎ》の潮《みなと》というところで、昔に一人の女が死んだが、筑紫の国の火君等《ひのきみら》の祖《おや》がその女を「復生《つぎい》かし、仍《よ》りて取《あ》ひき」とある。蘇生させて結婚したのだが、それがなぜ、どのようにして蘇生させたかについては何も語られていない。

蘇生(2)（『伊予国風土記』逸文四九三頁）　大穴持命《おほなもちのみこと》が死んだ宿奈毗古那命《すくなひこなのみこと》を生かそうとして、大分《おほきだ》の速見の湯をもってきて浴びさせると、生き返ってきて、「真暫《ましまし》、寝《い》ねつるかも」と言って、元気に力を入れて地面を踏んだ。

蘇生のことは日本の昔話に稀ではあるが、語られる。特に宿奈毗古那が生き返ってきたとき、「暫らく眠っていたものだ」と言うところは、『大成』一八〇の「姉と弟」の話で死んだ弟を姉が生き返らせると「朝寝ぞしたる、夕寝ぞしたるべんとこまかせ」と言って起きあがるのと感じが似ている。昔話には蘇生させるために生鞭死鞭とか、生かす花とかが用いられるが、『風土記』は(1)の方では何の説明もなく、(2)では湯が用いられている。おそらく、昔話の方では「お話」としての工夫がこらされたのであろう。

笛吹聟（『山城国風土記』逸文四一八頁）　これは宇治橋姫の話で「参考」として記載されている。宇治の橋姫が妊娠中の悪阻にわかめを欲しいと言い、夫が海辺に行きそこで笛を吹いていると龍神が賞でて彼を聟にしてしまった。橋姫が夫を尋ねて海辺に行くと、ある老女が「あの人は龍神の聟になったが、龍宮の火をいみて、ここで食事をするのだ」と教えてくれる。そこへ夫が来たので話合いをしたが、橋姫は泣く泣く別れた。その後、夫は帰ってきて橋姫と元どおりの夫婦になった。

男の笛の音に天女が心を惹かれて結婚する、というのが昔話の「笛吹聟」(『大成』一一九)である。この場合は天女ではなく龍神になっているが、いずれにしても異界の女性が笛に心惹かれるところが特徴的である。なおこの橋姫の話には、異界の火で料理したものを食べると、こちらに戻って来れないというタブーが語られているのも興味深い。男がどうして橋姫のところに戻ってきたのか、その経緯が語られていず残念である。

大男(『常陸国風土記』七九頁)　大櫛《おほくし》というところに、昔、大男がいた。身は丘の上に居ながら手は海辺の大蛤をとり、食べた貝が積って岡となった。その足跡は長さ三十余歩《あし》、広さ二十余歩《あし》、尿《ゆまり》の穴の直径は二十余歩《あし》ほどあった。『風土記』の注によると、三十歩《あし》は約五三・五メートル、二十歩《あし》は約三六メートルにあたる。日本の昔話や神話には、大男の話は珍しい。その点でこれは注目に値する。

昔話の主題と関連するものは、未だ探しだせばあると思うが、主なものとしては以上で終りとし、『風土記』の昔話との関連で考えられる特徴について次に考えてみたい。

5　『風土記』の特性

これまでに述べてきたように、『風土記』には昔話の主題になるものが多くあることがわかった。ここで『風土記』と昔話との関連を知るひとつの方法として、昔話によく出てくる主題で、『風土記』には認められないものを考えてみることにしよう。

まず言えることは「動物報恩譚」がまったく見られないことである。これは特筆すべきことである。既に示したように白鳥や蛇の変身に伴って結婚の話も語られるが、『日本昔話大成』にある多くの異類婚には動物の報恩のことがよく語られているのに対して、『風土記』にはそれが全然ないのである。そもそも「浦島太郎」の原型とも考えられる『丹後国風土記』の「浦嶼子」の話に亀の報恩ということが語られない事実がそれを示している。おそらく「動物報恩譚」は仏教の因果応報の考えとともに後代に輸入されたものと思われる。

次に昔話に相当あって『風土記』に語られないのが、継母と継娘の話である。これは『日本昔話大成』にも、継子譚としてまとめられているが、「米福粟福」などをはじめ多くの話がある。ここで注目すべきことは、これらの話のなかには結婚によるハッピー・エンドの話が割にある事実である。西洋の昔話と比較する日本の昔話に結婚のハッピー・エンド型のものが少ないことは、つとに指摘されているところであるが、この「継子譚」だけが例外と言ってよい。

このようなグループには「手無し娘」のようにグリムの話と極めて類似性の高いものも含まれているので、『風土記』にこのような主題が存在しないことから考えて、「継子譚」は後代に西洋から伝播してきたものか、と一応考えられる。しかし、このことは簡単に承認できない。というのは、昔話ではないが平安初期に成立したと思われる『落窪物語』には、典型的な継母と継娘の物語が語られているからである。従ってこの問題は速断することなく今後もう少し詳細に考察してゆきたいと思っている。

ともかく明確に言えるのは、母系社会であれば、継母の問題は生じないはずである。母系から父系への移行期の物語としては、『風土記』のなかの「蛇聟の話(1)」がそれに当たるであろうと指摘しておいた。しかし、完全に父系会社になってはいなかったので、『風土記』の時代には継母の話がなかったと推察される。ただ、継子いじめ的なことを感じさせるものとして、既に少し触れた「奈具の社」の話があるが、これはむしろ、異界の存在との関係の話として、鶴女房などに通じるものと考える方が妥当ではなかろうか。

次に、『風土記』にはあるが、昔話に認められないものとして、有名な「国引き」の話がある。これは『出雲国風土記』にある話で、周知のことだから紹介するまでもないだろう。やはり、国を創るときの話であるだけに、神話的要素が強く、従って昔話の主題とはなり難かったと思われる。

『播磨国風土記』には隠妻《なびづま》の話が記されている。景行天皇が印南の別嬢《わきいらつめ》を訪ねてゆくが彼女は逃げて南毗都麻《なびつま》島《しま》に渡ってしまう。それを追って天皇は島に行き、会うことができる。当時は男性が女性を求めて訪ねて行く風習だったので、このような隠妻の話があると思われる。あるいは、すぐに従わずに一応は逃げてみせたりすることが風習になっていたのかも知れない。このような男性の積極的な求婚と女性の受動的な行為に対して、昔話の異類婚譚で女性が異類の場合は、ほとんどと言っていいほど、女性がプロポーズをし男性がそれに従っている。この対比はなかなか興味深い。『風土記』においても昔話的要素の強い「浦嶼子」の話では、五色の亀が美女に変身し、「風流之士《みやびを》、独蒼海《ひとりうみ》に汎《うか》べり。近《した》しく談《かた》らはむおもひに勝《た》へず」に来たのだと言い、「相談《あひかた》らひて愛《うつく》しみたまへ」と言う。嶼子がためらいを見せると、「賤妾《やつこ》が意《こころ》は、天地と畢《を》へ、日月と極まらむとおもふ。但《ただ》、君は奈何《いかに》か、早《すむや》けく許不《いなせ》の意《こころ》を先《し》らむ」とたたみかけている。このような積極的な姿は先に示した隠妻の姿とは極めて対照的である。

このような対比が生じるのは、おそらく現実生活においては隠妻のようなのが一般的であり、それに対する反作用として、ファンタジーの世界では、異界から現われた美女が積極的にはたらきかけてくる、というイメージが強くなったものと推察される。『風土記』には現実的な話と、昔話的な話とがともに記載されているので、そのどちらの型に属する話も読むことができるものと思われる。

既に示したように、白鳥の乙女の話は『風土記』にあり、昔話にもそれが継承されているのだが、中世の仏教説話には認められないのである。昔話においても、むしろ「天女」として語られて白鳥の姿は消えている。白鳥が女性として語られるのは、『大成』一一五の「白鳥の姉」であるが、これは沖永良部島で採集されたもので、その他の地方にはあまり分布していない。つまり、白鳥の乙女のイメージは古代に強く存在したのに対して、後代では弱くなってしまっている。

『古事記』では白鳥はあきらかに倭建《やまとたける》の魂をあらわすものとして語られている。分析心理学者のユングは男性にとって、その魂は女性像(彼の言うアニマ・イメージ)によって表わされることを主張している。白鳥の乙女のイメージはまさにその線に沿うもので、『古事記』や『風土記』に語られる白鳥はそのような意味合いをそなえている。ところが、中世の説話になって、そのイメージが姿を消すことは、仏教の影響によるものと思われる。

筆者はかつて仏教が女性像によって表わされるアニマというのを抹殺してしまったのではないかという点を、九相詩絵などと関連して論じたが(8)、この白鳥の乙女の消失もそのことと関連している、と思われる。西洋において称揚されたロマンチックな愛ということが日本に生まれなかったことも、これと関連してくるであろう。それでも、昔話の方にはある程度その痕跡をとどめているのだから、まったく無くなったとは考えられず、白鳥の乙女の像はあちこちに残存しているのではなかろうか。その系譜をたどってみることは興味深いと思うが、今後の課題としておきたい。

以上、『風土記』と昔話との関連について考察を重ねてきた。現在われわれが採集によって集積した昔話について、その成立過程などに関して、仏教の影響によって受ける変化などを考慮し、仮説的ではあるがある程度の知見を得ることができたと思う。

注

（1）拙著『昔話と日本人の心』岩波書店、一九八二年。〔本著作集第八巻所収〕

（2）以下『風土記』に関しての引用は、日本古典文学大系『風土記』岩波書店、一九五八年の「解説」による。

（3）前記の「解説」による。

（4）フォン・フランツ、氏原寛訳『おとぎ話の心理学』創元社、一九七九年。

（5）中西進・山田慶兒・河合隼雄『むかし琵琶湖で鯨が捕れた』潮出版社、一九九一年。

（6）ここに示す頁数は前掲の日本古典文学大系『風土記』のなかの頁を示している。

（7）関敬吾他編『日本昔話大成』全一二巻、角川書店、一九七八―八〇年。話型の番号は同書の分類に従う。以後『大成』と略記する。

（8）拙著『明恵　夢を生きる』京都松柏社、一九八七年。〔本著作集第九巻所収〕

解　題

■昔話の深層

『子どもの館』に一九七五年五月より一年間にわたって連載した。ユング派の昔話に対する接近法を一般の人にもわかりやすく示すことを目的にした。昔話は自分も子どもの頃から大好きであるし、このようなことを書きたいと思いつつ時期が来るまで待っていたという点もあって、書きはじめると割にすらすらと書けた。わかりやすく書こうと思ったので、解釈の対象としては一般によく知られているグリムの昔話から選ぶことにした。それと、それぞれの話が、人間の自己実現の過程を考える上で重要となる、ユングの言うところの「元型」の解説にもなるように、と工夫した。

解釈の中核になるのは、私がユング研究所留学中に学んだ、フォン・フランツ女史の考えであるが、その受け売りだけでは芸がないので、取りあげた話と関連する日本の昔話を選び、それについての私見を述べることによって、色合いをそえるようにと努めた。これを書くのは、やや教科書的でおきまりのことを書く容易さがあったが、その間に常に日本のことを考えていた。それが数年後のことではあるが、『昔話と日本人の心』としてまとめられることになる。

『子どもの館』に連載中は、矢川澄子さんがグリムの昔話を新訳され、それも同時に掲載した。本巻にはそれを収録しなかったが、『昔話の深層』のなかのグリムの引用は、矢川さんの当時の新訳によっている。毎回、矢川さんがどのように訳されるかを楽しみにさせていただいたものである。

連載終了後、福音館書店よりすぐに書物にしたいと言われたが、なんだかフォン・フランツ女史の受け売りばかりで、こんなのを出すよりフォン・フランツ女史の翻訳書を出版した方がいいと思ったりして、なかなか思い切れずに放っておいて出版社に迷惑をおかけした。しかし、出版すると、日本人にとってはわかりやすいし、日本の昔話などの言及もあっていいと言われ、ほっとしたことを覚えている。

■昔話の心理学的研究

『日本昔話大成』の研究篇に執筆を依頼され、自分の仕事が日本の昔話研究の専門家に認められたと思い、喜んで書いた。ユング派のみでなく、他学派の考えも紹介したいと思い、「赤頭巾」を素材として各派の比較を具体的に示した。昔話に関する深層心理学的研究の概観を示すことができたと思っている。

また、日本の昔話の特徴を世界のそれと比較して論じた。いろいろと細かい事実をあげているが、ここでは、日本人の自我の在り方をユングの言う自我と自己との関係によって示し、それが日本の昔話にどのようにあらわれてくるかを示そうとした。

■夢と昔話

われわれ心理療法家が昔話に関心をもつのは、もともとは夢に対する関心から出てきている。端的に言うと夢は個人にとっての「昔話」の素材であるし、昔話は民衆の夢である。このあたりのことを昔話研究者に理解していただくために、昔話にでてくるようなテーマに満ちた夢をひとつ示し、それを例として論じた。一九七六年のことなので、昔話や夢などを「研究」することの困難さについても言及している。

■昔話の残酷性について

昔話に対する関心が以前より強くなってきたように思うが、それだけに批判も出てきて、その残酷性が問題になる。それに対する反論という意味もあって、これを書いた。昔話が残酷だなどと攻撃する前に、自分の内部にある残酷性をまず自覚すべきだと思われる。昔話に語られる事の象徴性に注目することによって、「残酷」などということはあまり問題ではなくなってくる。

■グリムの昔話における「殺害」について

「昔話の残酷性について」のところでも述べたが、昔話における「残酷」は普通に考えるような残酷ではない。それらの行為の象徴的意味をくみとることが大切である。そのような考えによって、グリムの昔話における「殺害」の意味を、それぞれの物語に沿って考えてみた。本論中にも述べているように、グリムの昔話の約四分の一に、何らかの意味での殺害が語られるのだから、その重要性が了解できるであろう。この論文はヤーコプ・グリム生誕二百年を記念して一九八五年に、小澤俊夫氏の呼びかけで成立した『現代に生きるグリム』(岩波書店)という論文集に寄せたものである。

■猫、その深層世界

『国文学』よりの依頼で、一九八二年に書いた。文学の世界で「猫」はいろいろ活躍している。猫のイメージを追求するのに、昔話における猫を用いることにした。本論中にもあるように、猫はその多様な姿をとって昔話に現われてくる。猫は夢や箱庭療法のなかでも重要な役割をもつ。そんなのを集めて、「猫」という一冊の本にすることも可能と思われる。

■昔話と現代

一九八六年頃になると、昔話についてのエッセーを依頼されることが多くなった。嬉しいことではあるが、下手をすると同じようなことばかり書くことになる。昔話が現代においてもそのまま意味をもつことは、前から言っていることではあるが、これまで取りあげたことのないイタリアの民話で、好きなのを二つ素材として用いたものである。

■柳田國男とユング

スイスから帰国後、『柳田國男全集』を買い込んであちこち拾い読みをしていた。柳田國男について自分の感じる一種の違和感のようなのを、ユングと柳田のタイプの差、内向的直観型と内向的感覚型、として論じてみた。この二人が生まれた年が同じで、没年が一年違いというのには感激した。親鸞と明恵が同年に生まれた事実を想起したりした。柳田、南方、折口の民俗学の三巨頭とユングを比べてみるのも面白いことだろう。

■日本昔話の心理学的解明

『昔話の深層』より『昔話と日本人の心』に至る間に、日本の昔話についてあれこれと考えつつ、後者のようなまとまりにまだ思い至らないところで、スケッチのように日本昔話に対する試論を試みたものである。異類婚が日本昔話を解明する重要な鍵となると考え、「蛇婿入り」と「蛇女房」の話を中心として論を展開した。『昔話と日本人の心』では、異類婚の話としては「鶴女房」を取りあげたので、それには見られない考察もここに見出せるし、『昔話と日本人の心』に至る前の考えの萌芽をいろいろと見ることもできる。

■『風土記』と昔話

本巻に収録されたもののなかで、もっとも新しく、一九九一年に書いた。日本の昔話に語られる素材は、古くは『古事記』『日本書紀』に認められ、その後の多くの古典のなかにも見出すことができる。それらを年代順にたどってゆくと、その内容が強調点、語り口などが変化していることがわかる。それを丹念に見てゆくと、日本人の考え方や感じ方の時代による変化がそこに反映されていると考えられる。そのような点で、日本の古典と昔話の関係を詳しく見てみたいと思っているが、まず、その手はじめとして『風土記』に対して試みたのがこれである。世界の昔話によく現われる、「白鳥の乙女」の話が『風土記』にはあるが、それ以後に消え失せてしまうのは、興味深い事実のひとつと思っている。今後、このようなことを他の古典についても行ってゆきたいと思っている。

*編集部注――昔話や児童文学の歴史的作品には、差別にかかわる表現が用いられている箇所があるが、行論の必要上そのまま引用した。

初出一覧

Ⅰ

昔話の深層　『子どもの館』一九七五年五月―一九七六年四月、『昔話の深層』一九七七年一〇月、福音館書店刊に所収。

Ⅱ

昔話の心理学的研究　『日本昔話大成』第一二巻、一九七九年一二月、角川書店刊。『中空構造日本の深層』一九八二年一月、中央公論社刊に所収。

昔話の残酷性について　『メルフェン』六号、一九八二年六月、チャイルド社。『日本人とアイデンティティ』一九八四年八月、創元社刊に所収。

夢と昔話　『昔話』五号、一九七六年六月、三弥井書店。

グリムの昔話における「殺害」について　『現代に生きるグリム』一九八五年一二月、岩波書店刊。『生と死の接点』一九八九年四月、岩波書店刊に所収。

猫、その深層世界　『国文学』一九八二年一二月、学燈社。『日本人とアンデンティティ』一九八四年八月、創元社刊に所収。

昔話と現代　『ユリイカ』一九八六年七月、青土社。

柳田國男とユング　『国文学』一九八二年一月、学燈社。『日本人とアイデンティティ』一九八四年八月、創元社刊に所収。

日本昔話の心理学的解明　『図書』一九八一年一月、岩波書店。『中空構造日本の深層』一九八二年一月、中央公論社刊に所収。

『風土記』と昔話　『日本研究』第七集、一九九一年四月、国際日本文化研究センター。

■岩波オンデマンドブックス■

河合隼雄著作集 5
昔話の世界

1994年 3月10日　第1刷発行
1998年 4月6日　第2刷発行
2015年11月10日　オンデマンド版発行

著　者　河《かわ》合《い》隼《はや》雄《お》

発行者　岡本　厚

発行所　株式会社 岩波書店
〒101-8002 東京都千代田区一ツ橋 2-5-5
電話案内 03-5210-4000
http://www.iwanami.co.jp/

印刷／製本・法令印刷

ISBN 978-4-00-730314-2　Printed in Japan